DRESDEN
& DIE SÄCHSISCHE SCHWEIZ

DUMONT REISE-TASCHENBUCH

Vordere Umschlagklappe: Stadtplan Dresden

Hintere Umschlagklappe: Übersichtskarte Dresden und Umgebung

Ulrike Krause · Enno Wiese

DRESDEN

& DIE SÄCHSISCHE SCHWEIZ

DUMONT

Umschlagvorderseite: Zwinger, Besucher vor dem Wallpavillon
Umschlagklappe vorn: Elbpanorama bei Abendstimmung
Umschlagklappe hinten: Lilienstein in der Sächsischen Schweiz – ein Eldorado für Wanderer
Umschlagrückseite: Oberhalb des Nymphenbads (oben); Auf der Freitreppe der Brühlschen Terasse (Mitte); Bei den Musikfestspielen in Schloß Pillnitz (unten)
Vignette S. 1: Der Goldene Reiter auf dem Neustädter Markt
Abbildung S. 2/3: Schloß Moritzburg

Über die Autoren: Ulrike Krause studierte Russisch und Politik und arbeitet als freie Journalistin in Berlin. Enno Wiese, geboren 1953, studierte Deutsch und Politik und arbeitet als freier Journalist und Fotograf in Berlin. Im DuMont Buchverlag erschien von ihnen außerdem das Reise-Taschenbuch ›Hamburg‹.

6., aktualisierte Auflage 2000

Satz und Druck: Rasch, Bramsche
Buchbinderische Verarbeitung: Bramscher Buchbinder Betriebe

Printed in Germany ISBN 3-7701-3130-4

INHALT

STADTPORTRÄT

Landeshauptstadt im oberen Elbtal

UNTERWEGS
IN DRESDEN

Fünf Spaziergänge durch die Stadt

Ausflüge in die Umgebung

TIPS & ADRESSEN

Bitte schreiben Sie uns, wenn sich etwas geändert hat.
Alle in diesem Buch enthaltenen Angaben wurden von den Autoren nach bestem Wissen erstellt und von ihnen und dem Verlag mit größtmöglicher Sorgfalt überprüft. Gleichwohl sind – wie wir im Sinne des Produkthaftungsrechts betonen müssen – inhaltliche Fehler nicht vollständig auszuschließen. Daher erfolgen die Angaben ohne jegliche Verpflichtung oder Garantie des Verlages oder der Autoren. Sie übernehmen keinerlei Verantwortung und Haftung für etwaige inhaltliche Unstimmigkeiten. Wir bitten dafür um Verständnis und werden Korrekturhinweise gerne aufgreifen:

DuMont Buchverlag, Postfach 10 10 45, 50450 Köln
E-Mail: reise@dumontverlag.de

STADTPORTRÄT

Die Stadt Dresden
scheint gleichsam
nur ein bloßes
Lustgebäude zu sein,
worin sich alle
Erfindungen der
Baukünste ange-
nehm miteinander
vermischen, und
doch besonders
betrachten lassen.

Johann Michael
von Loen, 1750

Landes-
hauptstadt
im oberen
Elbtal

Terrassenufer mit Hofkirche und Semperoper

Dresden 2000– Stadt mit Narben

Dresden ist Kulturstadt erster Güte: Zwinger, Semperoper, Hofkirche, Residenzschloß, das neue, alte Taschenbergpalais, die Anlage Brühlsche Terrasse und die Frauenkirche muß man gesehen haben. Museen wie die Gemäldegalerie Alte Meister mit dem Highlight ›Sixtinische Madonna‹, das Grüne Gewölbe mit seinen Pretiosen, die Porzellansammlung, immerhin die Nummer zwei in der Welt hinter der Sammlung im Serail in Istanbul, sie alle ziehen nicht nur Kenner in ihren Bann. Aber Dresden bietet seinen Gästen noch sehr viel mehr.

›Dresden 2000‹ ist eine lebendige Großstadt inklusive Kultur- und Szeneleben. Abends kann ein Besuch in der Semperoper auf dem Programm stehen, muß aber nicht! Wie wäre es mit dem Besuch in einem der angesagten Spitzenrestaurants, die seit einigen Jahren in der aufstrebenden Elbmetropole aus dem Boden sprießen? Wie wäre es mit einem Getränk in einer der neuen Szenekneipen wie zum Beispiel Frank's Bar in der Äußeren Neustadt? Oder sollte doch lieber der aus DDR-Tagen hergebrachte Studentenclub »Bärenzwinger« oder das Kabarett »Herkuleskeule« auf dem Programm stehen? Wer ein bißchen Ruhe und Erholung auch bei einer Sightseeing-Tour sucht, der gehe – nur ein paar Minuten Fußweg von der Innenstadt entfernt – in den Großen Garten. Vielleicht soll es ein Bummel durch die Villenvororte Weißer Hirsch, Loschwitz und Blasewitz sein oder doch lieber gleich eine Wanderung in der Dresdner Heide?

Diese Aufzählung von Dresden-Tips läßt sich fortsetzen. Hygiene-Museum und erste Bergschwebebahn der Welt, Schloßanlagen und Weinberge in der Umgebung, die mittelalterlich anmutende Stadt Meißen mit der weltberühmten Porzellanmanufaktur – all das bietet ein Besuch in Dresden und seiner näheren Umgebung. Wer also beim Gang durch die Elbestadt ›nur‹ Baudenkmäler besichtigen möchte, findet dazu reichlich Gelegenheit, verpaßt aber interessante Angebote in Stadt und Umgebung.

Um es allerdings gleich zu sagen: Elbflorenz, das barocke Dresden, einstmals eine der schönsten Städte Deutschlands, ist im Bombenhagel des Zweiten Weltkriegs untergegangen. 15 km^2 im historischen Zentrum der Stadt waren am Abend des 14. Februar 1945 nur noch eine Trümmerwüste. Schaden genommen hat Dresden auch durch Abriß- und Aufbaupraktiken der SED-Oberen. Die für die Umgebung der Frauenkirche so typische kleinteilige Bebauung der Rampischen Gasse wurde zum Beispiel 1955 in einer Blitzaktion gesprengt. Der Altmarkt wurde auf das 2,5fache erweitert, weil eine sozialistische Stadt nun mal einen großen Zentrumsplatz braucht. Der Kulturpalast an der Wilsdruffer Straße wurde zwar nicht

Blick zum Schloß, Ende der 50er Jahre

der ursprünglich projektierte 100 m-Turmbau im sowjetischen Zuckerbäcker-Stil, aber so recht paßt er nicht ins Stadtbild. Aber Ehre, wem Ehre gebührt: Die Dresdner, Bevölkerung und Stadtobere, unterstützt vom Land Sachsen, zogen in Sachen Wiederaufbau an einem Strang. Sie haben seit 1945 ihr Elbflorenz mit Händen und Füßen gegen die Anweisungen aus Ostberlin verteidigt. Und darüber hinaus – trotz Wohnraumnot und Mangel am Lebensnotwendigsten – Geld und Kraft für die Sicherung und den Wiederaufbau bedeutender Baudenkmäler Dresdens wie zum Beispiel des Zwingers (schon ab 1946) gefunden.

Wie eine dritte Schicht legen sich die Bauten, die nach der Wiedervereinigung Deutschlands ab 1990 in Angriff genommen wurden, ins Bild der Stadt. Plötzlich ist das Geld da, um die Frauenkirche wieder aufzubauen, das Residenzschloß grundlegend zu sanieren, den Bereich um die Königstraße zu sanieren und zu einer Einkaufsstadt auszubauen. Das Taschenbergpalais steht plötzlich wieder hinter dem Schloß – auch wenn es heute nicht mehr als Wohnsitz von Mitgliedern der Familie der Wettiner, sondern als First-Class-Hotel dient. Im Be-

Die Frauenkirche vor der Zerstörung

reich Altmarkt und Prager Straße ist ein neues Banken- und Einkaufsviertel entstanden. Der von vielen befürchtete Kahlschlag im Zug des Aufbaues Ost hat nicht stattgefunden – und sei es, weil die Dresdner genügend Erfahrungen im Verteidigen ihrer Stadt gesammelt hatten.

Dresden trägt Narben: unbedachter Gebäudeabriß um 1900, Bomben im Zweiten Weltkrieg, Plattenbauten aus der DDR-Zeit – und doch ist es ein Erlebnis, die Denkmäler der stolzen Tradition Dresdens zu bestaunen und gleichzeitig zu beobachten, wie hier eine Stadt ihr neues Gesicht formt. Dresden 2000 ist eine lebendige Großstadt in Deutschland.

Für Anfänger

In Dresden angekommen, einen Willkommenskaffee am Altmarkt bestellt oder auch auf der Brühlschen Terrasse einen ersten Blick vom ›Balkon Europas‹ genossen, jetzt steht eines auf dem Programm: Informationen über Dresden sammeln, die Struktur der Stadt erkunden, um sich zu orientieren, und dann Besichtigungsziele sinnvoll aussuchen.

Auf einer Länge von gut 25 km durchfließt die Elbe mit einer Breite von bis zu 120 m in vier großen Bögen von Südosten nach Nordwesten das Stadtgebiet. Beiderseits der Elbe steigen die Hänge wieder zu den höher gelegenen Lößplatten an.

Aufgrund dieser Naturgegebenheit findet der Besucher in und um Dresden eine vielfältige Landschaft und eine reizvolle Natur. Die Elbtalwanne wirkt wie die Verlängerung der Norddeutschen Tiefebene, beiderseits der Stadt zeichnen sich die ersten Höhen des Erzgebirges (Richtung Südwesten) und der Lausitzer Platte (Richtung Nordosten) ab. Bei klarer Sicht lassen sich Richtung Südosten die Formationen des Elbsandsteingebirges erkennen.

Diese Landschaft gab und gibt die Grundlage für eine vielfältige wirtschaftliche Nutzung des Elbtals. Flußablagerungen sorgten in den Elbauen auf Dresdner Gebiet für fruchtbaren Boden. Die nach Süden gerichteten Hänge des Elbtals (Radebeul, Hosterwitz, Pillnitz) wurden von alters her für den Weinbau genutzt. Möglich wurde diese Bewirtschaftung des nordöstlichsten Weinbaugebietes Europas, da sich das Elbtal durch ein besonders mildes Klima auszeichnet: die häufig auftretende – natürliche – Dunstglocke über dem Tal verhindert die nächtliche Auskühlung.

Aber weder der landschaftliche Reiz noch diese wirtschaftlichen Nutzungsmöglichkeiten gaben der Stadt Dresden ihre Bedeutung. Hier war einzig menschliches Handeln entscheidend. Um 1485 bestimmte Herzog Albrecht (1464–1500) Dresden zur Residenzstadt der albertinischen Linie der Wettiner und schuf damit ein neues Zentrum in seinem Herrschaftsbereich. Leipzig, bevorzugt durch die Fernhandelsstraßen, die sich in der Stadt kreuzten (Hohe Straße/Reichsstraße), war das Handelszentrum Sachsens. Freiberg und später Annaberg waren durch die Erzfunde, vor allem durch Silber, das Zentrum des Bergbaus, und Dresden hatte jetzt den Wettiner Hof. Hier entwickelte sich neben dem lokalen Handel ein Kunst- und Kulturleben, produzierten Manufakturen für den Bedarf des Hofes.

Das Elbtal gab den Raum, die Manufakturen und Handwerksbetriebe, die Akademien um den Wettiner Hof gaben die gut ausgebildeten Facharbeiter und Techniker, das Umland die Arbeitskräfte für die Industrialisierung Dresdens und des Oberen Elbtals. Sachsen war um 1830 eine der volkreichsten Regionen Europas.

Heute ist Dresden das Zentrum der Region Oberes Elbtal, die von Meißen/Coswig (Nordwesten) bis nach Heidenau/Pirna (Südosten) reicht. Dazu kommt eine zweite Achse von Radeberg (Nordosten) nach Freital (Südwesten). In dem Ballungsraum Oberes Elbtal leben heute rund 750 000 Menschen.

Das Gesicht der Stadt

Entscheidend für die Standorte der einzelnen Industriebetriebe in der Stadt war die erste Ferneisenbahnlinie Deutschlands von Dresden nach Leipzig (1839) und die Hochtrasse der Eisenbahnlinie nach Prag (1890). Wie auf einer Perlenkette reihen sich entlang dieser Strecke noch heute Industriestandorte wie Strehlen, Reick und Niedersedlitz. Neubauviertel wie Prohlis mit über 20 000 Bewohnern wurden zu DDR-Zeiten in diese Reihe historisch gewachsener Zentren hineingebaut. Wer sich einmal im Einerlei immer gleicher Bauelemente gründlich verirren möchte, dem sei ein Besuch in Prohlis empfohlen.

Die Stadt Dresden hat sich beiderseits der Elbe entwickelt. So finden sich die beiden Innenstadtbereiche Dresden-Altstadt südwestlich der Elbe und Dresden-Neustadt auf der gegenüberliegenden Elbseite. Noch heute zeichnet sich durch das System der Ringstraßen (Altstadt: Carolabrücke/Petersburger Straße/Ammonstraße/Könneritzstraße/Marienstraße; Neustadt: Antonstraße/Albertplatz/Albertstraße/Carolabrücke) die ehemalige Stadtmauer auf der Straßenkarte ab.

Innere Altstadt und Innere Neustadt

Dresden-Altstadt weist mehrere Zentren auf. Am bekanntesten und erstes Ziel der Dresdenbesucher ist das Viertel um den **Theaterplatz** mit Residenzschloß, Taschenbergpalais, Zwinger, Gemäldegalerie, Semperoper, Hofkirche und der Augustusbrücke. Auch die Brühlsche Terrasse gehört zu diesem Zentrum, obwohl um die Wende zum 20. Jh. hier das aufstrebende Bürgertum seine historisierenden Prachtbauten (z. B. Hochschule der Künste) errichten ließ. Der Bereich **Neumarkt** mit der Frauenkirche stellt heute nur noch ein Anhängsel der Brühlschen Terrasse dar, da der Wiederaufbau oder eine Neuanlage des Platzes zu DDR-Zeiten nicht vorgesehen war. Die Münzgasse zwischen Brühlscher Terrasse und Neumarkt, der Riesenkomplex Dresden-Hilton erscheinen heute als reiner Konsum- und Touristenbereich. Das soll sich aber ändern: Der Wiederaufbau der Frauenkirche ist im Gange, das Coselpalais ist restauriert und bietet Restaurants und Bars Platz, ein erstes Geschäftshaus ist errichtet.

Touristenmeile Münzgasse

Foyer
des neuen Ufa-Palastes

Sehenswerter in der Altstadt ist dann wieder der Bereich um den **Altmarkt,** dem alten Zentrum der Kaufmannsstadt Dresden. Nach dem Wiederaufbau dominierten hier neben der Kreuzkirche vor allem 50er-Jahre-Bauten. Der Altmarkt diente als Aufmarschplatz und Parkplatz. Immerhin sind Anfang 2000 die ersten Geschäftshäuser fertig. Der Altmarkt entsteht wieder in seiner alten Proportion, die einst dem Diktat aus Ostberlin: »Ein Zentralplatz für Massenaufmärsche muß her!« geopfert werden mußte. Für Leben auf dem Altmarkt sorgen heute nicht nur der Marktbetrieb, sondern auch die vielen Passanten, die zur Prager Straße, die den Altmarkt mit dem Hauptbahnhof verbindet, drängen.

Was immer man von dem Einzug der Deutschen Mark in den neuen Bundesländern denken mag, der Prager Straße und damit dem Einkaufszentrum Dresdens hat der Boom nach der Wiedervereinigung genutzt. Wo sich noch 1989 über eine öde Fläche der Blick in die schnurgerade Einkaufsmeile eröffnete, stehen jetzt, leicht verwinkelt, Banken und Kaufhäuser und locken zum Einkaufsbummel. »DDR«-Nostalgiker kommen im hinteren Teil der Prager Straße auf ihre Kosten.

Einen letzten Schwerpunkt in der Altstadt bildet das Gebiet um das **Neue Rathaus.** Hier wurden zu Beginn unseres Jahrhunderts die Verwaltungsbauten der aufstrebenden Großstadt Dresden (z. B. Polizeipräsidium) errichtet.

Ein weiteres Beispiel, wie sehr sich Dresden in den zehn Jahren deutscher Einheit gemausert hat, ist die Neustadt. **Dresden-Neustadt** wurde schon um das Jahr 1700 auf Geheiß August des Starken zwischen Neustädter Markt und Albertplatz, zwischen Palaisplatz und Glacisstraße angelegt. Ende der 1980er Jahre renovierten die Stadtoberen die Hauptstraße und brachten immerhin schon architektonische Elemente ein, die die Plattenbauweise etwas menschenfreundlicher erscheinen ließen. Die anliegenden Straßen wie Rähnitzgasse und vor allem die Königstraße aber waren noch weitgehend dem Verfall preisgegeben. Zum Glück möchte man sagen, ist hier doch durch die Sanierung in den vergangenen Jahren ein alt-neues Kleinod entstanden.

Stadterweiterung und Vororte

Nahe der Innenstadt liegt die **Friedrichstadt,** der erste Vorort der Stadt, der jenseits der Stadtbefestigung angelegt wurde (ab 1730). Nur ist heute ein Spaziergang in die Friedrichstadt kaum noch zu empfehlen. Warum? Die Hochtrasse der Eisenbahnlinie Prag – Dresden hat Friedrichstadt und das Große Ostragehege von der Altstadt abgeschnitten. Industrieansiedlungen dominieren die Sehenswürdigkeiten in der Friedrichstadt und belasten auch das potentielle Naherholungsgebiet Ostragehege, das der Hofgesellschaft schon seit Beginn des 18. Jh. als Jagdgebiet diente. Die Sportstätten, die zu DDR-Zeiten im Ostragehege angelegt wurden (Eissporthalle, Kunsteisbahn, Stadion), stehen ohne jede Anbindung an das Leben der Stadt auf dieser Fläche. Aber immerhin ist das Messegelände im Ostragehege soweit saniert, daß hier wieder viele Verkaufsausstellungen stattfinden können.

Großen Zuspruchs durch die Dresdner erfreut sich nach wie vor der **Große Garten,** der sich in südöstlicher Richtung an den Bereich

Dixielandfestival im Volkspark Großer Garten

Neues Rathaus anschließt. Der Vater Augusts des Starken, der spätere Johann Georg III. (1647–91), ließ den Garten schon in seiner Zeit als Kronprinz anlegen. Heute dient der Große Garten als Freizeitpark. Ein Besuch der Anlage ist nicht nur aufgrund des nahe gelegenen Hygiene-Museums zu empfehlen. **Johannstadt** demgegenüber, das sich als zweite Vorstadt nach der Friedrichstadt erst im vergangenen Jahrhundert entwickelte, ist während des Krieges weitgehend zerstört worden. Ein Besuch lohnt sich kaum.

Empfehlenswert sind dagegen die Vororte **Blasewitz, Striesen** und **Tolkewitz.** In diesen ehemaligen Bauerndörfern bauten die wohlhabenden Dresdner um die Jahrhundertwende ihre Villen. Apropos: Es ist ein unverkennbares Merkmal der Stadtlandschaft Dresden, daß sich nur in der Altstadt und in der Neustadt geschlossene, drei- oder viergeschossige Fassadenfronten finden. In allen Vororten dominiert demgegenüber die offene Bauweise. So hat es der Generalbebauungsplan der Stadt schon im Jahr 1862 festgelegt. Noch ein zweites Merkmal der Stadt, das auf eine städtische Ordnungsmaßnahme zurückgeht: Industrieflächen finden sich nur in wenigen Stadtgebieten, denn schon im Jahr 1878 wurde ein Ortsstatus festgelegt, der die Industrieansiedlung regelte. Auch die Tatsache, daß die Elbe nicht kanalisiert und die Elbauen nicht mit Industrie- und Repräsentationsbauten verbaut wurden, geht auf eine solche frühe stadtplanerische Maßnahme zurück.

Die **äußere Neustadt** bietet im Gegensatz zu den Villenvororten wie Blasewitz städtische Bebauung aus der Zeit Mitte bis Ende des vergangenen Jahrhunderts. Ganze Straßenzüge haben hier den Bombenangriff im Februar 1945 unbeschadet überstanden, sind aber zu DDR-Zeiten dem Verfall preisgegeben worden. Hier gilt das gleiche wie in der inneren Neustadt. Die Straßenzüge um die Alaunstraße und die Louisenstraße wurden weitgehend saniert. Entgegen der Befürchtungen vieler Instandbesetzer aus der ersten Zeit nach der Wende hat die Verdrängung der alteingesessenen

Fassadenmalerei in der Neustadt

Friedlicher nimmt sich demgegenüber eine Wanderung in der gut 50 km² großen **Dresdner Heide** aus, die sich nordöstlich an die Albertstadt anschließt und von den Dresdnern häufig als Naherholungsgebiet genutzt wird.

Die Weinbergdörfer

Ruhig, bürgerlich bis adlig geht es in den ehemaligen Weindörfern zu. Am Albertplatz entlang der Bautzner Straße und weiter die Pillnitzer Landstraße hinunter reiht sich am Elbufer Ort für Ort. An der Bautzner Straße beeindrucken zuerst die **Elbschlösser,** die in der reizvollen Weinberglandschaft errichtet wurden, die sich vor den Toren der

Einwohner durch die Mietpreissteigerungen kaum stattgefunden. Hier mischt sich Alt und Alternativ, Saniertes und neuer Chic.

Über den Alaunplatz in nordöstlicher Richtung hinaus sollte nur noch spazieren, wer Interesse an Militärgeschichte aufbringt. Hier wurde nach der Einführung der allgemeinen Wehrpflicht Dresden 1873–79 zur drittgrößten Garnisonsstadt im Deutschen Reich ausgebaut.

Blick auf die Elbschlösser

Stadt Ende des vergangenen Jahrhunderts erstreckte. Der alte Fischerort **Loschwitz** war und ist wie Blasewitz am gegenüberliegenden Elbufer begehrter Wohnort der betuchteren Dresdner und vieler Künstler. Ein besonderes Stück Dresdner Geschichte dokumentiert der Vorort **Weißer Hirsch.** Früher ein Ausflugsort um die Gaststätte ›Weißer Hirsch‹ am Rande der Dresdner Heide, entwickelte sich hier zu Beginn unseres Jahrhunderts ein Kurbad um das Lahmannsche Sanatorium. Auf dem Weißen Hirsch sind heute noch Villen und Pensionen zu bewundern, in denen damals die Maler und Schauspieler gerne Quartier nahmen. Nachdem aufgrund ungeklärter Eigentumsverhältnisse und hoher Investitionskosten die Sanierung dieses Villenvorortes nur schleppend in Gang kam, ist heute unübersehbar: Ein Großteil dieser Villen ist saniert. Unübersehbar aber auch: In vielen Straßen werden Wohnraum und Büroräume zum Kauf oder zur Miete angeboten, ohne einen Interessenten zu finden. Mancher Investor wird einen langen Atem brauchen, um hier auf seine Kosten zu kommen. Dem Weißen Hirsch aber hat der Bauboom einfach nur gut getan.

Die Pillnitzer Landstraße führt dann in die ehemaligen Bauern- und Winzerdörfer an den Elbhängen wie **Wachwitz, Niederpoyritz,**

Hosterwitz und **Pillnitz.** Obwohl diese Dörfer schon zu Beginn unseres Jahrhunderts nach Dresden eingemeindet wurden, bewahrten sie eine ganz eigene Atmosphäre, in der man sich von einem Innenstadtrundgang erholen kann.

Die Vorstadt **Hellerau** im Dresdner Norden sorgte ab 1910 mit einem Wohn- und Arbeitsprojekt mit – man würde heute wohl sagen – alternativer Zielsetzung für Aufsehen. Eine Gartenstadt sollte hier für mehr Einheit von Mensch und Natur sorgen.

Dieser kurze Überblick über die vielfältige Struktur Dresdens sollte dem Besucher eines auf jeden Fall klar machen: Er hat die Qual der Wahl, kann aber kaum ein falsches Ziel wählen. Sehenswert sind all diese Viertel.

Landeshauptstadt, Kulturmetropole und Wirtschaftszentrum

Dresden belegt mit rund 470 000 Einwohnern (Stand 1999) Platz 14 in der Rangliste der deutschen Städte. Daß Dresden rund 20 000 Einwohner mehr aufweist als 1990, ist auf Eingemeindungen zurückzuführen, nicht etwa auf Wanderungsbewegung von West nach Ost durch die deutsche Einheit. Dresden hat auch heute nicht wieder an seine Stellung um 1900 anschließen können. Seinerzeit war Dresden mit ebenfalls rund 500 000 Einwohnern die fünftgrößte Stadt in Deutschland hinter Berlin, Hamburg, München und Leipzig.

Aber auch eine Stadt mit knapp 500 000 Einwohnern kann heute vom Tourismus allein nicht leben. Wo verdienen die Dresdnerinnen und Dresdner ihr Geld? In welchen Branchen findet sich in der Nachwendezeit eine erfolgversprechende Zukunftsperspektive?

Es gab und gibt eine historisch gewachsene Arbeitsteilung in Sachsen: Handelsstadt Leipzig, Fabrik Chemnitz. Dresden dagegen bot immer mehr: neben ›Regierung und Verwaltung‹ traten ›Kunst und Kultur‹ und ›Industrie‹. Alle drei Bereiche waren gleich wichtig für das Wirtschaftsleben der Stadt. Der Ruf einer Beamten- und Pensionärsstadt, der Dresden seit der Wende zum 20. Jh. anhing, täuschte und täuscht.

Auch heute gilt, nur mit diesen drei Standbeinen läßt sich die zur Zeit ökonomisch ungünstige Randlage als östlichste Großstadt in Deutschland und damit in der EU ausgleichen.

Landeshauptstadt und Kunstmetropole

Rostock oder Schwerin? Magdeburg oder Halle? Einige der neuen Bundesländer hatten Probleme, eine Landeshauptstadt zu bestimmen. Nicht so Sachsen: Dresden war Residenzstadt der Wettiner Fürsten und der sächsischen Könige, Dresden war zur Weimarer Zeit Hauptstadt des Freistaates Sachsen;

selbstredend, daß Dresden am 27. Oktober 1990 mit der Konstituierung des Sächsischen Landtags wieder zur Landeshauptstadt des Freistaates Sachsen in der Bundesrepublik Deutschland wurde. Spöttische Geister behaupten, daß mit dem ersten und bisher einzigen Ministerpräsidenten der Nach-Wende-Ära, mit Kurt Biedenkopf, auch gleich wieder der Wettiner Hof eröffnet worden ist. Liebevoller Spitzname für den in ganz Deutschland wegen seiner Aufbauarbeit geachteten Landesvater: König Kurt.

Kunstsinn und Sammelleidenschaft der Wettiner Fürsten hat Dresden zu einem international beachteten Zentrum der Kunst werden lassen. Die Sammlung Alte Meister zum Beispiel sucht in der Welt ihresgleichen. Hof, Regierung und Bürger finanzierten weltberühmte Klangkörper, Dirigenten, Sänger und Sängerinnen. Das Stichwort ›Semperoper‹ mag hier genügen. Bedeutend aber auch die Hochschule der Künste, die schon im Jahr 1705 als Malerakademie gegründet wurde und im Jahre 1764 zur Königlich-Sächsischen Akademie der Bildenden Künste erhoben wurde. Immer wieder arbeiteten hervorragende Künstler (Ernst Rietschel, Gottfried Semper, Oskar Kokoschka) an der Hochschule. In der Residenzstadt, dann in der prosperierenden Bürgerstadt gab es genügend Auftraggeber für eine freischaffende Künstlergemeinde, deren Mitglieder sich durch den landschaftlichen Reiz und durch die Schönheit der Stadt inspiriert fühlten (Caspar David Friedrich). In der frühromantischen Zeit war Dresden das kulturelle Zentrum Deutschlands auf den Gebieten Musik, Literatur und Malerei. Der spätromantische Maler Ludwig Richter (1803–84) arbeitete in Dresden. Im Jahre 1897 richtete Dresden die Internationale Kunstausstellung aus. Mit der expressionistischen Künstlergemeinschaft ›Die Brükke‹, gegründet von den Architekturstudenten Karl Schmidt-Rottluff, Ernst Ludwig Kirchner, Erich Heckel und Fritz Bleyl, war Dresden dann zu Beginn unseres Jahrhunderts in Deutschland ein Zen-

Holzschnittplakat der ›Brücke‹, 1909. Unten links Max Pechstein, darüber Erich Heckel, unten rechts Ernst Ludwig Kirchner, darüber Karl Schmidt-Rottluff trum des Aufbruchs in die Moderne. Der Dresdner Künstler Otto Dix (1891–1969) war bedeutender Vertreter einer expressiv-veristischen Malerei der ›Neuen Sachlichkeit‹.

Nicht nur, aber auch wegen dieses reichen Kulturlebens kamen schon im Jahr 1901 gut 450 000 Gäste in die Stadt. An diese Tradition konnte die Stadt ohne Schwierigkeiten nach der Wiedervereinigung anschließen.

Industriestadt

Den Boden für die Industrialisierung nach 1830 bereiteten wieder die Wettiner Fürsten. Sie reagierten zum Beispiel auf Katastrophen wie den Siebenjährigen Krieg (1756–63) nicht durch erhöhte Steuern zu Lasten der Bevölkerung, sondern setzten eine mit großen Befugnissen ausgestattete Kommission zur Gesundung der Wirtschaft ein. So finanzierte der Hof nicht nur prächtige Bauwerke, sondern ließ nach Grundlagenwissen forschen, das dann in königlichen Manufakturen in moderne Herstellungsverfahren und Produkte umgesetzt wurde. Das bekannteste Beispiel ist die Porzellanmanufaktur Meißen, die heute noch Weltruf genießt. Die Wettiner waren oberste Herren des Bergbaus im Lande und förderten die Kenntnisse in diesem Wirtschaftszweig mit der Gründung der Königlich-Sächsischen Bergakademie in Freiberg (1765). Diese ist die älteste Einrichtung ihrer Art in der Welt. Das Resultat dieser ›königlichen‹ Aktivitäten: Die diversen Manufakturen bildeten die Basis für Handwerk und Industrie im Oberen Elbtal.

Schon einige Stichworte verweisen auf die beeindruckende Industrietradition in Dresden: Die erste Nähmaschine, die erste Dampflok Deutschlands wurden hier hergestellt. In Dresden wurde erstmals industriell Glas produziert, die erste Spiegelreflexkamera verließ eine Dresdner Werkstatt. Das Zentrum Mikroelektronik Dresden versuchte 1988 den ersten Megabit-Chip des gesamten Ostblocks zu produzieren. Eine SED-Blüte und seinerzeit allen Beteiligten mit Ausnahme der SED-Oberen äußerst peinlich: Der Mikrochip wurde der Öffentlichkeit, selbst dem großen Bruder in Moskau, stolz präsentiert, obwohl er noch nicht ausgereift war. Erfolgsmeldungen mußten her – seinerzeit.

Heute wie im ganzen Jahrzehnt nach der Wende profitiert die Stadt vom hohen Ausbildungsstand nicht nur der in der Mikroelektronik Tätigen. Firmen wie der Chiphersteller Infineon Technologies und AMD, Daimler-Chrysler Aerospace Airbus GmbH, Asta Medica, ABB, Philip Morris haben sich nicht aus Zufall und auch nicht nur aufgrund des hohen Wohnwerts in der Elbestadt angesiedelt. Wichtigste Nachwuchsschmiede in der Stadt ist die TU Dresden, die seit 1961 den Titel einer Universität trägt. 1828 wurde die TU Dresden als Technische Bildungsanstalt gegründet. Sie bildet heute über 20 000 Studenten aus.

Technische Universität,
Beyer-Bau von 1910–13

Renommierprojekt für die Stadt ist die Gläserne Manufaktur, eine innovative Automanufaktur, die der VW-Konzern unmittelbar am Großen Garten errichtet und die im Frühjahr 2000 eingeweiht wurde. Trotz dieser vielfältigen Aktivitäten: Drei Viertel aller Beschäftigten in Dresden sind im Dienstleistungssektor tätig, seit 1990 sind über 10 000 neue Dienstleistungsbetriebe entstanden. Allein rund 16 000 Menschen arbeiten in der boomenden Tourismusbranche der Stadt. Den Dresdnern geht`s ganz gut: Mit 4730 Mio. DM verfügen sie über die höchste Kaufkraft in Ostdeutschland. Aber immerhin 35 749 Frauen und Männer waren im November 1999 arbeitslos. Das entspricht einer Arbeitslosenquote von 15,8 %.

Die wirtschaftliche Zukunft Dresdens wird davon abhängen, ob der Forschungs- und Produktionsstandort Dresden gehalten wird und ob sich die Randlage als östlichste deutsche Großstadt durch die wirtschaftliche Entwicklung der tschechischen und polnischen Nachbarn in ein Plus wandelt. Dresden als Drehscheibe auf den Routen Hamburg – Dresden – Prag und Paris – Dresden – Warschau, Dresden als Handels- und Dienstleistungszentrum sowie vor allem als High-Tech-Standort, das ist die Perspektive der Stadt.

›Steckbrief‹ Dresden

Lage: 51 Grad 02 Min. 55 Sek. nördlicher Breite, 13 Grad 44 Min. 29 Sek. östlicher Länge
Höhe: Höchster Punkt im Stadtgebiet 315 m über NN in Dresden-Bühlau; die Elbe liegt 105,7 m über NN
Fläche: 328,55 km^2, davon die Altstadt 7,5 %, die Neustadt 6,4 %. Der größte Ortsteil in der Stadt ist Loschwitz (mit Dresdner Heide) mit 30,5 % Flächenanteil.
Einwohnerzahl: 470 000
Kultureinrichtungen: 33 Museen, über 40 Ausstellungsorte/Galerien, 17 Theater und Schauspielbühnen, ein Opernhaus, ein Operettenhaus, drei Kabaretts, 14 Filmtheater
Partnerstädte: Zwölf Partnerstädte, darunter Coventry, Großbritannien (seit 1959), St. Petersburg (ehemals Leningrad; seit 1961), Hamburg (seit 1987)
Universität: Technische Universität Dresden, Hochschule für Technik und Wirtschaft, Hochschule für Bildende Künste, Hochschule für Musik ›Carl Maria von Weber‹ mit insgesamt rund 21 000 Studenten
Tourismus: 2 Mio. Übernachtungen bei rund 6,9 Mio. Besuchern, rund 82 Hotels mit ca. 13 000 Betten
Öffentlicher Verkehr: 18 Straßenbahnlinien, 26 Buslinien, zwei Bergbahnen, vier Elbfähren
Verkehrsanbindung: Flughafen Klotzsche mit 1,7 Mio. Passagieren und Flugverbindungen in 10 deutsche und 7 europäische Städte, Bahnnetz der Deutschen Bahn, Bundesautobahnen A 4 und A 13

Palast der Republik an der Elbe? – Dresden im Wechselspiel der Mächte

Königsresidenz Dresden – darauf sind die Einwohner der Stadt noch heute stolz. Nur gibt es einige kritische Fragen an die Geschichte: Warum ist das mächtige Sachsen und damit auch die Residenzstadt Dresden nicht zur einigenden Kraft in Deutschland geworden? Warum überließ dieses so reiche Land dem erheblichen ärmeren Nachbarn Preußen das Feld bei der Gründung des Deutschen Reiches?

Über das Schicksal der Stadt Dresden wurde nicht nur an der Elbe, sondern auch in fernen Königsresidenzen oder Hauptstädten entschieden. Schon die Anfänge der Stadt beweisen dies. Der deutsche König Heinrich I. entschied im Jahr 929, in Meißen eine Befestigung als sicheren Ort im slawischen Gau Nisani anzulegen. Die kirchliche Macht folgte der weltlichen; Meißen wurde im Jahr 968 Bischofsstadt im Bistum Meißen. Dresden, der Ort an der Elbfurt, war zu dieser Zeit Handelsort, sehr früh (um das Jahr 1100) mit einer Brücke über den Fluß samt Burgturm zur Sicherung des Übergangs unter anderen sächsischen Ansiedlungen hervorgehoben. Und Dresden war Ort der ersten Missionsstelle außerhalb Meißens: bis um das Jahr 1000 läßt sich die Geschichte der Frauenkirche zurückverfolgen. Auf Zeit war Dresden dann auch immer wieder Residenz der Wettiner Herzöge.

Aber erst als die Brüder Ernst und Albrecht den Herrschaftsbereich der Wettiner unter sich aufteilten (Leipziger Teilung im Jahr 1485), wurde Dresden zur wichtigsten Stadt im Lande. Herzog Albrecht erhielt bei der Teilung die Mark Meißen samt dem Erzgebirge und wählte Dresden zur ständigen Residenz. Bitterer Beigeschmack: Diese Erhöhung Dresdens ging einher mit einer entscheidenden Schwächung der Kraft des Landes. Bruder Ernst erhielt Thüringen, Sachsen-Anhalt und die Kurfürstenwürde. Man stelle sich vor, die Wettiner Lande wären eins geblieben. Dieses wirtschaftliche Zentrum Deutschlands wäre zwangsläufig die erste Macht in Deutschland geworden, hätte die Einigung lange vor der preußischen Reichsgründung im Jahr 1871 erreichen können.

Genauso widersprüchlich nimmt sich die Erhöhung Dresdens zur Königsresidenz zu Zeiten Augusts des Starken (ab 1697) aus. Sachsen hatte sich mit der Übernahme der Kurfürstenwürde durch Herzog Heinrich den Frommen im Jahre 1539 der Reformation angeschlossen und war erste Macht unter den protestantischen deutschen Landen geworden. August der Starke mußte, um polnischer König zu werden, zum Katholizismus übertreten und verspielte damit die Stellung Dresdens als erste Stadt im protestantischen Deutschland. Das ganze Unternehmen ›König in Polen‹ hat sich für Dresden und Sachsen nicht ausgezahlt. Die Wahl zum polnischen König im Jahr 1697 kostete August Unsummen, so daß er sächsische Ansprüche gegen Bares an seinen brandenburgischen Nachbarn und Konkurrenten Kurfürst Friedrich III. abtreten mußte. Der Titel brachte im Gegenzug dem König aber nur ein unbeherrschbares Land, durch das er in erschöpfende Kriege verwickelt wurde. Die Schweden besetzten Sachsen (1706/07). Preußen wartete nur auf eine Gelegenheit, seinen Machtbereich auszuweiten und nutzte Sachsen wiederholt als Kriegsschauplatz (Siebenjähriger Krieg 1756–63). Summa summarum war dies ein recht hoher Preis für einen polnischen Königstitel.

Fürstenzug am Langen Gang des Stallhofs (Detail)

Auch der zweite Aufstieg zur Königsresidenz war für Dresden und Sachsen nicht gerade der große Wurf. Am 11. Dezember 1806 trat Kurfürst Friedrich August III. dem von Napoleon protegierten Rheinbund bei. Im Gegenzug wurde Sachsen zum Königreich von Napoleons Gnaden. Im Rückblick kann man sagen: auf's falsche Pferd gesetzt. Schon am 19. Oktober 1813 wurde der sächsische König, der in der Vielvölkerschlacht bei Leipzig auf der Seite Napoleons focht, gleichzeitig aber verzweifelt versuchte, die Seite zu wechseln, gefangengenommen. Er durfte zwar 1815 nach Dresden zurückkehren, er durfte auch König bleiben, nur mußte er im Vertrag von Preßburg am 18. Mai 1815 gut die Hälfte des sächsischen Staatsgebiets an den Nachbarn Preußen abtreten.

So kam es dann zustande, daß das Königreich Sachsen wegen seiner rührigen Arbeiterschaft als das ›rote Königreich‹ verspottet wurde. Apropos Arbeiterschaft: auf diesem Feld war Sachsen nicht zu schlagen. Sachsen war Deutschlands Musterland während der Industrialisierung ab 1830.

Dresden wurde zu DDR-Zeiten von einer Landeshauptstadt zur Bezirksstadt degradiert. Sicher, die (Halb-)Hauptstadt Ostberlin zog während der DDR-Jahre Mittel und Arbeitskapazitäten über alle Maßen auf sich. Dennoch: die Vorstellung, Dresden wäre Hauptstadt der DDR geworden, ähnelt einem Albtraum. Statt zum Zwinger und zum Residenzschloß stände heute eine Fahrt zum Palast der Republik unmittelbar am Elbufer auf dem Programm. Gott bewahre!

Stationen der Stadtgeschichte

Um 1000 Slawische Siedlungen befinden sich auf Dresdner Gebiet beiderseits der Elbe. Die Bewohner der linkselbischen Siedlung (heute Altstadt) nennen sich Drezdany und geben der Stadt den Namen. Eine Burg wird zum Schutz des Elbübergangs erbaut. Hiermit beginnt die Geschichte des Residenzschlosses.

Um 1050 Die Dresdner Frauenkirche wird als erste Missionsstelle außerhalb von Meißen im slawischen Gau Nisani angelegt.

Um 1200 Die erste Brücke führt bei Dresden über die Elbe.

1206 Am 31. März wird Dresden erstmals in einer Urkunde erwähnt. Diese Quelle gibt das Datum für den Stadtgeburtstag.

Dresden als Residenz der Wettiner Herzöge und Kurfürsten

1396 Einwohner (ohne Vorstädte, ohne Altendresden): 3745

1403 Altendresden, auf dem Gebiet der heutigen Neustadt gelegen, erhält das Stadtrecht.

1491 Nach einem Brand werden erste Häuser aus Stein gebaut.

1500 Einwohner: rund 5000.

1530 Der Ausbau der Residenz beginnt. Das Mitteltor der Stadtmauer zur Elbbrücke wird als Georgentor in den Schloßkomplex einbezogen.

1546 Die alte Stadtmauer Dresdens wird bis ins Jahr 1551 durch mächtige Bastionen ersetzt, die auch den Bereich rund um die Frauenkirche und den Neumarkt in die Stadt einbeziehen.

1549 Dresden und Altendresden werden von Kurfürst Moritz unter ein gemeinsames Stadtrecht gestellt.

1560 Im Westflügel des Residenzschlosses wird die Kunstkammer eingerichtet; sie ist die Urzelle der Dresdner Kunstsammlungen.

1600 Einwohner (Festung, Vorstädte, Altendresden): rund 15 000.

Das barocke Dresden

1694 Friedrich August I., genannt August der Starke, wird Kurfürst.

1697 August läßt sich zum polnischen König (August II.) wählen. Dresden wird zur Residenzstadt ausgebaut.

1708 August verfügt, daß in der Stadt nur noch in Stein gebaut werden darf.

1718 Das Oberbauamt, dem die Pläne aller Zivilbauten vor Baubeginn vorzulegen sind, wird eingerichtet. Damit beginnt die Tradition der Stadtplanung, die Dresden zu einer der schönsten deutschen Städte werden läßt.

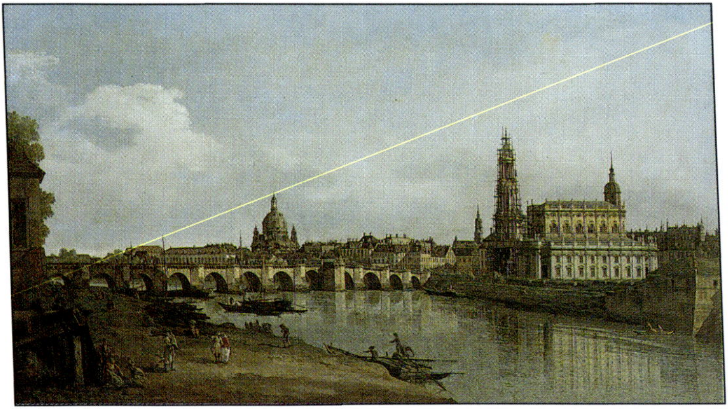

Bernardo Belotto, gen. Canaletto, Dresden vom rechten Elbufer, 1748

1719 Vier Wochen dauern die Feierlichkeiten anläßlich der Hochzeit des Kurprinzen Friedrich August II. (später August III., König von Polen) mit Maria Josepha, Erzherzogin von Österreich und Tochter des habsburgischen Kaisers.

1745 Preußische Truppen besetzen erstmals die Stadt. Ab 1756 verheert Preußen im Siebenjährigen Krieg das Land. Dresden wird durch preußische und österreichische Truppen besetzt.

Residenzstadt des Königreichs Sachsen in Deutschland

1801 Einwohner (mit Vorstädten): 48 742; Altendresden 18 963.

1806 Kurfürst Friedrich August III. (›der Gerechte‹) wird unter der Schirmherrschaft Napoleons König von Sachsen.

1809 Auf ›Anraten‹ Napoleons stellt er eine Kommission zusammen, die bis 1829 den Abbruch der Stadtbefestigung leitet und so Raum für die Stadterweiterung Dresdens schafft.

1832 Nach der neuen Ständeordnung wird in Dresden erstmals ein Rat der Stadt (Bürgermeister, fünf besoldete Stadträte, fünf unbesoldete Stadträte) gewählt.

1839 Die erste deutsche Fernbahnlinie Dresden – Leipzig wird eröffnet. Der Mechanikus und Optikus Friedrich Wilhelm Enzmann stellt in Dresden die erste Kamera her, die gewerblich vertrieben wird.

1849 Im Mai versuchen bürgerliche Kräfte, in Dresden mit Waffengewalt eine demokratische Regierung durchzusetzen. Sächsisches und preußisches Militär schlägt den Aufstand nieder. 250 Todesopfer kosten die Kämpfe, 869 gerichtliche Verfahren werden gegen Aufständische eingeleitet.

1852 Einwohner (mit Vorstädten): 104 000.

1852 Die Marienbrücke über die Elbe wird als Fußgänger- und als Eisenbahnbrücke der Öffentlichkeit übergeben.

1862 Die erste Zigarettenfabrik Deutschlands entsteht in Dresden.

1869 Bruno Neumann beginnt mit der Herstellung von Nähmaschinen. Drei Jahre später fertigt er die erste hocharmige Langschiffchen-Nähmaschine Deutschlands. 1886 wird die Firma erstmals in Deutschland Fahrräder fabrikmäßig produzieren.

1875 Einwohner: 197 295.

1889 In Dresden finden die Feierlichkeiten zum 800jährigen Regierungsjubiläum der Wettiner statt.

1901 Die erste Bergschwebebahn der Welt geht in Loschwitz in Betrieb.

1905 Einwohner: 517 000.

1918 Im Zuge der Novemberrevolution nach dem Ende des Ersten Weltkrieges tritt am 13. November 1918 Friedrich August III., der letzte sächsische König, ab. Ein Arbeiter- und Soldatenrat hat vorher das Residenzschloß besetzt und die Regierungsgewalt übernommen.

Hauptstadt des Freistaates Sachsen in der Weimarer Republik

1920 Dresden wird im November Hauptstadt im Freistaat Sachsen.

1925 Gret Palucca (1902–93) gründet in Dresden ihre weltberühmte Schule für künstlerischen Tanz.

1930 Das Deutsche Hygiene-Museum wird eröffnet.

1930 Einwohner: 632 710.

1932 Im November wird Dr. Kluge (NSDAP) zum Vorsteher des Stadtverordnetenkollegiums gewählt (NSDAP 22 Sitze, SPD 22 Sitze, KPD 13 Sitze).

1933 Im März wird per Verordnung des NS-Reichskommissars für Sachsen der Dresdner Oberbürgermeister Dr. Wilhelm Külz (Deutsche Demokratische Partei) seines Amtes enthoben.

1938 In der sogen. Reichs-Kristallnacht, dem Pogrom gegen Bürger jüdischen Glaubens, wird die Dresdner Synagoge zerstört.

1945 Am 13./14. Februar wird die Dresdner Altstadt fast vollständig durch alliierte Fliegerverbände zerstört. Dresden war zur offenen Stadt erklärt worden, hatte keinerlei Luftabwehr und war voller Flüchtlinge, als die Bomben auf die Stadt fielen.

Von der Bezirksstadt zur Landeshauptstadt

1946 Am 10. Mai bestellt die Rote Armee Rudolf Friedrichs (SPD) zum kommissarischen Bürgermeister in Dresden.

1952 Auflösung des Landes Sachsen; Dresden wird Bezirksstadt.

1953 Am 31. Mai wird der Grundstein für den Wiederaufbau des Altmarktes und damit des Stadtzentrums gelegt.

1966–69 Errichtung des Kulturpalastes.

1985 Wiedereröffnung der Semperoper 40 Jahre nach der Zerstörung.

1989 Am 8. Oktober bildet sich nach Protestmärschen und Versammlungen die ›Gruppe der 20‹, die für Oberbürgermeister Wolfgang Berghofer und den Ersten Sekretär des Bezirkes, Hans Modrow, zum Gesprächspartner wird.

1990 Die ersten freien Kommunalwahlen am 6. Mai gewinnt die CDU. Dr. Herbert Wagner wird Oberbürgermeister der Stadt. Der neugewählte Sächsische Landtag konstituiert sich unter Ministerpräsident Kurt Biedenkopf in der Dreikönigskirche.

Dresden wird wieder Landeshauptstadt des Freistaates Sachsen in der Bundesrepublik Deutschland.

1994 Offizieller Beginn des Wiederaufbaus der Frauenkirche. Grundsteinlegung des Halbleiterwerkes von Siemens im Juni.

1995 50. Jahrestag der Zerstörung Dresdens; Einweihung der Siemens-Chipfabrik.

1998 Zwischen 1991 und 1998 hat Dresden 308 Mio. DM für die Stadterneuerung investiert.

1999 Grundsteinlegung für die Gläserne Manufaktur der VW AG.

2000 Turmkreuz und Kugel für die Frauenkirche, von der Londoner Kunstschmiede MacDonald nach Originalvorlagen im Auftrag des britischen Dresden Trust gefertigt, treffen in Dresden ein. Ein Zeichen der Versöhnung mehr als 50 Jahre nach dem Krieg.

Dialog – die Wende zur friedlichen Revolution

Ein Oppositioneller mehr als zehn Jahre auf dem Stuhl des Oberbürgermeisters der Stadt Dresden. Welchen besseren Ausdruck konnte der radikale Wandel durch die friedliche Revolution 1989 finden. Dr. Herbert Wagner beschreibt die Situation 1989 aus seiner Sicht.

Von Oberbürgermeister Herbert Wagner

Herbst 1989. Er beginnt mit Demonstrationen, Schlägen und der furchtbaren Sorge, wie die Konfrontation mit der DDR-Staatsmacht wohl enden werde – eine ›Pekinger Lösung‹ für Berlin, Dresden, Halle, Erfurt, Plauen? Westliche Fernsehkameras tragen die Bilder aus Leipzig in die Welt. Tausende, Zehntausende, schließlich Hunderttausende gehen spontan auf die Straßen, demonstrieren für Meinungs- und Versammlungsfreiheit, für Pluralität im totalitären Staat. »Wir sind das Volk«, rufen sie in Erinnerung, und dann: »Wir sind *ein* Volk.« In Dresden erzwingen Bürger, was stets gefährdet war: den friedlichen Dialog mit der SED-Führung.

Am 4. Oktober warteten Hunderte im Dresdner Hauptbahnhof auf einen Zug aus Prag. Er sollte Menschen, die sich in die dortige bundesdeutsche Botschaft geflüchtet hatten, über DDR-Gebiet in den Westen bringen. Der Deutschlandfunk hatte Abfahrtszeiten und Haltestellen genau durchgegeben. Ausreisewillige aus Dresden und der ganzen Republik sammelten sich in der Bahnhofshalle. Unter sie mischten sich reformwillige Dresdner, die einen öffentlichen Anlaß suchten, um Bewegung in die erstarrte DDR-Situation zu bringen. Volkspolizisten riegelten den Hauptbahnhof gegen einen weiteren Zustrom hermetisch ab. Auch aus ihren Gesichtern habe ich die Angst gelesen. Ich höre die Rufe der einen: »Wir wollen 'raus!« Und andere: »Ihr seid ja wie die Nazis!« Pflastersteine fliegen in Richtung Polizeikette. Die Gewalt eskaliert auf beiden Seiten. Ausreisewillige, manche einen Kinderwagen vor sich herschiebend, strömen außerhalb des Bahnhofs auf die Gleise, um auf den vermeintlich letzten Zug in die Freiheit aufzuspringen. Er kam mit Verspätung und sollte für die meisten unerreichbar bleiben.

Inmitten des Chaos bereitete die SED ihre Jubelfeiern zum 40. Jahrestag der Staatsgründung vor. Am 5. Oktober versammelten sich erneut Ausreisewillige in der Stadt. »Wir wollen raus«, war wieder zu hören, aber erstmals auch: »Wir bleiben hier!« Die Demonstrationen verlagerten sich nun ins Stadtzentrum; die Polizei machte Jagd auf Demonstranten, löste Versammlungen gewaltsam auf. 1103 Bürger wurden ›zugeführt‹ – verhaftet. Das Dresdner Gefängnis war überfüllt. Stasi und Volkspolizei wichen auf Garagen und die Vollzugsanstalt Bautzen aus.

Am 7. Oktober gab es die verordnete Jubelfeier, tags darauf erneut Protestaktionen in der Stadt. Demonstrationszüge formierten sich spontan: »Schließt Euch an, wir brauchen jeden Mann!« »Keine Gewalt!«, war die Losung der Demonstranten auf der Prager Straße, als sie von Polizeieinheiten eingekesselt wurden. 1500 Menschen standen schwer bewaffneten Polizisten mit heruntergelassenem Visier, ausgerüstet mit Kampfschilden und Schlagstöcken gegenüber. Doch die Menge setzte sich zum Zeichen der Gewaltlosigkeit friedlich auf den Boden. Zwei Kaplane gingen auf den Polizeikordon zu und verlangten, mit dem Verantwortlichen für den Polizeieinsatz sprechen zu dürfen: Oberbürgermeister Wolfgang Berghofer.

Tags darauf kam das erste Gespräch zwischen ihm und zwanzig Vertretern der Demonstranten zustande. Im Anschluß informierte mich Kaplan Richter über das Treffen und bat mich, seinen Platz in der ›Gruppe der 20‹ einzunehmen. Das war riskant, schwebte doch das Damoklesschwert der ›chinesischen Lösung‹ und des polnischen Kriegsrechts über uns.

Wolfgang Berghofer erklärte sich in dem ersten Rathausgespräch für keinen Punkt direkt zuständig: Er verwies auf Berlin. Aber er sicherte zu, sich für die inhaftierten Demonstranten einzusetzen. Das Wichtigste an dieser Zusammenkunft war nicht das Gesprächsergebnis, sondern die Tatsache, daß das Regime erstmals mit den ›Rädelsführern‹ redete. Jetzt ging es darum, die Demokratie schrittweise zu erstreiten. Der Dialog war für uns nicht ungefährlich, und sollte noch mehrfach gefährdet werden. Das Entscheidende aber war: Er hatte begonnen.

Vertreter der ›Gruppe der 20‹ brachten die Nachricht vom ›Dresdner Frieden‹ nach Leipzig, wo an diesem Tag noch scharfe Munition an die Sicherheitskräfte ausgegeben worden war. Daß es möglich sei, zu reden und zu verhandeln, das war die Wende, der Beginn der friedlichen Revolution.

UNTERWEGS IN DRESDEN

Fünf Spaziergänge
durch die Stadt und
die Villenvororte

Ausflüge zu
barocken Schlössern
und nach Meißen,
zu den Weinbau-
gebieten an der
Elbe und in die
Sächsische Schweiz

Fünf Spaziergänge durch die Stadt

Was ist geblieben von Elbflorenz?

Graf Brühls Balkon

Vom sozialistischen Barock zum Plattenbau

Szeneviertel in der Neuen Königsstadt

Der Weiße Hirsch und das ›Blaue Wunder‹

Blick auf Augustusbrücke und Altstädter Ufer

Rundgang 1: Was ist geblieben von Elbflorenz? – Von der Semperoper zur Frauenkirche

Zwinger, Semperoper und Frauenkirche – diese drei Sehenswürdigkeiten stehen für Dresden. Nicht zu vergessen aber auch der Fürstenzug. Immerhin haben ja die Wettiner, deren Ahnenreihe das gut 100 Meter lange Wandgemälde zeigt, für die Pracht der Stadt gesorgt.

Selbstverständlich, der erste Rundgang durch Dresden beginnt auf dem Theaterplatz und endet an der Frauenkirche. Er geht von den Großbauten der Königs- und Bürgerstadt Dresden – Semperoper, Gemäldegalerie, Zwinger, Residenzschloß, Hofkirche und Taschenbergpalais – hin zu einer der wichtigsten Kirchen des Protestantismus. Er führt von einem Ensemble, das mit der Brühlschen Terrasse Dresden den Ehrentitel Elbflorenz einbrachte (»Blühe deutsches Elbflorenz...«, J. G. Herder), zu einem der größten Wiederaufbauprojekte der Kirchengeschichte inmitten des Neumarktviertels, dessen Bebauung auch im Jahr 2000 noch umstritten ist. Die Frage drängt sich auf: Was ist geblieben von der barocken Pracht und den Bauten des 19. Jh. in Dresden?

Verschwunden ist auf dem Theaterplatz erst mal eines und das ist gut so: 1999 wurde die Tiefgarage an der Semperoper, die 460 PKW Stellplätze bietet, eröffnet. Gleichzeitig wurde der Theaterplatz für den Kraftfahrzeugverkehr gesperrt, abgesehen von einigen PKW-Stellplätzen für Behinderte. Parkplatzatmosphäre vor einem der schönsten Theaterbauten Deutschlands adé! Willkommen Kunstgenuß.

Der **Theaterplatz** ist die einzige Platzanlage aus dem 19. Jh. in Dresden, die versuchte, mit den gewachsenen Zentren der Stadt wie Altmarkt und Neumarkt zu konkurrieren. Nicht geschlossene Bürgerhausfassaden wurden hier plaziert, sondern es entstanden Einzelbauten – jeder für sich ein Baudenkmal: die Altstädter Wache (erbaut 1830–32, heute Schinkelwache genannt); die Gemäldegalerie (1847–54) und die Semperoper (1871–78). Jeder der Bauten wurde in Sandstein ausgeführt, um sich in das Stadtbild einzupassen. Architekt Gottfried Semper nahm beim Bau des Opernhauses und der Gemäldegalerie wieder in Anlehnung an das Stadtschloß Renaissanceelemente auf. Beim Figurenschmuck der Oper lehnte Semper sich an die Heiligenfiguren der Hofkirche an – und trotzdem, der Eindruck der Geschlossenheit stellt sich beim Betrachter nicht unmittelbar ein.

Wie dem auch sei, das **Reiterdenkmal König Johanns** in der Mitte des Platzes, unmittelbar vor der Semperoper, läßt gleich zu Beginn des Spaziergangs stutzen. Merkwürdig, König Johann (1801–73, Regierungszeit 1854–73) repräsentierte zu Lebzeiten beste Dresdner und sächsische Tradition; nicht kriegerische Hochleistung wie beim Nachbarn, den Hohenzollern in Brandenburg-Preußen, sondern Kunst und Wissenschaft war seine Sache. König Johann, der 1854 überraschend auf den Thron kam,

Rundgang 1: Was ist geblieben von Elbflorenz? 1 Reiterdenkmal König Johanns 2 Semperoper 3 Italienisches Dörfchen 4 Schinkelwache 5 Gemäldegalerie 6 Zwinger 7 Schauspielhaus 8 Ehem. Taschenbergpalais (Hotel) 9 Cholerabrunnen 10 Residenzschloß mit Georgenbau 11 Ehem. Hofkirche (Kathedrale) 12 Fürstenzug (Stallhof) 13 Frauenkirche (Ruine)

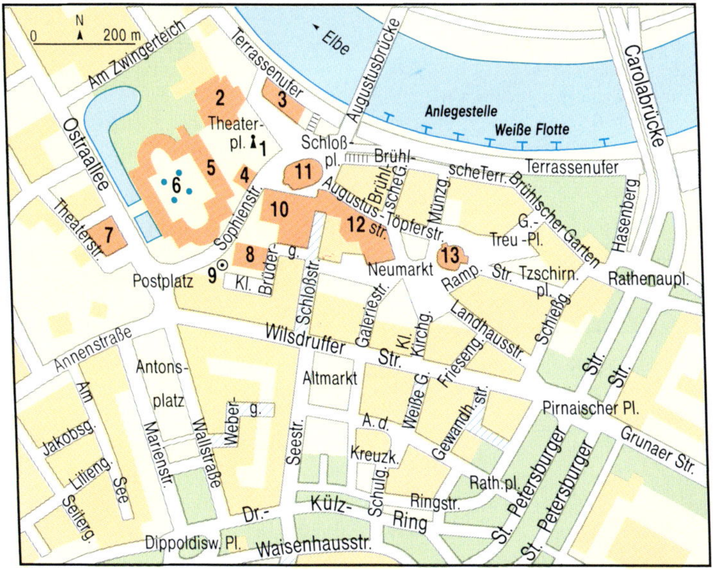

weil ein scheuendes Pferd seinen kinderlosen Bruder König Friedrich August II. zu Tode trampelte, machte sich einen Namen als Danteforscher und veröffentlichte unter dem Pseudonym Philaletes eine viel beachtete Übersetzung der ›Göttlichen Komödie‹. Offensichtlich aber galt zu Zeiten des Bildhauers Johannes Schilling (1828–1910), der das in Bronze gegossene Reiterstandbild (enthüllt 1889) schuf: ein Denkmal ist ein Denkmal und ein König ist ein König – und der

Semperoper und Denkmal König Johanns von Sachsen am Theaterplatz

gehört nun mal auf's Pferd, auch wenn er lieber am Schreibtisch saß. So zeigt Schilling König Johann mit Mantel und Zepter hoch zu Roß auf einem mehrstufigen, mit Reliefdarstellungen reichgeschmückten Sockelaufbau. Immerhin stellt das Denkmal aber einen gelungenen Auftakt zur Semperoper und zudem einen glänzenden Blickfang für Passanten aus Richtung Zwinger dar.

Die **Semperoper** wurde am 13. Februar 1985, vierzig Jahre nach der Zerstörung, wiedereröffnet, nachdem sie ab 1977 rekonstruiert worden war. Gegeben wurde der ›Freischütz‹ von Carl Maria von Weber (1786–1826) – wie in der letzten Vorstellung vor der Zerstörung des Opernhauses.

Bis in das Detail wurde die konvex geschwungene Fassade des zweigeschossigen Rundfoyers restauriert. Deutlich hervorgehoben wird die Mitte des Baues durch die reichgeschmückte halbkreisförmige Nische (Exedra), die wie ein Triumphbogen wirkt und den Eingang des Opernhauses betont. Die Schaufront wird von einer Pantherquadriga gekrönt, deren Figuren Dionysos und Ariadne darstellen. Die bronzene Gruppe wurde wie das Johann-Denkmal von Johannes Schilling geschaffen.

Sehenswert ist das Foyer der Semperoper, das ebenfalls detailgetreu rekonstruiert wurde. Die Innenausstattung des Theatersaals zeigt allerdings nicht mehr die Pracht des alten Rangtheaters aus der Vorkriegszeit (1712 Sitz- und 300 Stehplätze), genügt dafür aber

Semperoper, Zuschauerraum

den Anforderungen moderner Bühnentechnik. Rund 40 m hoch ist das Bühnenhaus, zu dem der Giebel gehört, der deutlich in der Fassade gegen das dritte Stockwerk des Zuschauerraums zurückgesetzt ist und der an einen Tempel erinnert. Die *Funktionsräume,* die bei dem Wiederaufbau bis 1985 für den modernen Theaterbetrieb geschaffen wurden, finden sich mit geringerer Geschoßhöhe an der Rückseite des Theaters. So wirken sie wie eigenständige Gebäude und lassen vor allem die Silhouette der Semperoper unberührt.

Am Eingang der Semperoper begrüßen zwei große Sitzfiguren die Gäste des Hauses: Goethe (links) und Schiller (rechts). Die Fassade schmücken die Statuen Shakespeares und Sophokles' (links), Molières und Euripides' (rechts). Dichterplastiken als Fassadenschmuck eines Opernhauses? Diese Kombination erklärt sich aus der Geschichte der ersten Semperoper. In den Jahren 1838–41 erbaute Gottfried Semper (1803–79) eine erste Oper, die zugleich als Hoftheater diente. Aber schon am 21. September 1869 brannte dieser Bau bis auf das Fundament ab. Einen neuen Opernbau sollte wiederum Semper ausführen, so wünschte es die Bürgerschaft. Nur hatte der Architekt 1849 die Stadt verlassen müssen, war er doch am bürgerlichen Aufstandsversuch gegen die Adelsherrschaft beteiligt. Semper – mittlerweile in der Schweiz beschäftigt – erhielt nichtsdestotrotz den Auftrag, und schon im Mai 1870 legte er Pläne für ein neues Opernhaus vor. Die Leitung der Bauausführung übernahm Sempers Sohn Manfred. Gottfried Semper versetzte den Bau gegenüber dem ersten Hoftheater etwas Richtung Elbe. Der Brand hatte bewiesen, daß ein Theater- und Opernhaus in unmittelbarer Nähe einer Gemäldegalerie eine Gefahr darstellte; zudem hatte das alte Hoftheater den Blick auf die Gemäldegalerie behindert. Am 2. Februar 1878 wurde die Semperoper zum zweiten Mal eröffnet.

Ihren Weltruf verdankt die Semperoper einer großen Zahl von Ur- und Erstaufführungen. Hervorzuheben vor allem die Aufführungen der Werke von Richard Strauss (1864–1949) unter dem Dirigenten Ernst Edler von Schuch, die heftigstes Aufsehen erregten und dem Komponisten zum Durchbruch verhalfen.

Schaut man von der Front der Semperoper Richtung Elbe, dann sieht man ein zweigeschossiges Gebäude mit Kupferwalmdach, Mittelrisalit und Portikus mit 8 ionischen Säulen. Zwischen 1911 und 1913 wurde es als Abschluß des Theaterplatzes zur Elbe nach Plänen des Dresdner Stadtbaurates Hans Erlwein (1872–1914) ausgeführt. Es trägt den erstaunlichen Namen **Italienisches Dörfchen.** Das Gebäude erinnert so an die Häuser hier am Elbufer, in denen ab 1738 die Architekten und Handwerker lebten, die für den Bau der Hofkirche nach Dresden gekommen waren. Später zogen hier Hofbedienstete ein, um die Wende zum 20. Jh. Helbig's Etablissement. Mit dem Hotel Bellevue, etwas weiter am Elbufer hinunter, war hier der Treffpunkt des vornehmen Dresden. 1907 riß man Helbig's Etablissement ab, da man Platz für den Neubau des Kopfes der Augustusbrücke brauchte. 1957 wurde das Italienische Dörfchen, in dem sich heute Gastronomiebetriebe befinden, wiederhergestellt. Hinter dem Italienischen Dörfchen, ein kleines Stück das Elbufer hinunter, an der Neuen Terrasse findet sich der neue **Sächsische Landtag**, erbaut von dem Architekten Peter Kulka, bezogen 1993.

Der Rundgang aber geht von der Semperoper in Richtung Zwinger und passiert dabei die **Schinkelwache.** Das Wachhaus, akzentuiert von einem vorgestellten Säulenportikus mit einem Giebeldreieck, paßt sich nicht recht in die Gesamtkonzeption des Theaterplatzes ein; salopp gesprochen, es steht etwas verquer am Rand des Platzes. Der Grund: das Gebäude (Architekt

Josef Thürmer, nach Plänen Friedrich Schinkels, 1830-32) mußte auf dem Fundament des alten Wachhauses errichtet werden. Heute ist hier die Tourismusinformation und der Kartenvorverkauf der Semperoper mit Buch- und Souvenirabteilung untergebracht.

Nur wenige Schritte von der Semperoper entfernt erhebt sich die **Gemäldegalerie,** deren Durchgang in den Zwinger führt. Die Gemäldegalerie, die für einen baulichen Abschluß des Theaterplatzes sorgt und zugleich das Zwingerareal gegen den Theaterplatz schließt, wurde von 1847–54 wiederum nach Plänen des Architekten Gottfried Semper erbaut. Dresden brauchte Mitte des 19. Jahrhunderts dringend ein Museumsgebäude, denn die zahlreichen Kunstschätze, die die Kurfürsten zusammengetragen hatten, fanden im Schloß, dann im umgebauten Stallgebäude beim Schloß kaum noch Platz. Außerdem entsprach die öffentliche Zurschaustellung von Kunstwerken bester Dresdner Tradition. Schon im Jahr 1775 wurden mit einer Ausstellung der Kunstakademie im Fürstenbergischen Palais erstmals in der Elbstadt Kunstwerke der Öffentlichkeit zugänglich gemacht. Ein weiterer Beweggrund für den Bau der Gemäldegalerie mag auch der Konkurrenzgedanke gewesen sein: München hatte ja schon die Alte Pinakothek, Berlin hatte Schinkels Altes Museum, da durfte die Residenzstadt Dresden nicht nachstehen. Gottfried Semper legte 1846 drei Entwürfe für die Gemäldegalerie vor, mit denen er versuchte, ein eigenständiges Werk zu realisieren, das sich aber harmonisch in das Zwingerensemble einfügen sollte. So wählte er zwar ein Untergeschoß aus schwerem Sandstein (Renaissanceanklänge, passen zum Ensemble am Theaterplatz), stattete aber die oberen Stockwerke mit reichem Figurenschmuck aus und näherte damit den Gesamteindruck des Gebäudes wieder dem barocken Zwinger an. Zudem setzte er auf der Zwingerseite dem Bauwerk eine Terrasse vor und verzichtete auf die Fenstergiebel, die sich in der Front zum Theaterplatz finden. So wirkt die Fassade der Zwingerseite zierlicher. Im Jahr 1847 begann man mit den Arbeiten an der Gemäldegalerie, doch während der Ausführung wurde der Plan Sempers verändert. Heftig protestierte der Architekt, als die Seitenflügel nicht ein-, sondern zweigeschossig errichtet wurden. Semper wollte durch die eingeschossige Bauweise die Galerie noch harmonischer in das Zwingerensemble einfügen. Aber schon während der Arbeiten stellte sich heraus, daß in dem Semperbau nicht genügend Bilder der Sammlung Platz gefunden hätten. Ebenfalls heftig protestierte der Architekt, der mittlerweile Dresden hatte verlassen müssen, als die Kuppel aus lichttechnischen Gründen nicht auf die gleiche Höhe wie das Kronentor auf der gegenüberliegenden Seite der Zwingeranlage gebracht wurde.

Raffael, Sixtinische Madonna, 1512/13. Gemäldegalerie Alte Meister

Kunst für die Kurfürsten

Die Gemäldegalerie Alte Meister

Als Herder im Jahr 1802 Dresden als Elbflorenz rühmte, meinte er nicht nur die landschaftliche und bauliche Schönheit der Stadt, sondern auch den Reichtum der Antiken- und Gemäldesammlung. Dresdens Kunstschätze wie die Gemälde in den Galerien Alte Meister und Neue Meister, die Skulpturen, Porzellane und die Kleinodien des Grünen Gewölbes waren schon zu Herders Zeiten in Deutschland einmalig. Daran hat sich bis heute nichts geändert, auch wenn während der NS-Zeit viele Werke neuerer Meister als ›entartet‹ verkauft oder zerstört wurden, wenn Kunstschätze aus der Galerie Alte Meister durch unsachgemäße Behandlung oder Enteignung verlorengingen. Auch heute ist der Besuch einer oder mehrerer Sammlungen ein touristisches Muß.

Das berühmteste Museum Dresdens ist die Gemäldegalerie Alte Meister. Diesen Ruhm genießt sie nicht nur, weil sie in Sempers Galeriebau am Theaterplatz untergebracht ist, sondern weil hier so bedeutende Werke wie die ›Sixtinische Madonna‹ von Raffael ausgestellt sind. Zu verdanken haben die Dresdner diese Sammlung in erster Linie Friedrich August I. (der Starke) und seinem Sohn Friedrich August II. Die beiden Kurfürsten schickten Beauftragte durch ganz Europa, um Kunstsammlungen für den Hof aufzukaufen. Zwar hatte bereits Kurfürst August (reg. 1553–86) 1560 im Dresdner Schloß eine ›Chursächsische Kunst- und Wunderkammer‹ initiiert, diese war aber ganz im Stile seiner Zeit als Universalsammlung angelegt. Exponate aus Natur, Wissenschaft - etwa optische Geräte - und Kunst fanden gleiches Interesse, denn es galt, mit diesen frühen Sammlungen u.a. die Kuriositäten der Welt zu entdecken, gleichsam die Welt in allen Facetten und nicht nur das Reich des Schönen in den Blick zu nehmen.

Erst August der Starke und vor allem sein Sohn und Nachfolger Friedrich August II. sammelten gezielt Kunstwerke und führten die Sammlung zu Weltruhm. Die Kunstleidenschaft Friedrich Augusts II. ging so weit, daß er sich sogar auf Feldzügen mit Kunstwerken umgab. Mit Hilfe seines umtriebigen Ministers Brühl gelang es dem Kurfürsten, eine Vielzahl dieser Gemälde zu erwerben: die Sammlung Wallenstein mit 268 Bildern, 100 Gemälde aus der Sammlung des in finanzielle Nöte geratenen Herzogs von Modena und 69 Kunstwerke aus der kaiserlichen Galerie in Prag.

Angesichts der Vielzahl an Kostbarkeiten, die im Schloß und in anderen Palästen untergebracht worden waren, beauftragte Friedrich August II. den Architekten Knöffel im Jahr 1747, den kurfürstlichen Stall in eine Gemäldegalerie umzubauen. Sempers Gemäldegalerie wurde dann Mitte des 19. Jh. eingerichtet, da erstens die öffentliche Präsentation der Kunstwerke zum Gebot der Zeit wurde (Galeriecommission gegründet 1836), zudem auch durch den Ankauf weiterer Kunstwerke die Sammlung komplettiert wurde. Im Jahr 1853 wurde beispielsweise die umfangreiche Sammlung des französischen Bürgerkönigs Louis Philippe nach Dresden geholt.

Der Zweite Weltkrieg fügte der Gemäldegalerie schweren Schaden zu, obwohl sie bereits 1938 geschlossen wurde und die Kunstwerke ausgelagert waren. Viele Gemälde wurden zerstört oder stark beschädigt, da man sie in Räumen lagerte, die hierzu nicht geeignet waren. Die wertvollsten Kunstwerke beschlagnahmte 1945 die sowjetische Besatzungsmacht und überführte sie nach Moskau und Kiew. Obwohl im Jahr 1955 eine große Zahl Kunstwerke an die DDR zurückgegeben wurde, blieben 463 Gemälde vermißt, 206 Gemälde gelten als zerstört. Heute sind in der Galerie rund 780 Kunstwerke ausgestellt.

Schwerpunkt der Gemäldegalerie Alte Meister sind, ganz dem Geschmack der beiden Könige und ihrer Zeit entsprechend, Werke aus der Hochrenaissance und dem Barock, darunter vor allem italienische, flämische und holländische Meister.

Italienische Malerei

Zwei Fünftel der 780 ausgestellten Gemälde gehören zur Abteilung ›Italienische Malerei‹. Besonders stark vertreten ist die venezianische Malerei des 15. und 16. Jh. Zu bewundern sind hier Arbeiten der drei wichtigsten Maler dieser Zeit, darunter ›Zinsgroschen‹ (Tizian, 1516), ›Madonna mit der Familie Cuccina‹ (Paolo Veronese, 1571) und ›Der Kampf des Erzengels Michael mit dem Satan‹ (Jacopo Tintoretto, 1590). Großes Interesse findet auch die ›Schlummernde Venus‹ (Giorgione, um 1510), ein Bild, das nach dem frühen Pesttod des Malers von Tizian vollendet wurde.

Das wohl bekannteste Gemälde, das nicht nur den Ruf der Galerie begründete, sondern auch durch die Präsentation in der Galerie zu Weltruhm gelangte, ist Raffaels ›Sixtinische Madonna‹ (1512/13), die als reinste Ausprägung der italienischen Hochrenaissance gilt. Raffael hatte die Madonna als Auftragsarbeit für Papst Julius II. geschaffen. Graf Brühl, dem Unterhändler von Friedrich August II., gelang es, das

Rembrandt Harmensz. van Rijn, Rembrandt und Saskia, um 1635

Altarbild den Mönchen des Benediktinerklosters im italienischen Piacenza für 12 500 Dukaten abzukaufen.

Unter den italienischen Malern muß auch Bernardo Belotto, genannt Canaletto (1721–80) erwähnt werden, der als Hofmaler für Friedrich August II. arbeitete. Seine Veduten, detailgetreue Ansichten der Stadt, die er allmonatlich abzuliefern hatte, vermitteln ein gutes Bild vom barocken Dresden des 18. Jh.

Flämische und holländische Malerei

Großen Raum nehmen die Gemälde der flämischen und holländischen Maler des 17. Jh. ein. Peter Paul Rubens, der wohl bedeutendste flämische Barockmaler, der die Malerei seiner Zeit entscheidend beeinflußte, ist mit mehreren Gemälden vertreten, unter anderem durch seine Frauenakte wie ›Leda mit dem Schwan‹ und sein Spätwerk ›Bathseba‹ (um 1635). Von Anthonis van Dyck, Mitarbeiter im Atelier von Rubens, ist der ›Heilige Hieronymus‹ (um 1617) ausgestellt.

Unter den holländischen Malern, die sich stark auf die Darstellung des Alltags konzentrierten, sind besonders Rembrandt und Jan Ver-

Jan Vermeer van Delft, Brieflesendes Mädchen am Fenster, 1659

meer hervorzuheben. Rembrandt ist u. a. durch den ›Raub des Ganymed‹, (1635), ›Simson gibt den Hochzeitsgästen ein Rätsel auf‹ (1638) und das Gemälde ›Rembrandt und Saskia‹ (das auch unter dem Titel ›Der verlorene Sohn‹ bekannt ist, um 1635) vertreten. Von Jan Vermeer aus Delft finden sich das ›Brieflesende Mädchen am Fenster‹ (1657) und ›Bei der Kupplerin‹ (1656). Bei diesem Bild wird in dem Musikanten links ein Selbstbildnis des Malers vermutet.

Deutsche Malerei

Einen weiteren Schwerpunkt der Sammlung stellt die deutsche Malerei, hier besonders deutsche Renaissance (Dürerzeit) dar. So sind u. a. Albrecht Dürers Werke ›Sieben Schmerzen Mariä‹ (1495) und das ›Bildnis des Bernhard von Reesen‹ (1521) zu sehen. Es handelt sich hierbei um zwei Werke, die Dürers Wandlung hin zum Menschenbild der Renaissance deutlich machen. Von Lucas Cranach d. Ä., kurfürstlich-sächsischer Hofmaler in Wittenberg und Weimar, findet sich eines der Hauptwerke, der Katharinenaltar (1506), und von Hans Holbein d. J. das sehenswerte Porträt ›Charles de Solier, Sieur de Morette‹ (1534), ein Werk aus der Zeit der Hochrenaissance.

Der Fassadenschmuck der Gemäldegalerie zeigt Motive aus der klassisch-antiken (Theaterseite) und der christlich-romantischen Kunst (Zwingerseite). Auf der Schmalseite finden sich Faust und Helena, Germania und Italia. Amor und Psyche, Athena und Roma bilden den Figurenschmuck auf der Wallseite.

Die Gemäldegalerie brannte 1945 aus, wurde 1955/56 hastig wieder aufgebaut, da die sowjetische Regierung Kunstwerke, die während der Nachkriegszeit beschlagnahmt worden waren, an die DDR zurückgab. In den 80er und 90er Jahren mußte die Gemäldegalerie noch einmal von Grund auf restauriert werden. 3,8 Mio. Mark der DDR und 76 Mio. DM kosteten die Arbeiten, bis im Dezember 1992 Bundespräsident Richard von Weizsäcker die Gemäldesammlung wieder der Öffentlichkeit übergeben konnte.

Sehenswert ist in der Gemäldegalerie vor allem die Sammlung der Alten Meister, in der neben den holländischen (Rembrandt), deutschen (Dürer) und flämischen (Rubens) Meistern die Sammlung italienischer Malerei mit ihren 350 Exponaten hervorsticht. Das bekannteste Werk ist die ›Sixtinische Madonna‹ von Raffael.

Das **Historische Museum**, im Erdgeschoß des östlichen Flügels der Galerie untergebracht, zeigt in der *Rüstkammer* Harnische, Blankwaffen und Feuerwaffen, darunter das Kurschwert Friedrichs des Streitbaren aus dem Jahr 1425. Die Zugänge zu den Ausstellungsräumen befinden sich im Durchgang zum Zwinger.

Der Zwinger

Zwinger – ein seltsamer Name für ein so heiteres Bauwerk, das als Höhepunkt des sächsischen Barock gilt und das den Rahmen für ausgelassene Feste des Dresdner Hofes abgab. Zwinger – so wird der Bereich zwischen innerer und äußerer Befestigungsmauer einer Burganlage genannt, in der auch wilde Tiere gehalten wurden. Auch der Bereich im spitzen Winkel zweier Bastionen wurde mit diesem Namen belegt. In einem solchen Bereich, nahe der Bastion Luna, zelebrierte man in Dresden um das Jahr 1700 unter Einbeziehung des Walls Festlichkeiten des Hofes. Erste Galerien wurden für diese Festivitäten errichtet. Der Name ›Zwinger‹ aber blieb.

Durchschreitet der Besucher das Tor der Gemäldegalerie, kommt er auf den 116 m mal 204 m (Innenmaß) großen Festplatz, der von Galerien und Pavillons umgeben ist. Rechter Hand erhebt sich der Wallpavillon, gerahmt von zwei eingeschossigen Bogengalerien, die zu zweigeschossigen Eckpavillons leiten; linker Hand wiederholt sich diese Anlage um den Glockenspielpavillon. Beiderseits des Kronentores, auf der der Gemäldegalerie gegenüberliegenden Seite, finden sich Langgalerien. Eine Kostbarkeit der Anlage ist das von der Platzmitte nicht zu entdeckende Nymphen-

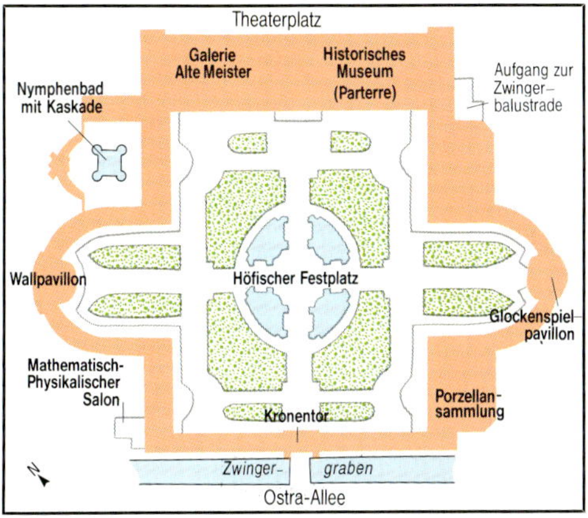

Zwinger, Grundriß

bad, rechter Hand hinter dem französischen Pavillon, Ecke Gemäldegalerie.

Zwei Künstler zeichnen verantwortlich für dieses berühmteste Dresdner Bauwerk: der Oberlandbaumeister Matthäus Daniel Pöppelmann (1662–1736) und der Bildhauer Balthasar Permoser (1651–1732). Sie schufen eine Gesamtanlage von großer Harmonie, die sich bis in den einzelnen Figurenschmuck fortsetzt. Der Eindruck von Leichtigkeit, ja Verspieltheit, der aber durch die Symmetrie in der Wiederholung einzelner Bausegmente nie ausufert – diese Merkmale gelten als Kennzeichen des Zwingers.

Im Grunde ist es erstaunlich, daß ein Bauwerk, das ganz und gar nicht in einem Zug geplant und errichtet wurde, einen solchen Ausdruck von Geschlossenheit gewinnen kann (s. S. 57 f.).

Der Weg durch den Zwinger führt zunächst zum Wallpavillon, dann die Treppe hinauf zum Nymphenbad, rechter Hand gelegen, zurück zum Wallpavillon und weiter über die Bogengalerie, Richtung Mathematisch-Physikalischer Salon und Kronentor.

Der **Wallpavillon** gilt als baulicher Höhepunkt des Zwingers (Umschlagvorderseite). Reicher Figurenschmuck, der Götter und Heroen darstellt, schmückt das Bauwerk mit seinen durch und durch geschwungenen Konturen. Die Satyrhermen stammen aus der Werkstatt des Bildhauers Permoser. In der Pavillonfassade zeugt das Wappen im Giebel von der Machtentfaltung Sachsens unter August dem Starken: Ein Schild samt gekreuzter

Zwinger, links Kronentor, rechts Wallpavillon ▷

Schwerter steht für die Kurfürstenwürde, vier polnische Adler und litauische Reiter unter der Krone verweisen auf die Königsmacht Augusts des Starken in Polen seit 1697. Gekrönt wird der Giebelaufbau von einem Herkules, der eine Weltkugel trägt, und der als Versinnbildlichung König Augusts des Starken verstanden wurde. August hatte zur Bauzeit des Wallpavillons (um 1716) das Amt des Reichsvikars inne, war also Vertreter des Kaisers im Reich. Im Obergeschoß des Wallpavillons ist heute eine Werkstatt der Zwingerbauhütte untergebracht.

Kühlend und erheiternd das Plätschern im **Nymphenbad**. Die intime Anlage nutzt das natürliche Gefälle des Walles für ihr Wasserspiel. Von dem Brunnen auf dem Wall läuft das Wasser über einen gestuften, künstlichen Wasserfall. Griechische Meergötter blasen das Wasser wieder nach oben. Nur die Nymphen links, schaut man Richtung Kaskade, gehen auf Permoser zurück. Die Figuren rechter Hand stammen aus der Zeit der Restaurierung des Zwingers in den zwanziger und dreißiger Jahren unseres Jahrhunderts.

Ein Spaziergang auf den Bogengalerien ermöglicht einen guten Blick über die Gesamtanlage. Auf dem Weg vom Nymphenbad Richtung Mathematisch-Physikalischer Salon passiert der Besucher eine Werkstätte der Zwingerhütte, die für die grundlegende Renovierung des Zwingers in den zwanziger Jahren gegründet wurde.

Der **Mathematisch-Physikalische Salon** wurde schon 1746 hier untergebracht und ist eine der ältesten Sammlungen dieser Art in Deutschland. Im oberen Stockwerk

Zwinger, Satyrhermen am Wallpavillon

Zwinger, Nymphenbad

werden Uhren, im Erdgeschoß Globen, Meßgerätschaften etc. gezeigt. Hervorzuheben ist hier ein arabischer Himmelsglobus aus dem Jahr 1279. Der Weg auf der Galerie durch das Kronentor führt zum *Porzellanmuseum*, in dem seit 1962 chinesische, japanische und auch Meißner Porzellanarbeiten gezeigt werden. Im Jahre 1717 gründete August der Starke das Porzellanmuseum, das heute weltweit nur von der Sammlung im Serail in Istanbul übertroffen wird.

Wieder auf dem Zwingerhof, steht noch die Besichtigung des Kronentores und des Glockenspielpavillons aus. Das **Kronentor** präsentiert sich als harmonische Verschmelzung eines Triumphbogens mit einem Torturm. Das Dach, aus teilvergoldetem Kupfer gearbeitet und seit 1990 wieder im historischen Zustand, steht durch seinen Schmuck für die sächsische Machtentfaltung. Vier polnische Adler tragen die Krone auf der Turmspitze. In der Reihe der Figuren über dem Torbogen und in den Nischen finden sich wieder Darstellungen des Herkules, über den Säulen des Torweges prangen das königliche Zepter und die gekreuzten Schwerter für die Kurfürstenwürde und über dem Torbogen wieder das sächsische Wappen mit dem Haupt der Athene, die hier für Weisheit und Stärke steht. Nur im unteren Bereich des Kronentores erinnert der Figurenschmuck an den Festplatzcharakter des Zwingers. Hier stellen Bildhauerarbeiten die Götter der Jahreszeiten, Früchte oder auch Musikanten dar. Hinzu treten die zehn Kaskaden entlang der Langgalerien mit ihren Becken voller

Zwinger, Turmhaube mit Königskrone des Kronentors

Blumenschmuck, den Seepferdchen und Wassergottheiten.

Letzte Station des Rundgangs durch den Zwinger ist der **Glockenspielpavillon**, der samt Bogengalerien die Anlage des Wallpavillons wiederholt. Seinen Namen trägt der frühere Stadtpavillon, seitdem im Zuge der Restaurationsarbeiten in den zwanziger und dreißiger Jahren hier eine Uhr mit Glockenspiel aus Meissener Porzellan eingefügt wurde. Die Plastiken des Baues wirken bisweilen etwas grotesk, da manche erst bei der Renovierung um 1783 ausgeführt wurden. Zu dieser Zeit trafen die Bildhauer den Stil Permosers eben nicht mehr. Auch am Wappen des Glockenspielpavillons finden sich Spuren der Restaurierung; verschwunden ist die Krone mit den polnischen Adlern, einzig die kursächsischen Schwerter zeigen sich unter dem Hut, der die Kurfürstenwürde repräsentiert. Nach dem Tode Friedrich Augusts II. (August III. von Polen), im Jahr 1733 wurde unter Kurfürst Friedrich Christian die Personalunion Sachsen-Polen nicht weiter aufrechterhalten.

Nur der Blick von der Zwingerseite mit dem Glockenspielpavillon ermöglicht zumindest für Momente einen ungestörten Genuß der Zwingeranlage, da nur aus dieser Perspektive die Silhouette des Zwingers nicht durch Bauten der Großstadt Dresden erdrückt wird. Das **Neue Schauspielhaus** an der Ostraallee, gegenüber dem Kronentor, 1911–13 erbaut, im Jahre 1948 wiederhergestellt, wirkt genauso störend wie verschiedene Geschäftshäuser mit ihren Werbeaufschriften. Da hilft es wenig, daß der Zwingergraben vor dem Kronentor, der 1812 zugeschüttet worden war, bei den Restaurationsarbeiten ab 1924 teilweise wieder aufgegraben wurde.

Weiter führt der Rundgang durch das Tor im Glockenspielpavillon zum Taschenbergpalais und dann zurück Richtung Theaterplatz mit dem Residenzschloß und der Hofkirche. Den Bombenangriff auf Dresden überstanden nur zwei Fassaden des Taschenbergpalais, das 1994 als

Spektakel, Politik und Musterschau

Barocke Festkultur im Zwinger

Dem Besucher ist die Funktion des Zwingers im gesellschaftlich-höfischen Leben der Residenzstadt Dresden zu Anfang des 18. Jh. nicht mehr unmittelbar erfahrbar. Der Zwinger ist heute hochgeschätztes Baudenkmal, Höhepunkt barocken Bauens, wie es immer so schön heißt. Aber zu welchem Zweck wurde die Anlage erbaut? Und warum achteten die folgenden Generationen ab 1730 dieses Bauwerk so wenig?

Im Jahre 1709 stand der Besuch eines Vetters Augusts des Starken in Dresden an erster Stelle im Jahresprogramm des Hofes. Immerhin war dieser Vetter Friedrich IV. König des zu dieser Zeit noch mächtigen Dänemark. Ein würdiger Rahmen für das Fest mußte her. So ließ August auf dem späteren Zwingerareal ein hölzernes Amphitheater bauen, um hier verschiedene Spiele auszurichten.

Zwei Jahre später. Inzwischen beschäftigte August den Starken ein anderes Problem. Er brauchte in Dresden einen wintersicheren Bau für seine chinesischen Äpfel und für die Orangenbäume, beides kostspielige Statussymbole zur damaligen Zeit. Der Kurfürst beauftragte Architekt Pöppelmann, beiderseits der Treppe auf die Wallanlage der Bastion Luna Bogengalerien für die Pflanzen zu errichten (1711). Da es besser aussah und zudem ein festlicher Saal immer Verwendung fand, schlug Pöppelmann Pavillonbauten an den Enden der Bogengalerien vor. August war einverstanden. Auch Pöppelmanns nächster Vorschlag fand die Zustimmung des Kurfürsten: um 1716 ließ er die Treppe zwischen den Orangerien als doppelläufigen Aufgang mit einem ovalen Festsaal in Höhe des Wallscheitels ausführen. Gleich neben diesem Wallpavillon legte der Architekt das Nymphenbad an.

Im Jahre 1719 dann fand das Fest der Feste in Dresden statt: Kurprinz Friedrich August, Sohn und Nachfolger Augusts des Starken, heiratete die Erzherzogin von Österreich und Kaisertochter Maria Josepha. Welchen deutlicheren Beweis für die Machtfülle, die Sachsen unter August dem Starken erreicht hatte, konnte es geben? In aller Eile ließ August die Anlage des Wallpavillons mit den beiden Bogengalerien auf der gegenüberliegenden Seite wiederholen. Schon im Jahr 1714 waren die Längsgalerien mit dem Kronentor errichtet worden, um den Wallgraben zu verbergen. Drei Seiten des Zwingers waren also zu den Hochzeitsfeiern 1719 geschlossen. Die Front zum Residenzschloß (heute Gemäldegalerie) wurde mit einer Holztribüne versehen. Das Hochzeitsfest dauerte fast vier Wochen.

War es nur Jubelstimmung in Dresden oder Verschwendungssucht, die August zu diesen Baumaßnahmen trieb? Mitnichten. Die tagelangen Feste ordneten die Rangfolge bei Hof, da jedes Mitglied der Hofgesellschaft bei den Feierlichkeiten eine Funktion zu übernehmen hatte, die seinen Rang und sein Ansehen beim Kurfürsten widerspiegelte. Festvorbereitungen und Festdurchführungen waren also ein wichtiger Teil der – heute würde man sagen – Kabinetts-, Koalitions- und Parteipolitik. Zugleich aber präsentierten die Feste dem Volk die Macht des Fürsten und seiner Hofgesellschaft, schufen so Vertrauen und Ansehen im

Der Zwinger aus der Vogelperspektive. Fest der Nationen, 1719. Zeichnung von C. H. J. Fehling

Innern. Weiter erfüllten die Feierlichkeiten eine wichtige außenpolitische Funktion; sie waren nicht nur Anlaß für Gespräche mit ausländischen Diplomaten, sondern sollten auch diese Vertreter fremder Mächte beeindrucken. Ein guter Eindruck auf diese Besucher konnte darüber entscheiden, ob man als Bündnispartner willkommen war. Zuguterletzt hatten die Feste auch noch eine wirtschaftliche Funktion. Während der Feierlichkeiten wurden die Erzeugnisse der königlichen Manufakturen den auswärtigen Gästen vorgeführt, das Hoffest war also auch Musterschau. Kurzum: Das Zwingerareal diente als der wohlgestaltete Hintergrund für solche innenpolitisch, außenpolitisch und ökonomisch bedeutenden Ereignisse.

Als diese Funktionen der höfischen Feste sich wandelten, verlor auch der Zwinger an Bedeutung. August bezog bei verschiedenen Aufzügen das Volk, zum Beispiel seine Bergwerksleute, in die Festabfolge mit ein. Schon seinem Sohn aber lag es fern, zusammen mit dem Volk zu feiern und so seine Macht darzustellen. Der Adel zog sich in die Exklusivität seiner Landschlösser zurück. Man blieb lieber unter sich.

Zudem wandelte sich – und auch das war bedeutsam für ein verändertes Verhältnis gegenüber dem Zwinger – der Architekturgeschmack. Die Generationen nach August dem Starken konnten immer weniger mit den geschwungenen Formen und dem überbordenden Schmuck des barocken Bauwerks anfangen. Bereits seit 1728 wurden einzelne Pavillons des Zwingers als Unterstellmöglichkeit für eine Reihe von Kunstsammlungen genutzt. Preußische Truppen dann degradierten die Anlage während des Siebenjährigen Krieges (ab 1756) zum Stapelplatz und führten hier Zimmerarbeiten aus. Auch die Revolutionäre 1849 nahmen nicht weiter Rücksicht auf die Bauwerke, die daher bei den Kämpfen schwer beschädigt wurden. Der Glockenspielpavillon zum Beispiel brannte infolge der Kämpfe vollständig ab. Wiederaufbauarbeiten verschandelten die Anlage eher, als daß sie den Zwinger wieder in alte Pracht brachten. Zeitweise wurde in Dresden auch über einen Abbruch des Zwingers nachgedacht.

Erst mit Ausgang des vergangenen Jahrhunderts wurde der baugeschichtliche Wert des Zwingers wiederentdeckt. Der Sinn für den Eigenwert einer jeden Kulturepoche war durch die Lehre von den architektonischen Formen und durch die Geschichtswissenschaft geschärft worden. Barocke Formen waren wieder ein Thema, obwohl man selten in diesem Stil bauen wollte. So wurde der Zwinger von 1924–36 erstmals nach wissenschaftlichen Methoden detailgetreu restauriert – und zum Baudenkmal.

200-Betten-Luxushotel wiederhergestellt wurde. Das Palais wurde in den Jahren 1707–11 unter Mitwirkung von Pöppelmann errichtet. August der Starke brauchte ein schloßnahes Palais für seine Mätresse Gräfin Cosel (s. S. 142f.). Später wohnte im Taschenbergpalais die Familie des Kronprinzen, für die eigens in den Jahren 1756 und 1763 die beiden Seitenflügel dem Bau hinzugefügt wurden. Übrigens geht der Name Taschenbergpalais auf den Taschenberg zurück, die flutsichere Erhebung auf dieser Elbseite.

Der Weg Richtung Postplatz lohnt heute nur noch, um den 18 m hohen **Cholerabrunnen**, für den Gottfried Semper 1843 die Pläne lieferte, zu besichtigen. Der Brunnen stand früher auf dem Postplatz, bis er im Jahr 1927 zwischen Zwinger und Sophienkirche seinen Platz fand. Auf Wunsch des Stifters Egon von Gutschmid – er dankte mit dem Brunnen dafür, daß Dresden 1840/41 von einer europaweiten Choleraepidemie verschont geblieben war – richtete Semper den Plan des Brunnens am Nürnberger ›Schönen Brunnen‹ aus und schuf so das erste Werk in Dresden mit Anlehnung an gotische Formen. Und das, obwohl Semper sich ansonsten gegen die Übernahme gotischer Formen wehrte.

Im Bereich Cholerabrunnen – Postplatz wird der Besucher an einen dunklen Moment der Dresdner Nachkriegsgeschichte erinnert. Die *Sophienkirche,* die frühere protestantische Hofkirche, hätte trotz der Zerstörungen wieder aufgebaut werden können. Sie fiel aber 1962/63 der Abrißwut der DDR-Machthaber zum Opfer, die damit auch gleich den optischen Abschluß des Theaterplatzes in Richtung Postplatz zerstörten. Glücklicherweise ist das Machwerk des sogenannten »Freßwürfels«, der anstelle der Kirche errichtet wurde, mittlerweile verschwunden. Hier erhebt sich das »Haus am Zwinger«, in dem ein Restaurant und mehrere Geschäfte untergebracht sind. Zurück geht es zum Theaterplatz, vorbei am Taschenbergpalais, entlang dem Westflügel des Residenzschlosses.

Das Jahr 2006 soll ein ganz besonderes werden in der Geschichte der Stadt Dresden. Es steht der 800. Stadtgeburtstag an, und zu diesem Fest soll das königlich-sächsische **Residenzschloß** endgültig wiederhergerichtet sein. Nur im Pretiosensaal des Grünen Gewölbes hatte eine Stuckdecke aus dem Jahr 1556 den Bombenangriff 1945 halbwegs unbeschadet überstanden. Ansonsten muß das Schloß von Grund auf erneuert werden. Schon zu DDR-Zeiten fanden ab 1985 erste Sicherungsarbeiten an der Fassade statt. Kostenpunkt des Wiederaufbaus nach der Vereinigung: rund 100 Millionen DM, die der Freistaat Sachsen aufbringt. Die Außenfassade wird gemäß der Neorenaissanceform, die das Schloß bei den umfangreichen Umbauarbeiten um 1900 erhalten hatte, wiederhergerichtet.

Die drei Höfe (Großer Schloßhof, Kleiner Schloßhof, Wirtschaftshof) werden im Stil der Renaissance rekonstruiert. Im Innern werden die verschiedenen Räume einzelne Bauepochen des Schlosses dokumentieren und zugleich die Möglichkeit zu Kunstausstellungen und festlichen Ereignissen bieten. Zu sehen sind im ersten Geschoß des Georgenbaues heute schon die Zimmer, in denen der letzte sächsische König Friedrich August III. lebte. Seit 1994 dokumentiert eine Ausstellung in diesen Räumen das Leben der Wettiner und die Geschichte ihrer Residenz vom Mittelalter bis zum Beginn des 20. Jh. Auf der Westseite in den Georgenbau eingeschlossen das alte **Georgentor,** das von 1530 bis 1535 als erstes Renaissancebauwerk in Dresden errichtet wurde. Als Schmuck auf der Elbseite zeigte das Georgentor den berühmten Dresdner Totentanz, der heute in der Dreikönigskirche in der Neustadt zu bewundern ist. Das 4 m hohe Standbild stellt Georg den Bärtigen (reg. 1500–1539) dar, nach dem das Schloß benannt ist. Sein heutiges Aussehen erhielt der Georgenbau beim Umbau des Schlosses 1888–1902.

Einen Besuch lohnt auch der **Hausmannsturm,** von dem man von April bis Oktober einen guten Überblick über den Fortgang der Bauarbeiten im ganzen Schloßkomplex gewinnt. Im Herbst 1991 wurde der Hausmannsturm am Schloß wieder auf seine alte Höhe von 100 m gebracht, indem die Haube und die vergoldete Wetterfahne wieder aufgesetzt wurden. Nach dem Bombenangriff war lediglich ein 52 m hoher Turmstumpf stehengeblieben. Die Rekonstruktion 1991 war nur dank des Widerstandsgeistes Dresdner Denkmalpfleger möglich. Gleich nach dem Krieg waren Teile des Hausmannsturms entgegen anderslautenden Anweisungen aus Ost-Berlin gesichert worden. Der Hausmannsturm, in dessen Bereich Archäologen Baureste aus dem 11. Jh. nachgewiesen haben, gehört zum ältesten Baubestand des Schlosses und verweist auf die erste Funktion der

Schloß, Westflügel

Schloßanlage: die Sicherung der Elbfurt. In den folgenden Jahrhunderten wurde der Schloßbau Flügel um Flügel erweitert.

Unmittelbar gegenüber des Georgentores steht die katholische **Hofkirche**. Gleich hinter dem Eingang passiert der Besucher das Taufbecken von Balthasar Permoser aus dem Jahre 1721 und die Statue Johannes des Täufers von dem römischen Bildhauer Francesco Mochi.

Um das Mittelschiff (52,36 m lang, 17,56 m breit) zieht sich im Innern der Kirche ein 3,5 m breiter Prozessionsgang, der sichtbarer Ausdruck der politisch-religiösen Verwicklungen ist, die sich um die Hofkirche ranken. Was macht eigentlich eine katholische Kirche in einer Stadt, die für sich den Anspruch erhob, die erste unter den protestantischen Städten Deutschlands zu sein? Ganz einfach: Kurfürst August der Starke wollte polnischer König werden. Damit seine Bewerbung Aussicht auf Erfolg hatte, mußte er 1697 mit seiner Familie zum katholischen Glauben übertreten. Da er aber die Religionsfreiheit seiner Bürger nicht einengte oder sie gar zwingen suchte, zum katholischen Glauben überzutreten, wurde dieser Schritt akzeptiert. Der Bau der Hofkirche war da schon brisanter. Da Prozessionen in der protestantischen Stadt Dresden verboten waren, mußten diese in der Kirche stattfinden. Aus dem gleichen Grund übrigens durften erst ab 1806 die Glocken der Hofkirche geläutet werden.

Ehem. Hofkirche (Kathedrale St. Trinitatis), Blick zur Silbermannorgel

Über dem Prozessionsgang findet sich eine Empore mit Logen, die sich zum Mittelbau und zu den Seitenschiffen hin öffnen. Die Logen beiderseits des Hauptaltars dienten der königlichen Familie und waren durch einen Gang vom Schloß aus zu erreichen.

Die vier sechseckigen Eckkapellen der Hofkirche, deren Ausmalung im Gegensatz zum Schmuck des Mittelschiffs teilweise rekonstruiert wurde, dienten als Stationen während der Prozessionen. Links vom Hochaltar die *Sakramentskapelle*, rechts die *Kreuzkapelle*. Zum Hauptausgang, Richtung Elbbrücke, die *Bennokapelle*, die an den hl. Bischof Benno von Meißen erinnert, der sich in der Sorbenmission hervorgetan hat. Die *Gedächtniskapelle* ist seit 1973 dem Gedenken an die Opfer des Bombenangriffs vom 13. Februar 1945 allen Opfern von Gewalt geweiht.

Einige der Kostbarkeiten aus dem Kircheninneren waren während der letzten Kriegsmonate ausgelagert worden. So blieben erhalten: das Altargemälde ›Himmelfahrt Christi‹, das Anton Raphael Mengs von 1752–61 in Rom malte und bis 1765 in Madrid vollendete; die sechs Silberleuchter, jeder über 2 m hoch, die auf das Jahr 1752 datiert werden und aus der Werkstatt des Ignaz Bauer in Augsburg stammen. Derselbe Künstler schuf im Jahr 1756 auch das Kreuz. Im Altartisch (Pietro Aglio, 1750, rekonstruiert 1959–61) wird seit der Erhebung der Kirche zur Kathedrale im Jahr 1980 die Mitra des hl. Benno verwahrt. Balthasar Permoser schuf schon 1712–22 den Kanzelkorb. Der Kanzeldeckel (Joseph Hackl, 1753) wurde im Krieg zerstört und mußte neu gestaltet werden. Ebenfalls aus der Werkstatt Permosers stammen die beiden Holzskulpturen, die Kirchenväter Ambrosius (links) und Augustinus (rechts). Kostbar die Orgel aus der Werkstatt des berühmten Orgelbauers aus dem Erzgebirge, Gottfried Silbermann. Die vier *Grufträume* unter der Kirche dienten als Begräbnisstätte der katholischen Wettiner. Hier ruht auch das Herz Augusts des Starken, der ob seiner Würde als polnischer König in Krakau begraben wurde. Die Grufträume, zu der auch eine Bischofsgruft gehört, können nur während der Führungen um 11 Uhr und um 14 Uhr besichtigt werden.

Der Bau einer katholischen Hofkirche, die heute *Kathedrale St. Trinitatis* heißt, war ein brisantes Thema im protestantischen Dresden. August der Starke konnte es noch umgehen, eigens eine Hofkirche zu bauen, indem er in der Residenz, dann im ehemaligen Opernhaus am Taschenberg Hofkapellen einrichten ließ. Sein Sohn aber mußte dem Drängen nach einem würdigen Ausdruck des Übertritts der Wettiner zum katholischen Glauben nachgeben. Als Architekt der Hofkirche wurde der Italiener Gaetano Chiaveri (1689–1770) gewonnen, der zuvor in St. Petersburg und dann – schon im Auftrag der Wettiner – in Warschau gearbeitet hatte. Angenehmer Begleitumstand dieser Wahl: durch den Auftrag an einen auswärtigen Architekten, der Zeit seines Wirkens in Dresden kein Wort Deutsch lernte und seine eigenen Handwerker mitbrachte, ließ sich der Plan des Baues einer Hofkirche lange geheimhalten. So ließ der Kurfürst im Kammerkollegium verschwommen Geld für ein großes Bauwerk zwischen Residenz und Elbbrücke beantragen.

Noch bei der Grundsteinlegung wußten die meisten Beteiligten nicht, welchen Bau sie da auf den Weg brachten. Man merke: Auch ein König und Kurfürst hat Rücksicht zu nehmen, besonders wenn er es mit den Bürgern Dresdens zu tun hat.

Während der Arbeiten an der Kirche gab es einige Aufregung, immerhin fanden aber die gut gewählten Proportionen der Basilika allseits Anerkennung. Einen Skandal löste nur der Skulpturenschmuck auf den Balustraden von Mittelschiff und Seitenschiffen aus. Die Statuen der Evangelisten und der Jünger im oberen Bereich waren Protestanten und Katholiken gleich willkommen. Die Figuren der heiligen Helfer aber, die auf der Attika (niedrige Wand über dem Hauptgesims eines Gebäudes) angebracht wurden, waren ein Affront für die protestantische Bürgerschaft der Stadt. Unter anderem wurde hier Ignatius von Loyola dargestellt, dessen Jesuitenorden federführend in der Auseinandersetzung mit der protestantischen Reformation war.

Die ganze Schönheit dieser Kirche erschließt sich erst, betrachtet man sie von der Augustusbrücke, zu der der Bau seine Hauptfront wendet. Der fast freistehende, mehrgeschossig aufgebaute *Turm* bildet dabei – auch in der Elbuferansicht – den stärksten Akzent. Er ist reichgegliedert und verjüngt sich harmonisch in seinen durchbrochenen Geschossen bis zur Turmzwiebel. Zwei Bogen der Augustusbrücke ließ der Architekt vor Baubeginn zuschütten und die alte Münze neben der Brücke abreißen, um Platz für das Gotteshaus und den Schloßplatz zu gewinnen. So schuf Chiaveri mit rund 4793 m^2 Grundfläche eine der größten Kirchen Deutschlands.

Der Rundgang führt weiter durch die Augustusstraße, die Schloßplatz und Neumarkt verbindet. Der **Fürstenzug**, die 101,90 m lange und 10,51 m hohe Nachbildung (einschließlich Schmuckwerk und Rahmung; die Größe der Figurendarstellung beträgt etwa 4 m) aus Fliesen an der Wand des Stallhofs, ist schon vom Ausgang der Hofkirche nicht zu übersehen. Der Stolz der Dresdner auf ihre Wettiner hat diese einmalige Ahnengalerie entlang der Augustusstraße hervorgebracht. 1872–76 wurde das Kunstwerk von Wilhelm Walther als Sgraffito (verschiedenfarbige, herausgeschnittene Putzschichten) ausgeführt, die aber naturgemäß sehr anfällig für Witterungseinflüsse war. So wurde das Monumentalgemälde 1906/07 durch 25 000 Meißner Porzellanfliesen ersetzt.

Dem Betrachter präsentiert sich ein Zug, der die Wettiner Fürsten in ununterbrochener Herrscherreihenfolge von 1123–1904 zeigt. Kleine Beobachtungen am Rande: Erstens beginnt der Fürstenzug mit Konrad dem Großen, der von 1123–56 als Graf die Markgrafschaft Meißen regierte. Diese Darstellung entsprach dem Wissensstand, als die Sgrafittomalerei geschaffen wurde. Im Jahre 1889 aber konnte durch sächsische Archivunterlagen nachgewiesen werden, daß schon 1089 König Heinrich IV. den Wettiner Grafen Heinrich I. von Eilenburg mit der Markgrafschaft Meißen be-

Fürstenzug am Langen Gang des Stallhofs

lehnt hatte. Damit waren die Wettiner die älteste regierende Dynastie in Deutschland, noch vor den preußischen Hohenzollern. In der Ahnenfolge fällt auf, daß August der Starke hier als August II. in seiner Funktion und Bezeichnung als polnischer König dargestellt wird und nicht als Kurfürst Friedrich August I. Da der Fürstenzug 1872–76 geschaffen wurde, fehlt natürliche der 1918 gestürzte König Friedrich August III.

Entlang dem Fürstenzug kommt der Besucher zum *Neumarkt,* auf dem die weltberühmte **Frauenkirche** zu finden ist. Seit 1993 wird dieser wichtigste protestantische Kirchenbau in Sachsen wieder aufgebaut. Die Geschichte der Frauenkirche führt zurück in das 11. Jh., als am heutigen Standort der Frauenkirche eine Kirche im sorbischen Gau Nisani errichtet wurde. Sie war das zweite christliche Gotteshaus in der Mark Meißen und diente der Mission der Sorben und als Zentrum der ersten deutschstämmigen Siedler. Lange Zeit blieb die Frauenkirche das Gotteshaus der Dorfbevölkerung, die vor der Stadtmauer Dresdens lebte. In der Stadt Dresden war die Kreuzkirche Hauptkirche und blieb dies auch, als durch das Wachstum der Stadt die Frauenkirche ebenfalls zu Dresden kam (ab 1551). Im Jahr 1722 erhielt George Bähr (1666–1738) den Auftrag, eine neue Frauenkirche zu errichten, da das Gotteshaus baufällig war und die große

Frauenkirche, Gemälde von Bernardo Belotto, gen. Canaletto, ›Der Neumarkt vom Jüdenhof aus gesehen‹ (Ausschnitt), 1749. Gemäldegalerie Alte Meister

Zahl der Gläubigen nicht mehr aufnehmen konnte. Im August 1726 legte man den Grundstein für die neue Frauenkirche, die in ihrer Anlage das gewandelte Bewußtsein des protestantischen Glaubens demonstrierte. Anstelle des in katholischen Kirchen üblichen Altarraums, der von der Gemeinde der Gläubigen getrennt ist, wurde ein kreisförmiger Zentralbau errichtet, der Altar, Kanzel und Orgel in einem Kanzelaltar vereinigte. Auf acht Pfeilern erhob sich bis in eine Höhe von 95 m über diesen Zentralraum die Kuppel, die schnell zu einem Wahrzeichen Dresdens wurde.

Schon zu Bauzeiten gab diese Kuppelkonstruktion Anlaß zu heftigen Streitigkeiten. Würde der Bau eine steinerne Kuppel tragen? Diese Frage verneinten verschiedene Gutachter, unter ihnen Chiaveri, der Baumeister der Hofkirche. Und tatsächlich weiß man heute, daß die acht Mittelpfeiler durch das Gewicht der Kuppel erheblich überlastet waren. Trotzdem hielt die Kirche rund 200 Jahre stand, bevor von 1938–42 Sicherungsmaßnahmen ergriffen werden mußten. Das Gotteshaus überdauerte sogar die Bombennacht am 13. Februar 1945. Erst gegen Mittag des folgenden Tages brach die Kirche durch die Hitze in sich zusammen. Feuer war durch die unzureichend geschützten Fenster eingedrungen und hatte das Kirchgestühl erfaßt.

Soll die Frauenkirche als Ruine wie die Berliner Gedächtniskirche an den Wahnsinn des Krieges erinnern oder soll sie wieder aufgebaut werden? Diese Frage wurde erst mit der Wiedervereinigung 1989 zum umstrittenen Thema. Pläne für den Wiederaufbau der Kirche waren nach dem Zweiten Weltkrieg nie aufgegeben worden. Schon einige Monate nach der Katastrophe 1945 wurden erste Steine der Ruine entnommen, katalogisiert und gelagert. Auch die Ruine wurde gesichert, um Unbefugte zu hindern, dringend benötigtes Baumaterial zu entwenden. Immer wieder mahnten Dresdner Denkmalpfleger den Wiederaufbau an. Gleichzeitig entwickelte sich die Frauenkirche zu einem wichtigen Symbol und Treffpunkt für die Friedensbewegung in Dresden. Trotzdem, für viele Sachsen war nach der Wende der Wiederaufbau der Frauenkirche ein Ausdruck des Neuanfangs und die Hoffnung auf ein Wiedererstarken Sachsens im geeinten Deutschland. Die 1990 gegründete Gesellschaft zur Förderung des Wiederaufbaues der Frauenkirche Dresden e. V., die gemeinsam mit der evangelisch-lutherischen Landeskirche die Stiftung Frauenkirche schuf, brachte durch Spenden die ersten Mittel zusammen, um den Wiederaufbau der Kirche zu beginnen (siehe auch S. 78f.). – Freudige Überraschung während der Aufräumarbeiten: Im Juni 1993 barg man aus der Ruine das Kreuz und den Turmknopf, in dem Unterlagen und Münzen gefunden wurden, die bis auf das Jahr 1599 zurückgehen. Heute ist die Frauenkirche, deren Unterkirche mittlerweile zum Gottesdienst einlädt, wohl die meistbesuchte Baustelle Deutschlands mit annähernd 200 000 Besuchern im Jahr.

Im alten Dresden war die Frauenkirche von kleinteilig, dicht bebauten Häuserzeilen umgeben, die durch den Bombenangriff 1945 und die Sprengung der Restbestände 1956 in der Rampischen Gasse für alle Zeit verloren sind. Die Gesellschaft Historischer Neumarkt e.V. kämpft für eine historische Rekonstruktion von zumindest 80 bis 90 Leitbauten, die dem Neumarkt sein hergebrachtes Gesicht wiedergeben sollen. Stadtplaner hingegen wollen 15 Häuser historisch rekonstruieren und diese dann mit Neubauten verbinden. Kein Wunder, daß der Neubau am Coselpalais heftig umstritten war. Das **Coselpalais** bietet heute wieder einen Eindruck der vergangenen Pracht Dresdens. Orginalgetreu restauriert lädt es mit seinen Restaurants und seinen Geschäften zum Besuch ein.

Zum Abschluß des Rundgangs führt ein unscheinbarer Hofeingang gegenüber der Frauenkirche in den **Stallhof** mit dem **Langen Gang**, der das Schloß mit dem Stallgebäude verbindet. Der Gang, gut 100 m lang, wird gesäumt von einer offenen Bogenhalle mit 20 toskanischen Säulen; er wurde vermutlich in den Jahren 1586–88 angelegt. Noch im Original aus dem Jahre 1601 sind die beiden 6,10 m hohen Bronzesäulen erhalten, die zum Ringstecken per Pferd dienten. Die Wappen entlang der Außenwand des langen Saals verweisen auf die sächsischen Lande.

In den Jahren 1586–88 wurde das Stallgebäude errichtet und auf Befehl Augusts des Starken 1722–25 zu einer Gemäldegalerie umgebaut. Bis 1856 zeigte man hier Kunstwerke, dann war die Gemäldegalerie am Theaterplatz fertig. Seit 1876 beherbergte das Gebäude, das grundlegend umgebaut und mit einer Neorenaissancefassade versehen wurde, das **Johanneum**, ein historisches Museum. Heute ist im Johanneum das *Verkehrsmuseum Dresden* untergebracht, in dem sich u. a. Ausstellungsstücke zu der für Dresden und Sachsen so wichtigen Geschichte der Eisenbahn finden. Die Hauptfassade des Johanneums mit der englischen Freitreppe, angelegt 1729/30, erstreckt sich Richtung Jüdenhof.

Dresden wächst – Friedrichstadt und Ostragehege

In die westlich gelegene **Friedrichstadt**, die ab dem Jahr 1728 als erstes Viertel außerhalb der Stadtmauer angelegt wurde, finden heute nur noch wenige Besucher. Mit gutem Grund: Die Könneritzstraße und vor allem die Trasse der Eisenbahnlinie Dresden–Prag haben dieses Gebiet von der Innenstadt abgetrennt; Industrieansiedlung hat es unattraktiv werden lassen. Wer sich hierdurch nicht abschrecken läßt, findet entlang der Friedrichstraße einige sehenswerte Baudenkmäler des barocken Dresden.

Zentrales Gebäude der Vorstadt ist das **Stadtkrankenhaus Friedrichstadt**, das in dem ehemaligen *Palais Brühl-Marcolini* untergebracht ist. Der Kern der Anlage wurde im Jahr

Ehem. Tabakkontor ›Yenidze‹, 1912 ▷

YENIDZE • YENI
YENIDZE Kuppelrestaurant

1728 errichtet, erfuhr dann aber umfangreiche Erweiterungen unter Johann Christoph Knöffel. 200 m mißt die Fassade, die schlicht mit Lisenen (senkrechte Mauerstreifen ohne Basis und Kapitell) geschmückt ist. 1774 wurden die Seitenflügel aufgestockt, als Graf Camillo Marcolini, ein Minister im Kabinett Friedrich Augusts I., das Palais übernahm. Bekannt geworden ist das Bauwerk, weil hier von 1847–49 Richard Wagner wohnte. 1849 wurde dann in dem Palais ein städtisches Krankenhaus eröffnet.

An der Wachsbleichstraße, bis zu der das Krankenhausareal reicht, steht der mächtige **Neptunbrunnen**, einer der schönsten Barockbrunnen der Stadt, geschaffen 1744, nach Plänen des Architekten Zacharias Longuelune. Die vielfigurige Brunnenanlage, die fast 40 m im Durchmesser mißt, wird gekrönt von den Figuren des Poseidon und der Amphitrite.

Auf dem **alten katholischen Friedhof** gegenüber dem Krankenhaus an der Friedrichstraße findet sich eine ganze Reihe bedeutender Grabstätten, denn nur hier durften in der protestantischen Stadt mit einem katholischen Herrscherhaus Bürger römisch-katholischen Glaubens begraben werden. Zu sehen sind hier die Gräber von Balthasar Permoser, Gerhard von Kügelgen, Carl Maria von Weber u. a.; Giovanni Battista Casanova, der hier ebenfalls seine letzte Ruhe fand, war ein Bruder des Schriftstellers und weltbekannten Abenteurers. Zum Friedhof gehört die **Matthäuskirche**, die Matthäus Daniel Pöppelmann 1728–30 erbaute.

In der Straße haben sich verschiedene Bauten aus dem 18. Jh. erhalten: das Haus Nr. 44 (Geburtshaus des Malers Ludwig Richter), das Haus Nr. 52 (um 1730), das Haus Nr. 60 (ehemaliges Kammergut, Wirtschaftsgut des Hofes), Haus Nr. 64 (Hegereiterhaus, Forsthaus, um 1734).

Früher nur für Liebhaber der Industriearchitektur, heute das Ziel der Messebesucher: der denkmalsgeschützte **Schlachthof** im Ostragehege. Das Ensemble (30 Gebäude, erbaut 1906–1910, Architekt Hans Erlwein) hat die Stadt Dresden erworben und baut es für annähernd 100 Mio DM zum Messezentrum im Ostragehege um. Neben modernen Messehallen werden die alten Schlachthofbauten in die Anlage einbezogen. Im April 1999 wurde Richtfest gefeiert, im September ging die erste Messe über die Bühne.

Schon beim Gang in die Friedrichstraße fällt dem Besucher Ecke Weißeritzstraße ein moscheeartiges Gebäude auf. Hugo Zietz, der ab 1886 in Dresden erstmals Zigaretten herstellen ließ, baute im Jahr 1907 die **Zigarettenfabrik Yenidze** (Architekt Martin Hammitzsch), deren Schornstein sinnigerweise als Minarett ausgeführt wurde. Es handelt sich bei dem gut 50 m hohen Kuppelbau um den ersten Stahlskelettbau Deutschlands. Nach der Restaurierung sind in dem Gebäude Büros, ein Restaurant und eine Diskothek untergekommen.

Rundgang 2: Graf Brühls ›Balkon‹ – Rund um die Brühlsche Terrasse

Der umstrittene Premierminister Brühl hat Dresden zumindest eines hinterlassen: einen Balkon. Dieser wurde seinerzeit als die schönste Promenade Europas gewürdigt und reizt auch heute noch zu einem Spaziergang am Elbufer.

Über den ›Balkon Europas‹, die **Brühlsche Terrasse**, muß flaniert sein, wer behauptet, er sei in Dresden gewesen. Die Freitreppe vom Schloßplatz hinauf, vorbei an Sekundogenitur, Hochschule der Künste und Albertinum. Der Blick schweift über das Elbtal mit den Flußbrücken, sucht die Neustädter Seite. Nur: Was machen da die Hochhäuser im Blickfeld. Riechen nicht die Abgase, die da von der Straße Terrassenufer heraufwabern? Und vor allem: Hat die Terrasse den Ehrentitel ›Balkon Europas‹ nach mannigfachen Umbauten um 1900 noch verdient?

Von der Bastion zum Lustgarten, so läßt sich die Geschichte der Brühlschen Terrasse zusammenfassen. Schon im Jahr 1739 hatte die Festungsanlage entlang des Elbufers aus den Jahren 1546–51 ausgedient. Die Militärtechnik hatte den Versuch, eine Stadt per Bastionen zu schützen, unsinnig werden lassen. So schenkte ab 1739 Kurfürst Friedrich August II. seinem Premierminister, dem Grafen Heinrich von Brühl, nach und nach das Gebiet zwischen Schloß und der Bastion Venus. Auf rund 600 m Uferbastion, östlich des Schloßplatzes gelegen, ließ Graf Brühl das Brühlsche Palais, dann eine Bücherei, eine Galerie und zum Abschluß ein Belvedere bauen. Unbeabsichtigt erwarb sich der Graf bei den Bauarbeiten – aus heutiger Sicht – ein besonderes Verdienst: er ließ die Kasematten in der Bastion einfach verschließen. Sehr zur Freude der Archäologen und Denkmalschützer, die in den vergangenen Jahren ein Stück unberührtes 18. Jh. wieder ausgraben durften.

Zur Flaniermeile Dresdens wurde die Brühlsche Terrasse erst nach dem Jahr 1814. Treppen erschlossen sie nun vom Schloßplatz und von der Münzgasse aus dem Dresdner Publikum und den Besuchern der Stadt.

Der Rundgang beginnt an der monumentalen **Freitreppe** auf die **Brühlsche Terrasse**, die vom Schloß-

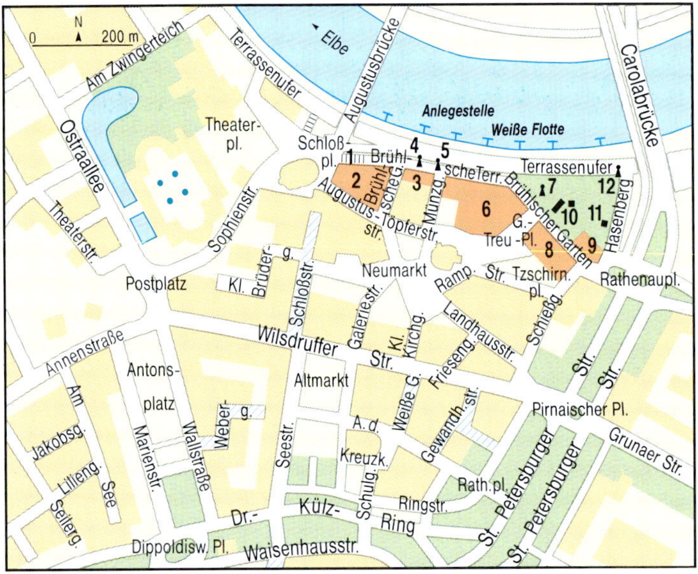

Rundgang 2: Graf Brühls Balkon 1 Freitreppe zur Brühlschen Terrasse mit Figurengruppe ›Vier Tageszeiten‹ 2 Alter Landtag 3 Sekundogenitur 4 Rietscheldenkmal 5 Planetendenkmal 6 Akademie der Künste mit Kunstverein 7 Semperdenkmal 8 Albertinum 9 Reformierte Kirche 10 Sphinxgruppe und Delphinbrunnen 11 Gedenkstein (ehem. Synagoge) 12 Moritzmonument

platz mit 41 Stufen und einer Breite von 13,56 m auf die Promenade führt – ein schlicht gestalteter, aber imposant wirkender Aufgang, den der Architekt Gottlob Friedrich Thormeyer im Jahr 1814 anlegen ließ. Kritiker sprachen angesichts der Zurückhaltung im Bauschmuck vom ›Dresdner Hungerstil‹ und vermuteten als Grund dieser Selbstbeschränkung die Ebbe in der Staatskasse nach verlorenem Siebenjährigen Krieg. Den Dresdnern aber gefiel der Aufgang. Die **Figurengruppe ›Vier Tageszeiten‹** beiderseits der Treppe stellt dar: den Morgen (die Morgentoilette, links oben), den Tag (Arbeitender, rechts oben) den Abend (Feiernde, links unten), die Nacht (Schlafende; rechts unten). Die Figurenreihe gilt als eine der wichtigsten Arbeiten des Bildhauers und Professors der Akademie der Künste, Johannes

Terrassenufer und Brühlsche Terrasse

Schilling, der die Gruppe 1868 in Sandstein ausführte. Erst 1908 wurden die Statuen in Bronze gegossen.

Schon beim Aufgang zur Brühlschen Terrasse passiert der Besucher die Elbfassade des **alten Landtags** (erbaut 1901–06) im Stil der Neo-Renaissance, dessen Hauptseite den Schloßplatz begrenzt. Neben dem Reichstagsgebäude in Berlin, ist der ehemalige sächsische Landtag der bedeutendste Repräsentationsbau, den der Architekt Paul Wallot um die Wende zum 20. Jh. geschaffen hat. Dem Gebäude mußte das alte Brühlsche Palais und das Fürstenbergpalais weichen. Der Turm an der Elbfront des alten Landtags mit einer goldenen ›Saxonia‹–Figur (Johannes Schilling) stellt ein wichtiges, identitätsstiftendes Element im Weichbild der Stadt dar.

Der alte Landtag war 1945 ausgebrannt und wurde teilrenoviert. Anschließend diente er als Sitz der Denkmalpflege. Nach der Wende 1989 wurde mit rund 17,5 Mio. DM das Dach des Gebäudes wieder aufgebaut. Denkmalgeschützte Bausubstanz wurde vorerst gesichert. Der Sächsische Landtag aber zog im Oktober 1993 in einen funktionsgerechten Neubau an der Neuen Terrasse, weiter nordwestlich direkt an der Elbe gelegen (vgl. S. 43).

Auf der Brühlschen Terrasse laden schattige Baumreihen zum Promenieren ein. Wer sich durch den Autolärm vom Terrassenufer gestört fühlt, mag daran denken, daß Stadtplaner diese Straße, wenn irgend möglich verengen möchten – doch sind die Aussichten, diese wichtige innerstädtische Durchgangsstraße für den Autoverkehr sperren zu können, recht gering. Einigermaßen geschützt vor Lärmbelästigung lädt in und vor der Sekundogenitur das Café ›Vis à Vis‹ zur immer wieder beliebten Freizeitbeschäftigung »Mal gucken, wer da guckt« ein.

Die **Sekundogenitur** wurde in den Jahren 1896/97 für den zweitgeborenen Prinzen auf dem Grundstück der abgetragenen, 62 m langen Brühlschen Bibliothek errichtet, die seit 1791 als Kunstakademie diente und in der Künstler wie der Architekt Gottfried Semper sowie der Maler Caspar David Friedrich lehrten. Das zweistöckige Palais, nach den Plänen des Architekten Gustav Frölich ausgeführt, markiert den Beginn der Abkehr vom protzig-historistischen Stil der Jahrhundertwende. Aufgrund der geringen Bauhöhe von nur zwei Stockwerken des geschwungenen Mittelteils der Fassade und des reichen Schmucks im vorgezogenen Dachabschluß erinnert die Sekundogenitur an die barocke Bauweise und damit an die Originalbauten auf der Terrasse. Seit 1931 befand sich in der Sekundogenitur die ›Galerie des 19. Jahrhunderts‹, mit dem Wiederaufbau 1957 zogen hier Cafés ein. An der elbabgewandten Seite des Bauwerks findet sich ein barockes Portal, das zu der nach dem Zweiten Weltkrieg abgebrochenen Schenke ›Zum letzten Heller‹ in Hellerau (Neustadt) gehörte.

Das **Denkmal Ernst Rietschels** vor der Sekundogenitur von seinem Schüler Johannes Schilling erinnert an den Bildhauer, der ab 1832 an der Akademie der Künste als Professor lehrte. Als erster Bildhauer kleidete er seine Figuren nicht mehr in klassische Gewänder, sondern nach der zeitgenössischen

Barockportal zum Weinkeller der Sekundogenitur

Mode. Zudem gab Rietschel seinen Statuen maßvoll realistische Charakterzüge. Das Rietscheldenkmal markiert die Stelle, an der der Künstler seine Werkstatt unterhielt.

Vor der Sekundogenitur sollte man nicht nur einen Espresso, sondern auch den Blick auf das Elbtal genießen. Sofort zu erkennen sind vier der acht Dresdner **Elbbrücken**: linker Hand die **Marienbrücke** (erstmals 1846–52), dann die historische **Augustusbrücke**, rechts die **Neue Carolabrücke** (erstmals 1892 –95), und die **Albertbrücke** (erstmals 1875–77). Im Bereich vor der Carolabrücke fahren übrigens die Elbdampfer ab, will man eine Tour nach Pillnitz oder in die Sächsische Schweiz unternehmen.

Auffällig, daß die Elbe auch im Bereich der Innenstadt nicht zum Kanal verunstaltet worden ist. Nach der Entfestung (um 1830) und dem Beginn der Industrialisierung wurde sowohl auf der Neustädter als auch auf der Altstädter Seite durch Bürgereinspruch die Befestigung der Ufer verhindert, die unweigerlich nach 1850 zu einer Anzahl von Großbauten unmittelbar an der Elbe geführt hätte. Das alte Zentrum der Stadt wäre von der Elbe abgedrängt worden. So aber reicht auch heute die Elblandschaft bis in das Herz der Stadt und kann zusammen mit der Stadtsilhouette zumindest zu einer partiellen Wiederbelebung des einmaligen Gesamtkunstwerks ›Stadt Dresden‹ beitragen. Allerdings müßten dann auch die Hochhäuser aus der DDR-Zeit aus den Blickbeziehungen im Tal verschwinden. Im Nordwesten bis zu den Lößnitzhängen, im Osten bis zum Rand der Dresdner Heide hätte man einen prächtigen Ausblick, wenn da nicht die Hochhäuser im Bereich Terrassenufer wären.

Schaut man von der Brühlschen Terrasse auf die Neustädter Seite hinüber, fällt sofort linker Hand der Neuen Carolabrücke das **Finanzministerium** (1892–94), rechter Hand der Brücke das **Gesamtministerium** aus den Jahren 1900–04 auf. Beide Bauten sind sehr wuchtig geraten und passen sich nicht in die Silhouette der Neustadt ein. Diese beiden Bauten des Späthistorismus blieben während des Bombenangriffs 1945 fast unbeschädigt. Richtung Nordwesten, wieder auf der Altstadtseite, sticht der mächtige **Erlweinspeicher** (1913) hervor. Hans Erlwein arbeitete ab 1905 als Stadtbaumeister in Dresden. Im Jahr 1910 wurde er zum Stadtbaumeister auf Lebenszeit gewählt, starb aber schon 1914. Der Speicher gilt als hervorragendes Beispiel der Architektur funktionaler städtischer Gebäude, für die Erlweins Schaffen steht.

Weiter mit dem Rundgang. Gleich hinter der Sekundogenitur führt die doppelläufige *Treppe zur Münzgasse*/früher *Treppe zum Klepperstall* (angelegt 1843, stark verändert 1873) hinunter in die **Münzgasse**, eine kurze Fußgängerzone mit Gaststätten, Restaurants, Cafés und auch einigen Boutiquen. Kurze Namenskunde: Die Gaststätte

Klepperstall nimmt den alten Namen des Abgangs ›Treppe am Klepperstall‹ wieder auf; Klepperstall, weil hier früher der Graf Brühl einen Pferdestall unterhielt.

Zurück auf die Brühlsche Terrasse. In Höhe des Abgangs zur Münzgasse erinnert das **Planetendenkmal** (1990) im Pflaster der Brühlschen Terrasse mit der vollplastischen, aufgebrochenen Erdkugel an den Befehl Augusts des Starken, die Bastionen der Stadt nach den Planeten zu benennen. Die Inschriften auf den Platten charakterisieren Eigenschaften der Götter, deren Namen die Planeten und damit auch die Bastionen tragen. Weiter führt der Weg zur **Akademie der Künste**, erbaut 1890–94, Architekt Konstantin Lipsius. Der Bau war wegen seiner wuchtigen Erscheinung, dem reichen Figurenschmuck und vor allem wegen der Kuppel des sich anschließenden Ausstellungsbaus des **Kunstvereins** mit der Figur der Nike heftig umstritten. Der Volksmund fand schnell eine leicht spöttische Bezeichnung für die Kuppel: die größte Zitronenpresse der Welt.

Kuppel (›Zitronenpresse‹) des Kunstvereins mit der Siegesgöttin Nike

Weiter führt der Rundgang vorbei am **Denkmal Gottfried Sempers** (1882, Johannes Schilling), der ab 1834 als Professor an der Akademie der Künste lehrte und die Bauschule leitete, zum Albertinum. Wer allerdings die sehenswerten **Kasematten** unter der Brühlschen Terrasse besichtigen möchte, der muß den Abgang von der Terrasse vor dem Albertinum nehmen.

Das **Albertinum** wird wohl kaum ein Besucher aufgrund seines Wertes als Baudenkmal betreten, doch in dem Gebäude finden sich die bedeutendsten Kunstsammlungen Dresdens: das *Münzkabinett*, die *Skulpturensammlung*, die *Galerie Neue Meister*, die Pretiosen des *Grünen Gewölbes* (s. S. 227). Im Kern des Albertinums verbirgt sich das ehemalige *Zeughaus*, das von 1559–63 im Renaissancestil erbaut wurde und der Verwahrung von

Semperdenkmal auf der Brühlschen Terrasse

Kriegsmaterial diente. Von 1743–47 umgebaut, diente es weiter diesem Zweck, so daß die bürgerlichen Revolutionäre von 1849 zu Beginn ihres Aufstandes versuchten, dieses Zeughaus zu stürmen. 1884–87 wurde der Vierflügelbau mit Innenhof gründlich umgebaut, so daß er ab 1888 Werke der Antike und plastische Kunst bis zur Gegenwart aufnehmen konnte. Einzig die beiden westlichen Tore, die mächtigen Keller und das von Säulen getragene Erdgeschoß erinnern noch an das alte Zeughaus.

Als Abschluß der Brühlschen Terrasse ist heute nur noch ein Gebäude mit gelblicher Fassade erhalten, das zuerst als Orangerie, dann als Hofgärtnerei diente, bis hier nach dem Wiederaufbau von 1955–57 die **reformierte Kirche** einzog. Graf Brühl hatte seiner Zeit einen furioseren Endpunkt der Terrassenanlage schaffen lassen, das *Schloß Belvedere*. Von diesem Schloß, das dreimal erneuert wurde, zeugen heute nur noch **Sphinxgruppe** und **Delphinbrunnen** in dem kleinen Teil des *Brühlschen Gartens*, der auf der alten Jungfernbastei erhalten geblieben ist. Es werden Pläne diskutiert, nach denen das Belvedere wieder aufgebaut werden soll.

Wer einen Eindruck von den mächtigen Bastionsanlagen, die Dresden zwischen der Mitte des 16. Jh. und dem Ende des 18. Jh. schützten, erhalten möchte, sollte über die Treppe neben dem Haus der reformierten Kirche die Terrassenanlage verlassen. Hinter dem Haus erinnert ein *Gedenkstein* an die von Gottfried Semper 1839/40 erbaute **Synagoge** der Stadt, die dem Rassenwahn 1938 zum Opfer fiel. Die Synagoge soll ganz in der Nähe, Am Hasenberg, bis 2002 wieder aufgebaut werden. Sie ist damit der erste Neubau einer Synagoge in den Neuen Bundesländern. An der Ecke der Terrassenmauer findet sich mit dem **Moritzmonument** das erste Denkmal eines Wettiner Herrschers in Dresden. Kurfürst Moritz war am 9. Juli 1553 auf tragische Weise durch eine Kugel seiner eigenen Leute schwer verletzt worden und starb zwei Tage später. Das Monu-

Der Wiederaufbau der Frauenkirche

Zeichen der Versöhnung und Verständigung

Im Jahr 2006 soll sie in altem Glanz erstrahlen: die Frauenkirche, einst einer der wichtigsten Kirchenbauten des Protestantismus. Ziel des Wiederaufbaus ist es, das einstige Wahrzeichen der Stadt ›archäologisch‹ zu rekonstruieren. Wenn irgend möglich, sollen die alten Steine an den ursprünglichen Stellen wieder eingesetzt werden. Dazu müßten wie bei einem monumentalen Puzzle die noch erhaltenen ca. 10 000 Brocken, die sich zuordnen ließen, katalogisiert und lokalisiert werden. Glücklicherweise wurden die weitaus meisten Details der Kirche vor ihrer Zerstörung fotografisch dokumentiert. Am Ende wird die Frauenkirche etwa zu einem Drittel aus Originalmaterial und zu zwei Dritteln aus neuen Steinen bestehen. Die Arbeiten an der Kirche gehen zügig voran, Maurer, Versetzer und Zimmerleute arbeiten in zwei Schichten: Was Anfang der 90er Jahre nur ein Trümmerberg war, läßt heute – mit seinen mittlerweile rund 25 m Höhe – bereits das zukünftige Gotteshaus erahnen.

Auf mindestens 250 Mio. DM werden die Baukosten geschätzt. Kosten, die von vielen getragen werden müssen. Bauherr ist eine öffentlich-rechtliche Stiftung von Stadt und Land, die je drei Mio. DM einzahlten. Die Stadt will zudem ein Zehntel der Baukosten übernehmen, und die Kirche stiftet das Grundstück. Darüber hinaus kamen seit 1991 100 Mio. DM über Spenden zusammen: Allein die 26 000 Stifterbriefe, mit denen man sozusagen einen Stein adoptiert, brachten 80 Mio. Mark. Weitere 43 Mio. DM kamen durch den Verkauf von Zehn-DM-Sondermünzen hinzu. Nationale und internationale Förderkreise in aller Welt spenden ebenso wie einzelne Personen, darunter auch der Medizin-Nobelpreisträger von 1999, Günter Blobel.

Hilfe kommt auch aus England. 1994 wurde von prominenten Briten der *Dresden-Trust* gegründet – als Zeichen der Versöhnung und Verständigung. Mitglieder dieses Trusts sind unter anderem der Bischof von Coventry und der Schriftsteller Morris Brodie. In der Satzung der Stiftung

ment wurde kurz nach seinem Tod von Hans Walter II geschaffen.

Schaut man von der Ecke Rathenauplatz/Terrassenufer zurück auf die Brühlsche Terrasse, wird ein architektonisches Problem der Stadt deutlich. Die Bauten entlang der Terrasse wie die Akademie der Künste und das Albertinum degradieren durch die Wucht ihrer

Wie in einem Puzzle müssen die alten Steine einander zugeordnet werden

heißt es, daß man mit den Spenden den Toten des Bombenkrieges ein Denkmal setzen wolle. Die Frauenkirche bzw. die Unterkirche wird mittlerweile für zahlreiche Veranstaltungen genutzt: Gottesdienste (18 Uhr), Vorträge über die Wiederaufbauarbeiten sowie Konzerte. Der Reinerlös der Konzerte kommt dem Wiederaufbau der Kirche zugute.
Führungen durch die Kirche: stündlich zwischen 10 und 16 Uhr, Eingang F; Ticketservice Frauenkirche, Neumarkt, 01067 Dresden, Mo–Fr 13–17 Uhr, ✆ 4 96 43 39; Spendenkonto Frauenkirche 0 507 380 701, Dresdner Bank, BLZ 85 080 000.

Bauweise die Bastion praktisch zu einem Fundament. So ist die Proportion zwischen Bastion und Bebauung gestört. Ein Erbe aus der Zeit um 1900, als Dresden zur bürgerlichen Großstadt wurde, und insofern heute auch erhaltenswerte Baugeschichte. Die alte Brühlsche Terrasse findet sich jedoch nicht mehr.

Rundgang 3: Vom sozialistischen Barock zum Plattenbau – Altmarkt und Prager Straße

Der Altmarkt als neues Geschäftszentrum, das Neue Rathaus als Verwaltungssitz stehen für das bürgerliche Dresden. Die Prager Straße zeigt neue Konsumtempel und alte Plattenbauten aus der DDR-Zeit. Eine Mitte der Stadt voller Widersprüche und zugleich voller Hoffnung.

Frage: »Was ist vom historischen Altmarkt nach den Bombenangriffen im Februar 1945 geblieben?« Antwort: »Die Kreuzkirche, wiederaufgebaut bis 1955. Mehr nicht!« So muß der Besucher heute Bauten aus den 50er Jahren rund um den Altmarkt und Bauten aus der Zeit nach der Wiedervereinigung an der Kopfseite unmittelbar an der Kreuzkirche auf sich wirken lassen. Hier führt der Rundgang weiter durch die Seestraße in die Prager Straße, die in ihrem ersten Stück zu dem Einkaufsviertel in Dresden werden dürfte. Im hinteren Teil bietet sich ein interessanter Vergleich zur Bauweise in der DDR-Zeit. Auf die reiche Geschichte Dresdens verweisen dann wieder die letzten Stationen des Weges: Neues Rathaus, Gewandhaus und Ständehaus in der Nähe des Pirnaischen Platzes.

Der **Altmarkt** war seit eh und je das Zentrum der Bürgerstadt Dresden. Anhaltspunkte für diese Bedeutung: In der ersten Hälfte des 12. Jh. wurde hier eine Kirche (St. Nikolai/später Kreuzkirche), die den Kaufleuten als Gotteshaus diente, gebaut; hier stand um das Jahr 1300 vermutlich das erste Rathaus der Stadt; hier bot die erste Apotheke Dresdens, 1489 als Marienapotheke mit Privilegien ausgezeichnet, ihre Hilfe an. Zur Weihnachtszeit lockte seit dem letzten Drittel des 15. Jh. der berühmte Striezelmarkt (Striezel = Stollen) Bürger und Besucher auf den Altmarkt. Im Jahr 1849 forderten hier fortschrittliche Bürger – unter ihnen Gottfried Semper und Richard Wagner – demokratische Reformen im Staat Sachsen. Im Februar 1945 wurden auf dem Platz tagelang Leichen verbrannt. Die Opfer zu zählen oder gar zu identifizieren, daran war nicht zu denken aufgrund der Seuchengefahr. Im Jahr 1989 sieht der Altmarkt De-

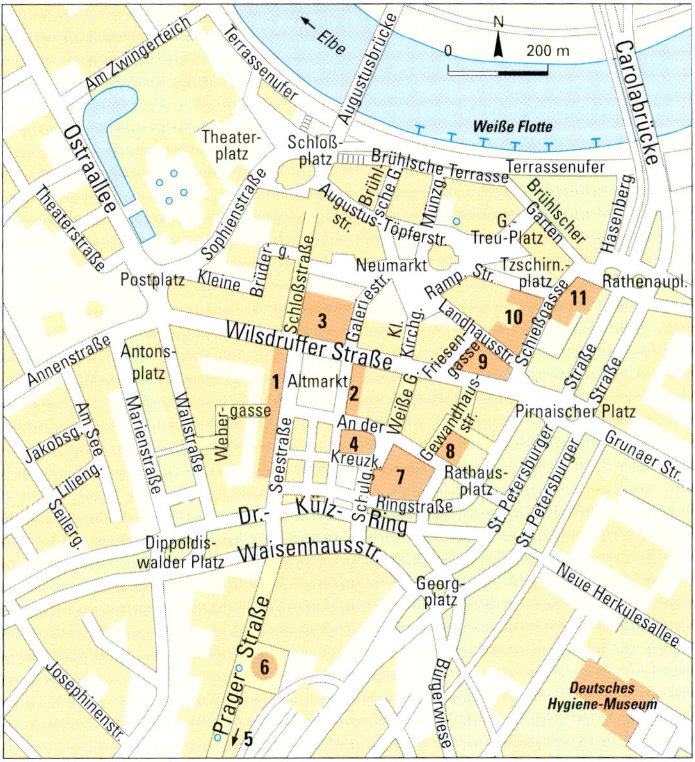

Rundgang 3: Vom sozialistischen Barock zum Plattenbau 1 Altmarktwestfront 2 Altmarktostfront 3 Kulturpalast 4 Kreuzkirche 5 Hauptbahnhof 6 Ufa-Kinos 7 Neues Rathaus 8 Gewandhaus (Hotel) 9 Altes Landhaus (Stadtmuseum) 10 Polizeipräsidium 11 Kurländer Palais (Ruine)

monstranten, die demokratische Reformen in der DDR, später die Wiedervereinigung Deutschlands fordern.

Das Herz der Bürgerstadt Dresden am Altmarkt wurde im Zweiten Weltkrieg vollkommen zerstört. Nichts blieb übrig von der Bebauung rund um den nur 100 m mal 130 m großen Platz. Hier fanden sich Hotels, Cafés, Geschäfte und Wohnhäuser, in denen berühmte

Zeitgenossen wie zum Beispiel der Dichter Ludwig Tieck (u.a. Neufassung des Volksmärchens ›Der gestiefelte Kater‹) Quartier nahmen.

Statt der heute überbreiten Wilsdruffer Straße gab es damals die alte, sehr viel schmalere Wilsdruffer Gasse und die König-Johann-Straße. Passanten nahmen den Weg vom Residenzschloß durch die Schloßgasse, weiter durch die Seegasse, und über den Altmarkt, in Richtung Prager Straße und Hauptbahnhof. Hier verlief die Hauptachse der Innenstadt, die Einkaufsroute einer prosperierenden Stadt mit dem Höhepunkt Altmarkt. Die reichgeschmückten und vor allem einheitlich gestalteten Fassaden in der Innenstadt rund um den Altmarkt waren in dieser Zeit die wesentlichen Elemente, auf die sich der Ruf Dresdens als ein Gesamtkunstwerk gründete; es war also insbesondere die Geschlossenheit der Fassadenreihen, die den Prachtbauten der Stadt zu ihrem eigentlichen Glanz verhalf.

Genug aus der Zeit vor dem Untergang des alten Dresden. Der Altmarkt erhält seit 1997 ein neues Gesicht: Der südliche Bereich wird wiederbebaut, wobei man sich an dem Verlauf der alten Gassen orientiert. Die Neubauten bieten Büros sowie Wohnungen und Geschäften Platz.

Blick vom Rathausturm über Kreuzkirche und Altmarkt

West- und Ostfront des Altmarktes wurden zwischen 1953 und 1960 erbaut. Am 31. Mai 1953 setzte Walter Ulbricht höchstpersönlich den Grundstein auf der Westseite des Platzes. Auch Kritiker räumen ein, daß die Wiederaufnahme von Barockmotiven in den Hausfassaden die Bauten im Stadtbild nicht unangenehm erscheinen läßt. Allerdings nimmt die siebengeschossige Ostfassade der Kreuzkirche etwas von ihrer Wirkung. Ein Detail sei erwähnt: Auf der 99 m langen Ostseite (Westseite 183 m) wurde auf den Bau von Arkadengängen über die ganze Front des Platzes verzichtet, nur im nördlichen Bereich finden sich Arkaden. Ein eher funktionaler Stil deutet sich hier wie überall in der Stadt mit Ausgang der 50er Jahre an.

Die **Wilsdruffer Straße** wurde auf Vorschlag des Dresdner Architekten Herbert Schneider als Magistrale durch die Innenstadt gelegt. Sie nahm zwar den alten Verlauf der Wilsdruffer Gasse und der König-Johann-Straße weiter zum Pirnaischen Platz (im Jahr 1885 durch die kleinteilige Bebauung gebrochen) in sich auf. Diese beiden Innenstadtstraßen waren aber bedeutend schmaler, konkurrierten nicht mit der historischen Achse Residenzschloß – Böhmischer Bahnhof (heute Hauptbahnhof).

Der **Kulturpalast** (103 m breit, 72 m tief und 19,35 m hoch) wurde ab 1963 geplant und in den Jahren 1966–69 fertiggestellt. Ein Bau der neueren DDR-Architektur, bei dem glücklicherweise auf eine hohe, geschwungene Dachkuppel verzichtet wurde, die noch in den ersten Bauplänen vorgegeben war. Statt dessen findet sich heute das rund 10 m hohe Kupferdach, das den Blick auf die Silhouette des Residenzschlosses kaum beeinträchtigt. Wem der bei den Dresdnern beliebte Veranstaltungsort nicht gefällt, tröste sich damit: es hätte alles noch viel schlimmer kommen können! Denn in der Schneiderplanung für die Wilsdruffer Straße war ein rund 100 m hohes Kulturgebäude im besten Zukkerbäckerstil der Stalinzeit vorgesehen. Gemäß den Grundsätzen des DDR-Städtebaues sollten im Stadtzentrum Bauten errichtet werden, die politische, administrative und kulturelle Funktionen wahrnehmen. Banken, Geschäftsbauten hatten hier nichts zu suchen. Kurzformel für dieses Konzept: statt Shopping mit anschließendem Capuccino Massenaufmarsch und politische Jubelfeier. Oh je! Glücklicherweise gilt: das war einmal.

Im **Café Altmarkt** an der Ostfassade des Platzes treffen sich heute unter den Arkaden bei gutem Wetter Dresdner und Touristen. Für einen Hauch Tradition sorgt die **Konditorei Kreuzkamm** auf der gegenüberliegenden Seite des Platzes. Familie Kreuzkamm überdauerte mit Konditorei und Café die deutsch-deutsche Teilung in München. Sie ließ es sich nicht nehmen, schon 1992 an ihren Stammsitz zurückzukehren. Das Café mußte aber wegen der Platzerweiterung gut 40 m versetzt vom Stammhaus eröffnet werden.

Von der **Kreuzkirche** blieben 1945 nur die Außenmauern stehen, der Innenraum wurde bis auf ein Altarrelief und ein Altargemälde durch die Feuersbrunst zerstört. So zeigt die Fassade der Kreuzkirche die barocke Gestalt des Baues aus den Jahren 1764–92. Die Pläne für die Fassade mit klassizistischen Anklängen schuf Christian Friedrich Extner (1718–98). Gottlob August Hölzer (1744–1814) entwarf im Jahr 1788 den Glockenturm, den er in die Westfront integrierte. Die Anlage des Turmes galt und gilt als schlicht, aber in den Proportionen gelungen.

Schon 1955 – zehn Jahre nach dem Bombenangriff – weihten die Dresdner die Kreuzkirche wieder ein. Gestaltet hatte man den Innenraum nur mit Rohverputz und karger Ausstattung; ein Provisorium, das heute viele Besucher der Kirche als Mahnung an die Schrecken des Krieges verstehen und daher als gelungen gelten kann. 3500 Besucher finden Platz in der Kirche. Vom 94 m hohen Glockenturm bietet sich ein guter Blick auf die Innenstadt.

Wer die Bedeutung der Kreuzkirche für die Stadt Dresden abschätzen möchte, muß sich die Geschichte des Gotteshauses vergegenwärtigen. An dieser Stelle am Altmarkt wurde in der ersten Hälfte des 12. Jh. eine Kirche errichtet und St. Nikolai, dem Schutzheiligen der Händler und Fischer, geweiht. Sie diente den Kaufleuten der Stadt als Gotteshaus. Im Jahr 1234 brachte Constanze von Österreich eine bedeutende Reliquie in ihre Ehe mit Markgraf Heinrich dem Erlauchten ein, einen Splitter vom Kreuze Christi. Eine Kreuzkapelle wurde eigens für diese Kostbarkeit an die Nikolaikirche gebaut; für das gesamte Gotteshaus bürgerte sich in der Folge der Name Kreuzkirche ein. Dresden wurde durch diese Reliquie zu einem bedeutenden Wallfahrtsort in Sachsen.

Mindestens seit dem Jahr 1300 gehört die Kreuzschule zu der Kirche. Schon im 14. Jh. finden sich Nachrichten über den *Kreuzchor*, der aus dieser Schule hervorgegangen ist, und der heute Weltruhm genießt.

Das neue Dresden kann man erleben, verläßt man den Altmarkt durch die Seestraße Richtung Prager Straße. Der Neubaubereich am Kopf des Altmarktes bringt nicht nur diesen Zentrumsplatz wieder auf seine alte Größe, sondern verengt auch die Seestraße so, daß sie wieder zum Schaufensterbummel einlädt. Besonders beeindruckend: Der Eingang zur Prager Straße jenseits des Dr.-Külz-Rings ist durch die Bauweise der Banken und Kaufhäuser verengt und leicht gekrümmt und erinnert so an das Dresden vor der Zerstörung durch die Bomben des Zweiten Weltkrie-

Fußgängerzone Prager Straße

ges. Deutet sich am Eingang zur **Prager Straße** das neue Geschäftszentrum der Elbstadt an, dient das moderne Ufa-Kino als Treffpunkt nicht nur der Jugendlichen, erinnert der hintere Teil an die Tristesse alter DDR-Innenstädte. Bei allem Ach und Weh über diese Bauweise, der Besucher muß sich eines vor Augen halten: Nach dem Februar 1945 stand in dem ganzen Areal zwischen Hauptbahnhof und Altmarkt nur noch ein einziges Gebäude. Umgeben von Trümmern, dann von Rasenflächen diente es als einziges Hotel Dresdens.

Dieser Wahnsinn war das Ende einer stolzen Tradition. Im Jahre 1851 wurde die Prager Straße angelegt, als Verbindung zwischen Stadtkern und Wiener Platz mit dem in den Jahren 1850–52 erbauten Böhmischen Bahnhof. Böhmen war zu dieser Zeit ein wichtiger Wirtschaftspartner Sachsens. Das heutige riesige Gebäude des **Hauptbahnhofs** geht auf das Jahr 1895 zurück. Zu dieser Zeit war die Prager Straße mit einer Breite von nur 14 m schon zu einem innerstädtischen Nadelöhr geworden. Der gesamte Nord-Süd-Verkehr floß durch diese Straße. Erste Pläne, eine Straße um den Stadtkern zwischen Bahnhof und Carolabrücke anzulegen, wurden wieder fallengelassen, denn die benötigte Trasse hätte durch einen dichtbebauten Innenstadtbereich geführt werden müssen. Nach dem Zweiten Weltkrieg dann entschied man sich für diese Radikallösung: Die Leningrader Straße, heute Petersburger Straße, wurde in Richtung Carolabrücke angelegt, die Prager Straße ohne Rücksicht auf hergebrachte Straßenführung oder Grundstücksstruktur auf dem Reißbrett geplant. Der Autoverkehr fließt heute so sicher besser, dem Anspruch einer ›autogerechten Stadt‹, der schon in der DDR-Städtebaudiskussion der 50er Jahre auftaucht, wurde Rechnung getragen. Aber was ist – und das gilt auch für die anderen Ringstraßen (z. B. Ammonstraße/Könneritzstraße) – übriggeblieben vom Stadt- und Lebensraum Dresden? Weite leere Flächen, Fußgängerwege, die einzig als Laufpisten taugen. Was sollte einen Passanten in dieser funktionslosen Öde entlang der Autostraße interessieren? Zudem hat die Dresdner Innenstadt durch die überdimensionierten Ringstraßen ohne jede gestalterische Begrünung die Verbindung zu ihren Vorstädten verloren. Kein Stadtbesucher kommt mehr ohne Aufforderung auf die Idee, die Petersburger Straße zu überqueren und in nur wenigen Minuten Fußweg zu den Bürgerwiesen und zum Großen Garten zu schlendern. Wer einen persönlichen Eindruck von der Ödnis Ringstraße mit Hochhausbebauung braucht, wandere einfach die Petersburger Straße bis zum Neuen Rathaus hinunter.

Wer auf den Ausflug in die Prager Straße verzichtet hat, biege neben der Kreuzkirche links in die Gasse ›An der Kreuzkirche‹ ein. Der Weg kreuzt die Weiße Gasse, in der der *Gänsediebbrunnen* (Robert Diez, 1876–80) steht und in der man in Ruhe einen Espresso zu sich nehmen kann. Wer Literatur zu Sachsen oder Dresden sucht, die Buchhandlung ›Das Internationale Buch‹ (Kreuzstraße 4) ist gut zu diesen Themen sortiert. Ziel des Weges durch die Gasse ›An der Kreuzkirche‹ und durch die Kreuzstraße ist das Neue Rathaus.

Das **Neue Rathaus** erhielt seinen Namen, weil es nach seiner Fertigstellung im Jahr 1910 das Alte Rathaus am Altmarkt ersetzte. Die Großstadt Dresden brauchte zu Beginn des Jahrhunderts ein modernes Verwaltungszentrum. So wurde der vier- und fünfgeschossige Bau (Architekten Karl Roth und Edmund Bräter) mit den fünf Innenhöfen im Neorenaissancestil errichtet und damit zugleich der Ausgangspunkt eines neuen Zentrums in der Altstadt gelegt. Mit einem Umfang von 467 m bedeckt das Neue Rathaus eine Fläche von 13 000 m^2. Der wuchtige, achteckige Turm mit einer Höhe von 98 m ist nach dem Schloßturm (101 m) der zweithöchste Punkt in der Innenstadt und demonstriert so bürgerliches Selbstbewußtsein. Die Hauptfassade und der Flügel entlang des Dr.-Külz-Ringes wurden während des Bombenangriffs zerstört und in den Jahren 1948–52 vereinfacht wieder aufgebaut.

Ohne Schaden überstand die 4,90 m hohe Statue, der goldene *Rathausmann,* durch den der Turm die 100-Meter-Marke übersteigt, die Bombenangriffe. So wurde diese relativ neue Figur (Richard Guhr, 1908–10) zu einem Wahrzeichen Dresdens. Der aus Kupfer getriebene und vergoldete Riese, 1700 kg schwer, trägt als Krone einen Mauerkranz, hält segnend die rechte Hand über die Elbstadt und leert ein Füllhorn. Per Fahrstuhl kann der Besucher in eine Höhe von 86 m gelangen und bei gutem Wetter den Ausblick auf die Stadt und die Umgebung bis hin zur Sächsischen Schweiz genießen. Zudem sind im Treppenhaus des Turms wertvoller Schmuck und imposante Jugendstilmalereien erhalten.

Vor dem Neuen Rathaus begrüßen drei Statuen die Besucher. Die beiden Löwen und der ›Bacchus auf dem trunkenen Esel‹ sind Werke des Dresdner Bildhauers Georg Wrba (1872–1939). Als Würdigung der Leistungen in den Jahren nach dem Krieg gedacht, ist die Skulptur der ›Trümmerfrau‹ von Walther Reinhold gegenüber dem Haupteingang.

Weiter führt der Rundgang entlang der Ringstraße Richtung Landhaus. Gleich neben dem Rathaus steht das **Gewandhaus**, dessen Fassade inzwischen detailgetreu renoviert wurde. Es wurde im Mai 1997 als Luxushotel eröffnet. Erbaut wurde es von dem Architekten Johann Friedrich Knöbel zwischen 1768 und 1770. Die Architektur des Gebäudes bezeichnet den Übergang vom spätbarocken zum frühklassizistischen Baustil. Einerseits zeigt sie sich schmucklos und ausgewogen in den Proportionen, andererseits findet sich aber auch noch der Mittelrisalit (über die ganze Fronthöhe hervorspringender Gebäudeteil), der zu den typischen Schmuckformen des Barock gehört. An der Rückfront befindet sich ein Barockbrunnen von J. M. Dinglinger als dekorative Fensterrahmung. Ursprünglich diente das Gewandhaus den Kaufleuten als Sitz ihrer ständischen Vereinigung, im Erdgeschoß bot eine Fleischbank ihre Waren an. 1925 wurde der Bau zur Stadtbank Dresden und nach dem Wiederaufbau 1965–67 in ein Hotel umgewandelt.

Vom Gewandhaus nur wenige Schritte entlang der Ringstraße geht der Weg auf den Pirnaischen Platz. Hier führt der erste, in den 70er Jahren angelegte Fußgängertunnel Dresdens zum *Stadtmuseum Dresden*, das gleich nach der Wende mit Hilfe eines Hamburger Mäzens renoviert wurde. Von 1770 bis 76 erbaut, war das Landhaus der erste bedeutende Verwaltungsbau in Dresden. Hier tagten die Landstände, sprich das Parlament des Landes Sachsen. 1963 bis 66 wurde das Landhaus wieder aufgebaut, allerdings mit einer gravierenden Veränderung. Der Ausbau der Wildruffer Straße als Magistrale machte es erforderlich, daß das Landhaus von hier aus zu betreten ist. So wurde der frühere Hofeingang, der zur Wilsdruffer ging, als Haupteingang ausgebaut. Eine Änderung mit Folgen, betont doch das festliche *Trep-*

Treppenhaus im Alten Landhaus (Stadtmuseum)

Neubeginn im Trümmerfeld

Der Wiederaufbau Dresdens

12. Mai 1945. Erste Sitzung des Rates der Stadt in der ehemaligen Berufsschule in der Melanchthonstraße in Dresden-Neustadt. Die Kommandantur der Roten Armee hat den Sozialdemokraten Rudolf Friedrichs zum Oberbürgermeister bestellt. Drei weitere Bürgermeister und sechs Stadträte nehmen die Arbeit auf. Die Situation: 12 km² Innenstadt gleichen einer Trümmerwüste, Menschen leben zusammengepfercht in den verbliebenen Wohnungen oder haben die Stadt verlassen. Sämtliche Elbbrücken sind gesprengt, nur die Loschwitzer Brücke, das Blaue Wunder, steht. Zwei Bürger hatten die abrückenden Wehrmachtssoldaten daran gehindert, hier ihr Zerstörungswerk zu vollenden. 455 170 Einwohner werden im November 1945 bei der ersten Volkszählung ermittelt, 170 000 weniger als im Jahr 1939. Die Stromversorgung, der Straßenbahnverkehr, vor allem aber die Versorgung der Bevölkerung mit dem Notwendigsten muß gesichert werden. Die Rote Armee versorgt die Dresdner mit Lebensmitteln und verhindert so eine Hungerkatastrophe.

Trotz all dieser drängenden Probleme, auch der Wiederaufbau der Stadt kam schon in den ersten Nachkriegswochen in Gang. Als erstes wurden die Verkehrswege von Trümmern freigeräumt. Um eine Konzentration der Kräfte auf die wichtigsten Bauvorhaben zu erreichen, erließ die Stadtverwaltung am 15. August 1945 die Verordnung über die Lenkung von Baumaßnahmen. Wichtigste Anordnung: Bauherren mußten für ein Bauprojekt nicht mehr nur die baupolizeiliche Genehmigung einholen, sondern sich auch die Dringlichkeit einer Baumaßnahme bescheinigen lassen, bevor sie ihr Bauprojekt angehen konnten. Oberste Priorität wurde natürlich allen Instandsetzungsmaßnahmen von Wohnungen, die nur beschädigt waren, gewährt. Die Menschen brauchten ein Dach über dem Kopf.

Neben diesen Maßnahmen wurde auch mit der Planung für den Wiederaufbau des Stadtzentrums begonnen. Schon am 13. November 1945 legte der Stadtbaudirektor Dr. Herbert Conert einen ersten Wiederaufbauplan für die Innenstadt Dresdens vor und das, obwohl die Akten des Hochbauamtes während des Bombenangriffs im Februar vernichtet wurden. Um so erstaunlicher, die Prämissen dieses Conert-Plans wurden bei dem jahrzehntelangen Wiederaufbau der Stadt zumindest im wesentlichen umgesetzt. Conert schlug vor, das Zentrum

Blick vom Rathausturm auf Pirnaischen Platz und Umgebung, nach 1945

der Stadt nach dem historischen Charakter Dresdens wiederaufzubauen. Um alte Mängel in der Innenstadt auszugleichen, plante er mehr Grünflächen im Zentrum und ein System von leistungsfähigen Ringstraßen um die Innenstadt. Der Wiederaufbau einzelner Verwaltungs- und Kulturbauten wurde – trotz fehlender Gesamtplanung – schon 1946 aufgenommen.

Eine Bausperre für das gesamte zerstörte Stadtgebiet erließ am 13. Februar 1947 noch die Stadt, um Zeit für die Planung zu gewinnen. In der Ortssatzung vom März des gleichen Jahres wurden dann sämtliche Baustoffe und Trümmer in der Stadt beschlagnahmt. Der Ministerrat der DDR erließ am 27. Juli 1950 ›16 Grundsätze des Städtebaues‹, die auch für den Wiederaufbau Dresdens verbindlich waren. Eine Kernaussage: Innenstädte sollten in Zukunft nicht mehr als Zentren mit Geschäften, Banken, Vergnügungsstätten und Restaurants konzipiert werden, vielmehr sollten Bauten für den Kulturbetrieb, die Verwaltung und für das politische Leben um den jeweiligen Zentralplatz der Stadt angelegt werden. Zu diesem Zentralplatz sollten dann über die große Magistrale die politischen Aufmärsche und Demonstrationen führen, um hier in einer Volksfeier zu enden. Da stand es geschrieben, und genau nach leerem Aufmarschplatz sieht heute ja das Zentrum mancher Ex-DDR-Innenstadt aus.

Am 6. September 1950 zog die Regierung in Berlin mit dem sogenannten ›Aufbaugesetz‹ die Verantwortung für den planvollen Wiederaufbau der Innenstädte an sich. Damit mußten die Dresdner eine Widerstandstradition wieder aufnehmen, die schon in der NS-Zeit begonnen hatte. Denn mit dem Gesetz zur ›Umgestaltung deutscher Reichsstädte‹ von 1937 schwebte schon einmal der Schrecken zentralstaatlicher Planung über der Stadt. Es spricht für den Widerstandsgeist der Dresdner, daß sie dann beim Wiederaufbau zu DDR-Zeiten das Gesicht ihrer Stadt in vielen Bereichen wahrten.

Eine ganze Reihe Wettbewerbe für den Wiederaufbau der Innenstadt oder einzelner Plätze schrieb die Stadt aus. So gewann zum Beispiel das Kollektiv Schneider den ersten Preis des Wettbewerbs, der im Dezember 1952 Ideen für die Gestaltung des Altmarktes bringen sollte. Schon am 25. August 1952 war per Bescheid aus Ostberlin der Altmarkt als neuer Zentrumsplatz in Dresden festgelegt worden. Das Kollektiv Schneider schlug demgemäß eine zweieinhalbfache Vergrößerung des Platzes (Aufmarschgröße) vor. Die heutige Wilsdruffer Straße sollte die Hauptstraße der Stadt werden. Anstelle des Kulturpalasts sollte ein rund 100 m hohes Kulturhochhaus im besten stalinistischen Zuckerbäckerstil entstehen. Glücklicherweise gab man im Laufe der Jahre das Projekt Kulturhochhaus auf.

Der Altmarkt, dessen Bebauung im Jahr 1953 aufgenommen wurde, hinterläßt den Eindruck einer durchgeplanten Bauweise. Zunehmend aber wurde der Anspruch, gewachsene Strukturen der Stadt im Wiederaufbau aufzunehmen, aufgegeben. Es war nur noch Geld vorhanden, um einzelne Baudenkmäler zu restaurieren. Ein Beispiel: der Neumarkt, an dem man die Reste der Rampischen Gasse 1956 einfach sprengte und den man durch den Anbau des Polizeigebäudes verschandelte.

Man darf bei diesen Maßnahmen aber nie außer acht lassen, daß die DDR nicht die wirtschaftliche Potenz hatte, den Neuaufbau einer Stadt zu finanzieren. Zudem wurde die Rekonstruktion von Baudenkmälern über zentral verwaltete Stellen in Ostberlin abgerechnet, für den Wohnungsbau gab es ganz andere Abrechnungsmodalitäten. Unmöglich war es für lange Zeit, mit dem Geld für den Wohnungsbau, der erste Priorität in der DDR hatte, zum Beispiel Wohngebäude in historischen Stadtvierteln zu rekonstruieren. In den 80er Jahren dann wurde im Plan die Möglichkeit der Altbaurekonstruktion berücksichtigt, da man davon abrückte, die alten Innenstädte einfach verrotten zu lassen und Neubauviertel kostengünstiger auf die grüne Wiese zu stellen.

Altmarktwestfront, Mitte der 50er Jahre

Der Wiederaufbau Dresdens – im Sinne einer idealen Stadtplanung – wurde in 40 Jahren DDR nicht geleistet. Man denke nur an die wüsten Freiflächen im Zentrum der Innenstadt. Diese Grundstücke, die sich aber zumeist nicht im Besitz der Stadt befinden, sind heute eine Chance für die Stadtplaner, ein Stück altes Dresden wieder aufzubauen. Sie sind aber auch eine Verlockung für jeden Investor, hier ohne Rücksicht auf die Umgebung oder das historische Dresden zu planen.

Nach der Wende 1989, nach der permanenter Entscheidungsdruck auf der Stadtverwaltung lag, verzichtete das Dezernat für Stadtplanung darauf, mit dem Beginn des Neuaufbaus auf einen Bebauungsplan der Stadt zu warten, der erst in langwieriger Arbeit zu erstellen war. Vielmehr wurden in der gebotenen Eile Leitgedanken zum Wiederaufbau Dresdens formuliert, die die Architekten, die sich an den verschiedenen Gestaltungswettbewerben zu Plätzen der Stadt beteiligten, aufnahmen.

penhaus mit seinen geschwungenen Aufgängen den barocken Charakter des Baues. Die Sammlung des Museums zur Stadtgeschichte ist durchaus sehenswert.

Der Rundgang führt über die Wilsdruffer Straße zurück zum Altmarkt. Wer noch Energie hat, sollte vor dem Landhaus durch die Schießgasse gehen. Der Weg führt vorbei am **Polizeipräsidium** (Architekt Julius Tremper), das von 1895 bis 1900 in der reichverzierten Manier eines Renaissancepalasts erbaut wurde. Mit Neuem Rathaus und Polizeipräsidium beginnt der Bereich der Altstadt, in dem die bürgerlichen Prachtbauten der Jahrhundertwende ihren Platz fanden. Vor allem die Brühlsche Terrasse hat unter dieser Baukonzeption gelitten (s. S. 71).

Schaurig-schön demgegenüber nimmt sich die Ruine des **Kurländer Palais** aus, etwas weiter die Schießgasse hinunter gelegen. So oder so ähnlich sahen die meisten historischen Gebäude der Innenstadt nach den Bombardierungen des Zweiten Weltkriegs aus. Das Kurländer Palais (1729) gilt als das bedeutendste Werk des Architekten Johann Christoff Knöffel, ab 1728 Oberlandbaumeister in Dresden. Ab 1740 wohnte in diesem Palais der Chevalier de Saxe, einer der unehelichen Söhne Augusts des Starken. Ab 1744 ging das Palais in den Besitz des Prinzen Carl von Kurland über, dem es seinen Namen verdankt. Ab 1815 befand sich in dem Gebäude die Chirurgisch-Medizinische Akademie der Stadt. Das Kurländer Palais war zu DDR-Zeiten zum Wiederaufbau vorgesehen. Da derartiges aber lange zu dauern pflegte, bauten Studenten das Kellergewölbe zum *Jazzclub ›Tonne‹* aus, der allerdings mittlerweile wieder umziehen mußte. Die Zukunft des Kurländer Palais ist nachwievor ungewiß.

Über Tzschirnerplatz, Rampische Straße und Neumarkt geht der Weg zurück zum Altmarkt.

Erich Kästner: »Hier möchte ich wohnen« – Großer Garten mit Hygiene-Museum

Nur wenige Minuten zu Fuß vom Neuen Rathaus findet der Besucher an der Lennéstraße einen Ort, um sich von Autoverkehr und Hektik zu erholen. Neben einem Spaziergang bietet der **Volkspark Großer Garten** (knapp 1000 × 2000 m) verschiedene Freizeitvergnügen: Zoologischer Garten, Botanischer Garten, eine Minischmalspurbahn (Rundfahrt ca. 45 Min.), Carolasee mit Gelegenheit zur Bootsfahrt, Parktheater und Puppenspiel und neuerdings die Gläserne Manufaktur des VW-Konzerns am nordöstlichen Rand der Anlage.

Wen es trotzdem zu einem Baudenkmal treibt: Das **Palais** im Schnittpunkt von Haupt- und Querallee, erbaut 1678–83 (Architekt Johann Georg Starcke), ist der erste Barockbau in Dresden. Kronprinz Johann Georg (der spätere Johann

Deutsches Hygiene-Museum mit Skulptur ›Ballwerfer‹

Georg III.) ließ den Garten samt Palais als Lustgarten des Hofes anlegen. Drei der acht *Kavalierhäuschen* mit Mansarddach – in einem dieser Häuschen hätte Erich Kästner nach eigener Aussage so gerne gewohnt – wurden während des Zweiten Weltkriegs zerstört. Im gesamten Parkareal finden sich sehenswerte Skulpturen, so die Herkulesdarstellungen, von denen zwei auf die Permoserwerkstatt zurückgehen; außerdem der *Mosaikbrunnen* (1926) von Hans Poelzig und in der zugehörigen Bürgerwiese der prächtige 1991 restaurierte und neu vergoldete *Mozartdenkmalbrunnen* (1907) von Hermann Hosäus.

Wer sich zum Großen Garten aufmacht, sollte einen kurzen Besuch im **Deutschen Hygiene-Museum** einplanen. Nicht nur der ›Gläserne Mensch‹, 1930 eine Sensation auf der zweiten Internationalen Hygieneausstellung ist hier zu sehen. Europaweite Aufmerksamkeit erfährt das Museum vor allem aufgrund seiner wechselnden Sonderausstellungen zu aktuellen naturwissenschaftlichen und kulturhistorischen Themen rund um den Menschen. Das Museum wurde 1912 unter maßgeblicher Beteiligung des Dresdner Industriellen K. A. Lingner (s. S. 125) gegründet. Der unter Denkmalschutz stehende Museumsbau wurde von Wilhelm Kreis entworfen und 1930 eröffnet. Vor dem Museum steht die Skulptur des »Ballwerfers« von R. D. Fabricius (1907)

Rundgang 4: Szeneviertel in der Neuen Königsstadt – Innere und äußere Neustadt

300 Jahr alt ist der Stadtteil, der Dresden-Neustadt genannt wird. Hier finden sich viele Straßenzüge, die die alte Pracht der Elbestadt erahnen lassen. Neu ist allerdings tatsächlich eines: In der äußeren Neustadt hat sich eine kunterbunt gemischte Szene zusammengefunden.

Dresden-Neustadt – hier lockt ein Rundgang durch die barocke Stadtanlage nördlich der Elbe. Am Denkmal ›Goldener Reiter‹ begonnen, geht der Weg durch die Fußgängerzone Hauptstraße vorbei am Kügelgenhaus mit dem Museum zur Dresdner Frühromantik und an der Dreikönigskirche zum Albertplatz. Über die Königstraße mit den barocken Bauten und ihren Seitenstraßen, die der Krieg verschont hat, geht es zurück zum Japanischen Palais mit seinem Landschaftspark unmittelbar am Elbufer.

Auf einen Abstecher vom Albertplatz in das Szeneviertel äußere Neustadt sollte man nicht verzichten. Nur in der äußeren Neustadt erhält der Besucher einen Eindruck von der typisch einheitlichen Dresdner Bauweise vor 1900.

Dresden-Neustadt wurde planmäßig angelegt, nachdem ein Brand in Altendresden (so der Name der rechtselbischen Ansiedlung ab dem Jahr 1370) am 6. August 1685 immerhin 336 der 357 Häuser zerstört hatte. Schon im gleichen Jahr legte Stadtbaumeister Wolf Caspar von Klengel einen Plan vor, der als erster vollständiger Bebauungsplan eines Gebiets der Stadt Dresden in die Geschichte einging. Finanzielle Probleme ließen aber diese Planung unausgeführt. So kam der Wiederaufbau erst im Jahr 1718 in Gang, als August der Starke eigens das Oberlandbauamt einrichtete, dem sämtliche Baupläne für Zivilbauten in der Stadt Dresden zur Genehmigung vorgelegt werden mußten. Gebäudehöhe, Material, Schmuck und Farbe der Fassaden, alles wurde genau vorgegeben, damit eine Stadt entstehen konnte, die dem Wunsch des barocken Herrschers nach Schönheit in wohlgestalteter Ordnung entsprach.

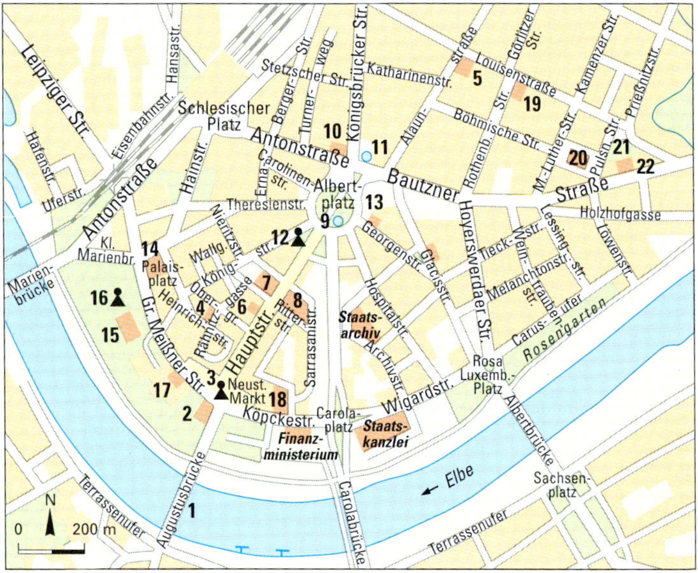

Rundgang 4: Szeneviertel in der Neuen Königsstadt 1 Augustusbrücke 2 Blockhaus 3 Goldener Reiter 4 Hotel Bülow Residenz 5 Die Scheune 6 Kügelgenhaus (Museum zur Dresdner Frühromantik) 7 Dreikönigskirche 8 Markthalle 9 Brunnen ›Stilles Wasser‹ 10 Hochhaus am Albertplatz 11 Brunnenrundbau (Tempietto) 12 Schillerdenkmal 13 Eschenbachsche Villa 14 Ehem. Akzisehäuschen 15 Japanisches Palais 16 Denkmal König Friedrich Augusts des Gerechten 17 Barockhaus Große Meißner Staße 15 (Westin Bellevue Hotel) 18 Jägerhof (Museum für Volkskunde) 19 Nordbad (ehem. Germaniabad) 20 Martin-Luther-Kirche 21 Jüdischer Friedhof 22 Milchladen Pfund

Vom Albertplatz aus ließ August der Starke zwei Hauptstraßen anlegen. Die *Königstraße* zwischen Albertplatz und Japanischem Palais, später dann die *Hauptstraße* zwischen Neustädter Markt und Albertplatz. Als dritte Hauptstraße kam die *König-Albert-Straße* hinzu. Diese drei Hauptachsen der Neustadt zeichnen sich noch heute deutlich im Straßenplan ab. Wie ausgefeilt das städtebauliche Konzept war, läßt sich an der Anlage der *Hauptstraße* verdeutlichen. Die Straße ist 540 m lang, verengt sich aber von 52 m Breite am Neustädter Markt auf gut 30 m am Albertplatz. Dadurch wirkt die Straße länger. Ein weiterer Beleg für den Ordnungswillen: Die Dreikönigskirche, von 1686–91 gleich nach dem Stadtbrand an alter Stelle wiederaufgebaut, fügt sich nicht in die Planung der Neustadt ein. Sie hätte genau auf der geplanten Hauptstraße gestanden. Flugs ließ August eine Interimskirche errichten, um die protestantische Gemeinde nicht zu verärgern, dann wurde die alte Dreikönigskirche abgerissen und leicht versetzt 1732–39 an heutiger Stelle wiederaufgebaut.

August war mit der Planung und den Baumaßnahmen in seiner neuen Stadt zufrieden. 1732 verlieh er ihr den Namen ›Neue Königsstadt‹, aus der sich die Bezeichnung Neustadt entwickelte. Die Anlage der Neustadt war ein großer Schritt zur Erfüllung des augusteischen Traums, eine Stadt am Wasser zu besitzen – wie Venedig. Die Elbe als Canale Grande. Diese Anlage der Neustadt, die relativ geringe Schäden während der Bombennächte davontrug, zeigt sich in einem hohen Gleichmaß der Fassaden noch heute.

Den Rundgang durch die Neustadt sollte der Besucher am Brükkenkopf der Augustusbrücke in der Altstadt aufnehmen. Nur von der Brücke genießt man gleichermaßen das Panorama der Altstadt und der Neustadt, das über Jahrhunderte den Ruf Dresdens beförderte. Zum anderen erahnt man hier etwas von dem Wesen Dresdens als Stadt am Fluß.

Der erste Bau der **Augustusbrükke** wird nach neuesten Funden der Archäologen auf das Ende des 12. Jh. datiert. Möglich aber auch, daß sich hier eine Elbbrücke schon vor der Anlage der Stadt befunden hat. Für das Jahr 1287 ist auf jeden Fall eine steinerne Elbbrücke bezeugt. Damit ist die Dresdner Brücke neben den Bauwerken in Regensburg und der Karlsbrücke über die Moldau in Prag eine der ältesten Bauten dieser Art nördlich der Alpen. Doch erst die Augustusbrücke, die unter Leitung Matthäus Daniel Pöppelmanns im Jahr 1731 durch den Umbau einer vorhandenen Brücke entstand, wurde als eines der Dresdner Wunder bezeichnet. Mit 17 Bogen und 18 Pfeilern verband sie mit einer Länge von 402 m die Elbufer und ragte auf Altstädter und auf Neustädter Seite weit in die Stadt. Aber schon beim Bau der Hofkirche im 18. Jh. wurden zwei Bogen der Brücke zugeschüttet, um Platz für den Schloßplatz zu gewinnen. Mit den Anforderungen der modernen Elbschiffahrt wurde ein Neubau der Brücke als zwingend empfunden. Immer wieder waren Elbschiffe bei höheren Wasserständen gegen die Pfeiler der Brücke gefahren. Die Durchfahrt zwischen den Bogen war einfach zu schmal. Zudem verhinderte die geringe Scheitelhöhe, daß größere Schiffe die Brücke passieren konnten. Nach Entwürfen des Architekten Wilhelm Kreis wurde bis 1910 die heutige Brücke gebaut, ebenfalls Augustusbrücke.genannt. Da half es wenig, daß für wenige Jahre der Neubau auf Wunsch des Hofes offiziell König-Friedrich-August-Brükke hieß. Der alte Name Augustusbrücke wurde nach wenigen Jahren behördlicherseits wieder eingeführt und blieb auch in der Bevölkerung erhalten, als zu DDR-Zeiten die SED die Brücke nach Georgi Dimitroff benannte.

Gleich neben dem Brückenabgang auf Neustädter Seite erhebt sich massiv-wuchtig das **Blockhaus,** von 1732–39 nach Plänen des Oberlandbaumeisters Zacharias Longuelune (1669–1748) als *Neustädter Wache* und damit als Sicherung des Brückenkopfs und als Zollhaus errichtet. Die Bezeichnung Blockhaus geht auf die Bedeutung des Wortes Block (= Riegel) zurück, paßt aber auch zu der strengen Blockform des Gebäudes, die um so mehr überrascht, vergleicht man die Bauweise mit der zur gleichen Zeit errichteten, barock geschwungenen Hofkirche auf der Altstadtseite. Die Brückensicherung durch das Blockhaus konnte jedoch nicht verhindern, daß beim Rückzug der napoleonischen Truppen im Jahr 1813 ein Mittelbogen der Augustusbrücke gesprengt und die Brükkenköpfe zerstört wurden. Sicherheit gab das Blockhaus zumindest im Mai 1849 der königlichen Regierung, die hier vor den bürgerlichen Revolutionären Schutz suchte. Im Jahr 1892 wurde im Blockhaus das Königliche Kriegsministerium untergebracht. Im Krieg zerstört, baute man das Gebäude 1980 wieder auf und nutzte es als Kulturstätte mit Restaurant.

Eine Unterführung bietet heute den Passanten die Möglichkeit, unter der breiten, verkehrsreichen Großen Meißner Straße bzw. Köpckestraße gefahrlos hindurch zum Neustädter Markt zu gelangen. Wer Karten für ein Konzert oder ähnliches benötigt, findet in der Unterführung ein Büro der DRS Travel Tourist-Information.

Am **Neustädter Markt** können Dresdenbesucher wie an der Petersburger Straße zwischen Hauptbahnhof und Pirnaischen Platz beispielhaft die verheerenden Folgen eines Konzepts studieren, das sich autogerecht durch breite Asphaltpisten gibt, großstädtisch wirken möchte und dafür gewachsene Platzstrukturen mißachtet. Dort, wo einst am Neustädter Markt das Zentrum der rechtselbischen Siedlung lag – mit Rathaus und Marktplatz –, erstreckt sich heute eine Freifläche, ohne innere Ordnung, konturlos sich verlierend in den Durchgangsstraßen. Da helfen die Brunnen, die eine Erlebnisfläche andeuten, wenig.

Welch Wunder bei dieser Umgebung, daß heute der **Goldene Reiter**, ein Wahrzeichen Dresdens, etwas beziehungslos in der Gegend herumsteht. August der Starke wurde in dieser Ruhmesstatue, die schon zu Lebzeiten des Königs begonnen und drei Jahre nach seinem Tod (1733) aufgestellt wurde, in römischer Imperatorengewandung verewigt; ein Ausdruck der Hoffnung, der sächsische Kurfürst und polnische König könne die Kaiserwürde im Heiligen Römischen

Reich Deutscher Nation erringen. Den Sockelschmuck der kupfergetriebenen, vergoldeten Reiterfigur (Modell von J. J. Vinache, Ausführung L. Wiedemann) schuf im Jahre 1884 Konstantin Lipsius, Professor an der Kunstakademie. 1956 wurde das restaurierte Reiterstandbild wieder am Neustädter Markt aufgestellt (1965 neu vergoldet).

Vom *Neustädter Rathaus*, das linker Hand am Eingang zur Hauptstraße stand und dessen Ruine nach dem Zweiten Weltkrieg abgetragen wurde, ist nur noch das Renaissancegewölbe erhalten. Die beiden spätbarocken **Eckbrunnen** des Rathausbaues von Benjamin Thomae (um 1740, heute durch Kopien ersetzt) sollen mit ihren Nymphen, dem wasserspeienden Delphin und dem Knaben mit Fisch Elbe und Weichsel symbolisieren, die zwei Hauptflüsse in den Herrschaftsbereichen des sächsischen Kurfürsten und polnischen Königs. Die Brunnen wurden bei der Neuanlage näher zur Mitte des Platzes versetzt.

In der **Hauptstraße** kommt das Problem ›DDR-Sanierung‹ auf den Punkt. Verschont geblieben waren bei den Bombenangriffen nur die Häuser mit den Nummern 9 bis 19, links, schaut man Richtung Albertplatz. Einige dieser Häuser

Reiterstandbild Augusts des Starken (›Goldener Reiter‹) auf dem Neustädter Markt

wurden restauriert. Die rechte Straßenseite demgegenüber ist bis zur Metzer Straße völlig in Plattenbauweise neuaufgebaut und dient heute im Erdgeschoß diversen Geschäften, z. B. einem Fischgeschäft, als Geschäftsraum.

Wer sich durch die Beschreibung abgeschreckt sieht, die Baumreihen in der Mitte der Fußgängerzone wirken durchaus einladend; man sollte sich einfach treiben lassen und doch einige Gebäude nicht unbeachtet passieren. Das Haus Hauptstraße Nr. 11 geht auf das Jahr 1810 zurück. Interessanter noch das **Kügelgenhaus** mit dem zierlichen Dachreiter, Hauptstraße 13 (1765–70). ›Gottessegen‹, so nennt Wilhelm von Kügelgen (1802–67) in seinem Buch ›Jugenderinnerungen eines alten Mannes‹ das Haus mit dem Spruch »An Gottes Segen ist alles gelegen« an der Fassade. Im Jahr 1805 war der Historienmaler Gerhard von Kügelgen (1727–1820) aus dem Baltikum mit seiner Familie in die Elbestadt gekommen. Im Spätsommer 1808 zog die Familie in das Haus in der Neustadt und damit in ein seinerzeit von Hochadel, Hofbeamten, Offizieren und bei Hofe angestellten Künstlern bevorzugtes Wohngebiet. Wilhelm von Kügelgen verlebte in dem Haus seine Jugend und beschrieb in seinen Lebenserinnerungen, wie das Kügelgenhaus zu einem der Treffpunkte der Frühromantiker in Dresden wurde. U. a. verkehrten hier die Maler Caspar David Friedrich (1774–1840), Philipp Otto Runge

(1777–1810), Georg Friedrich Kersting (1785–1847) und Johan Christian Clausen Dahl (1788–1857). Der Dichter Johann Wolfgang von Goethe wollte im Jahr 1813 den Einzug des russischen Kaisers an einem Fenster der Kügelgen-Wohnung beobachten, mußte aber die Szene ob des aufdringlichen Naturells einer Verehrerin verlassen.

Hauptstraße in der Neustadt mit dem Kügelgenhaus

Heute ist im zweiten Geschoß des Kügelgenhauses das sehenswerte **Museum zur Dresdner Frühromantik** eingerichtet. Hier sind Räume zum Beispiel dem Kreis um den Dichter Christian Gottfried Körner (s. S. 116), Heinrich von Kleist oder dem Maler Caspar David Friedrich nebst seinen Schülern und Freunden gewidmet. Hinzu kommen Exponate zum Thema Wohnen und Leben in der Biedermeierzeit; kostbar sind die restaurierten Balkenzugdecken aus dem 17. Jh.

Der Rundgang führt weiter die Hauptstraße Richtung Albertplatz hinunter. Im Haus Hauptstraße Nr. 17, erbaut von 1714–20, lebte der Bildhauer Benjamin Thomae (1682–1751), im Haus Hauptstraße Nr. 19 befand sich 1779 das *Societaetstheater*. Dieses erste bürgerliche Theater der Stadt wurde 1999 wiedereröffnet und hat seine Spielstätte nun An der Dreikönigskirche 1a. Im Haus Hauptstr. 19 lohnt heute das Kunstgewerbegeschäft Etzold einen Besuch, in dem man u. a. Blaudruckstoffe, Töpferwaren, Holzspielzeug und auch Arbeiten aus dem Erzgebirge kaufen kann.

Nächster Besichtigungspunkt ist die **Dreikönigskirche**, gar nicht zu übersehen auf dem Platz linker Hand der Hauptstraße. Von Abriß und Wiederaufbau der Kirche aus städteplanerischen Gründen war schon weiter oben die Rede. Das ab 1960 rekonstruierte Bauwerk zeigt in der Außenfassade die Dreikönigskirche, wie sie Matthäus Daniel Pöppelmann und George Bähr von 1732–39 auf Befehl Augusts des Starken errichteten. Die beiden Architekten mußten Turm und Altarraum auf der der Hauptstraße abgewandten Seite errichten. Nur indem sie diesen

Verstoß gegen die hergebrachten Regeln der Kirchenbaukunst (Altar auf der Ostseite, gen Sonnenaufgang) in Kauf nahmen, konnten sie Augusts Wunsch nach einer einheitlichen Fassadenreihe in der Hauptstraße entsprechen. Der 87,5 m hohe Turm wurde von 1854–58 ausgeführt.

Weinverkauf in der Hauptstraße

Im Innern der Dreikönigskirche wurde ein mehrstöckiger Raum eingerichtet, in dem nach der Wende der Landtag des Freistaates Sachsen tagte. Heute ist hier ein ›Haus der Kirche‹, ein Veranstaltungszentrum, untergebracht. Im Kircheninneren, gleich gegenüber dem Eingang, sind noch Reste des 7 m hohen, barocken Altars von Benjamin Thomae zu sehen. Zudem findet sich in der Dreikönigskirche ein bedeutendes Dresdner Renaissancekunstwerk, das jahrzehntelang unbeachtet auf dem Neustädter Friedhof abgestellt war: der 12,47 m lange und 1,22 m hohe *Totentanz* von Christoph Walther I aus der ersten Hälfte des 16. Jh. Das Kunstwerk schmückte einst das Georgentor beim Residenzschloß.

Auf der gegenüberliegenden Seite der Hauptstraße, Ecke Metzer Straße, findet sich ein rekonstruiertes historisches Ensemble: Es handelt sich um eine ehemalige Reithalle, die nach 1899 in eine **Markthalle** umgewandelt wurde.

Die Hauptstraße führt auf den **Albertplatz** (in der ersten Hälfte des 19. Jh. Bautzner Platz), angelegt als Rundplatz um 1817. Benannt ist er nach König Albert, der von 1873–1902 regierte, und in dessen Regierungszeit der Ausbau Dresdens als Garnisonsstadt fällt. Zu DDR-Zeiten hieß die Anlage Platz der Einheit – die Hauptstraße übrigens Straße der Befreiung – auf dem im Westbereich das *Sowjetische Ehrenmal* errichtet wurde. Diesem Ehrenmal mußte der Brunnen ›Stürmisches Wasser‹ weichen. Auf der gegenüberliegenden Seite des Platzes befindet sich der *Brunnen ›Stilles Wasser‹*. Die beiden im Jahr 1893 aufgestellten Brunnen schuf Robert Diez, ein Schüler Johannes Schillings. Der Brunnen ›Stürmisches Wasser‹ ist nun wieder am alten Ort aufgestellt. Das Ehrenmal wurde in den Park vor dem Militärhistorischen Museum versetzt.

Kaum zu übersehen ist das elfstöckige **Hochhaus** auf der nordwestlichen Seite des Platzes. Es handelt sich um das erste Hochaus der Stadt Dresden, errichtet 1928 als Stahlskelettbau (Hermann Paulick). Vor dem Blumengeschäft Ekke Königsbrücker Straße trifft man häufig Dresdner mit Kanistern, die Wasser aus einem Hahn zapfen. Diesen Bürgern ist nicht etwa das Wasser abgestellt worden, sondern hier findet sich eine *Quelle* mit tatsächlich dem wohl besten Frischwasser im Stadtgebiet. Das Wasser kommt aus 243,5 m Tiefe und stammt aus dem Niederschlagsgebiet der Elbe. 1836 brachte der Zimmermann Paul Siemen die Bohrung nieder. Die Quellfassung befindet sich westlich des Hochhauses – am Blumengeschäft ist nur eine Entnahmestelle. Würdig überbaut ist sie durch den zierlichen *Tempietto* auf dem Albertplatz, den Hans Erlwein im Jahre 1906 mit acht Säulen errichten ließ. Über eine Leitung wird das Quellwasser in dieses Bauwerk geführt. Weiter findet sich an der Südseite des Albertplatzes ein *Schillerdenkmal* (Selmar Werner, 1913) in einer reliefierten, runden Einfriedung. Um den Albertplatz dominiert Plattenbauweise, die durch gestalterische Elemente aufgewertet wird.

Am Albertplatz, Richtung Bautzner Straße gelegen, entdeckt der Besucher eine der prächtigsten Villen der Neustadt, die **Eschenbachsche Villa,** die nach historischen Vorlagen Mitte der 90er Jahre rekonstruiert wurde und nun Sitz einer Bank ist. Im Jahr 1901 für den Fabrikbesitzer und Geheimrat Karl Eschenbach errichtet, zeigt die Villa sehenswerte schmiedeeiserne Arbeiten und ein weitgespanntes Kuppelgerüst über dem einstigen Palmengarten.

Vom Albertplatz führt der Rundgang zurück über die Königstraße zum Japanischen Palais am Elbufer. Kurze Abstecher leiten auf diesem Weg durch die Straßen ›An der Dreikönigskirche‹, ›Rähnitzgasse‹ und ›Heinrichstraße‹, da sich hier die Neustadt nach den Sanierungsmaßnahmen der vergangenen Jahre wieder in alter Barock- und Biedermeierpracht zeigt. Nur noch wenige Häuser wie z. B. in der Heinrichstraße das ehemalige Hotel Stadt Leipzig warten auf Investoren.

Die **Königstraße,** 30 m breit und 340 m lang, ließ August als Magistrale der Neustadt anlegen. Im Gegensatz zur Hauptstraße, die durch die Art der Bebauung und die Geschäfte als Einkaufsmeile festgeschrieben ist, verfügte die Königstraße noch über viel barocke Bausubstanz. Inzwischen ist die Straße restauriert und hat sich zum Kleinod der inneren Neustadt gewandelt – mit zahlreichen Restaurants, Geschäften und Galerien.

Beim Bummel durch die Königstraße lohnt immer wieder ein Blick in Innenhöfe und die Seitenstraßen, so zum Beispiel rechter Hand in die **Nieritzstraße**. Hier erhält der Besucher einen Eindruck vom Dresden zur Biedermeierzeit. Bebaut wurde die Straße, die nach dem Jugend- und Volksschriftsteller Gustav Nieritz (*Denkmal* Hainstraße/Ecke Theresienstraße) benannt ist, ab dem Jahr 1848. Die dreigeschossigen Gebäude, denen später ein viertes Geschoß aufgesetzt wurde, überzeugen durch die einfache Bauweise, die nur einen feinen Schmuck an Fenstern, Türen und im Traufbereich zuließ. Das Haus Nieritzstraße Nr. 11 beherbergt übrigens das *Hotel Martha Hospiz*, ein Haus mit gediegener Atmosphäre, das 1899 als Herberge gegründet wurde. Schon 1991 wurde das Haus rundum modernisiert, weitere notwendige Baumaßnahmen erfolgten in den vergangenen Jahren.

Der Rundgang biegt von der Königstraße links in die **Straße An der Dreikönigskirche** ab. Das Haus Nr. 3 stammt aus der Zeit um 1710. Einige der renovierten Fassaden täuschen Fassadenschmuck durch Wandmalerei nur vor – beim Betrachter stellt sich unwillkürlich die anheimelnd-unheimliche Anmutung einer DDR-Restaurierung, wie sie die Berliner aus dem Viertel um die Nikolaikirche kennen, ein. Weiter geht es durch die **Rähnitzgasse**. Hier finden sich gut renovierte Häuser im schmucklosen Barockstil. Das Haus Nr. 19 datiert auf das Jahr 1730 (Architekt Johann Gottfried Fehre) und beherbergt heute das 4-Sterne-Hotel *Bülow Residenz*, in dem es außerdem ein ausgezeichnetes Restaurant gibt. Das Haus Nr. 6 geht auf das Jahr 1738 zurück.

Über die 1840 angelegte Heinrichstraße führt der Rundgang von der Rähnitzgasse zurück zur Königstraße. Das Haus *Königstraße Nr. 5* aus dem Jahr 1740 wird einem Schüler Pöppelmanns, Andreas Adam, zugeschrieben. An dem dreigeschossigen Haus finden sich, typisch für die Königstraße, als Fassadenschmuck einfache Sandsteinrahmungen der Fenster. Nur im Mittelportal wurden sie etwas reicher verziert. In der Königstraße 1 findet sich ein überdachter Innenhof, in den neben dem Café Strauß auch Restaurants und Geschäfte zum Verweilen einladen.

Die Königstraße mündet auf den **Palaisplatz**. Auf der nordwestlichen Seite des Platzes erblickt der Besucher das ehemalige **Akzisehäuschen**, das 1827–29 errichtet und in klassizistischer Form wiederaufgebaut wurde. Dieses Akzisehäuschen ersetzte das Stadttor, das mit dem Abbruch der Stadtmauer im Jahr 1817 abgeräumt wurde (Akzise = Zoll, z.B. Torabgabe im Mittelalter).

Dominiert wird der Palaisplatz von der Fassade des **Japanischen Palais**, an dem in den Jahren 1727–35 so bedeutende Dresdner Baumeister wie Pöppelmann, de Bodt, Longuelune und Knöffel bauten. Im Jahr 1717 kaufte August der Starke das 1715 errichtete Holländische Palais, das seinen Namen nach dem Mieter, einem holländischen Diplomaten, erhalten hatte. August brauchte Platz für die vielen Gäste während der Hochzeitsfeier für den

Japanisches Palais

Kurprinzen im Jahre 1719. Nach dem Fest wurde das Palais als Museum genutzt, bis die Idee aufkam, hier chinesisches, japanisches und vor allem das Meißner Porzellan auszustellen. 1729 wurden der vordere und die beiden seitlichen Flügel in Angriff genommen, 1731 dann baute man den Gartenflügel (vorheriges Holländisches Palais) um. August der Starke setzte bei der Erweiterung des Palais eine seiner architektonischen Lieblingsideen durch: Er schuf einen Vierflügelbau mit einer Kuppel als Krönung. Handzeichnungen zu dem Palaisumbau belegen, daß August der Starke kompetent in die Baumaßnahmen in seiner Neustadt eingriff.

Die geschwungenen Dächer und die chinoise Plastik betonen den ostasiatischen Charakter, der figurale Schmuck im Giebelrelief der Hauptfassade des Japanischen Palais ist eine Huldigung der porzellanherstellenden Völker vor einer ›Saxonia‹ . Damit wird auf die ursprüngliche Bestimmung des Baus als Porzellanmuseum verwiesen. Bis 1780 wurde das Palais von der Porzellanmanufaktur als Magazin genutzt, danach bis 1945 von der Landesbibliothek. Nach dem Wiederaufbau zogen das *Landesmuseum für Vorgeschichte* und das *Staatliche Museum für Völkerkunde* ein.

Auf keinen Fall sollte der Besucher einen Gang durch den *barokken Park* des Palais auf der Elbseite versäumen, der auf den ehemaligen

Befestigungsanlagen angelegt wurde. Das **Denkmal König Friedrich Augusts des Gerechten** schuf Ernst Rietschel im Jahre 1843. Für das Postament lieferte Gottfried Semper die Pläne. Der Weg durch den Park, dessen barocke Plastik zerstört ist, führt hinüber zum Park hinter dem luxuriösen *Westin Bellevue Hotel*; in der Grünanlage finden sich Skulpturen zeitgenössischer Künstler. Hier genießt man den schönsten Blick auf Dresdens Altstadt, so wie der Maler Bernardo Belotto, gen. Canaletto (1721–80) ihn einst sah und in seinen berühmten Ansichten der Stadt Dresden festhielt. Straßenseitig wurde im Komplex des Hotels die gediegene Fassade des *Barockhauses Große Meißner Gasse 15* erhalten (kursächsisches Wappen im Mittelteil).

Östlich des Neustädter Marktes (Köpckestr. 1) steht der Renaissancewestflügel des **Jägerhofs** (heute *Museum für Sächsische Volkskunst*).

Ein Besuch in der äußeren Neustadt

Ein Abstecher führt vom Albertplatz durch die Alaunstraße, die Louisenstraße, die Martin-Luther-Straße, dann über den Martin-Luther-Platz und die Böhmische Straße. Nur in diesem Gebiet, der äußeren Neustadt, läßt sich ein Stadtviertel entdecken, das weder von Bomben noch von Abrißbaggern verschandelt wurde. Allerdings zeigte sich die Bausubstanz nach dem Mauerfall in schlechtem bis sehr schlechtem Zustand (40 % der Bauten). Das hat sich geändert: In diesem Sanierungsgebiet, dem größten in Dresden, sind bereits über 50 % des Wohnungsbestandes modernisiert worden. Rund 93 Mio. DM Fördermittel wurden verbaut.

Die **äußere Neustadt** wurde im Laufe des 19. Jh. vor der früheren Stadtbefestigung angelegt. Frühklassizistische, zweigeschossige Gebäude wechseln sich ab mit drei oder viergeschossigen Bauten, die auf ein späteres Baudatum verweisen. Einzelne Landhäuser finden sich vor allem an der Königsbrücker und der Bautzner Straße. Sie sind noch jüngeren Datums und belegen durch ihre Lage am Rand des Viertels eine für Dresden ungewöhnliche Baugeschichte: Zuerst wurden die Randstraßen der äußeren Neustadt bebaut, im Laufe des vergangenen Jahrhunderts kam dann Straßenzug um Straßenzug hinzu. Normalerweise wurde in Dresden gut geplant von einem Zentralplatz oder einer Hauptstraße aus gebaut.

Die äußere Neustadt entwickelte sich nach der Wende 1989 sehr schnell zum Szeneviertel in Dresden. Jugendliche hatten schon 1989 die leerstehenden Häuser, die zu DDR-Zeit dem Verfall preisgegeben waren, besetzt. Die Wende brachte dann die Vernetzung der Szene über Cafés, Kneipen und Kultureinrichtungen. Die »Bunte Republik Neustadt«, wie sie sich seit der Wende nennt, zeigt sich heute als spannungsreiches Gemisch: traditionsreicher Kiez, in dem Szene-Shops und Tante Emma-Läden ebenso existieren wie Eckkneipen und In-Lokale, stille Hinterhof-Winkel, kleine Shopping-Passagen und Handwerksbetriebe.

Die Gebäude in der **Alaunstraße** entstanden im wesentlichen in der Zeit zwischen 1860 und 1900. Sie sind drei- oder viergeschossig, wie es die Bauordnung aus dem Jahr 1827 vorschrieb. Interessant in der Alaunstr. 71 der Hinterhof mit der Villa der Fabrikanten Jordan & Timaeus. Ihre Fabrik war Mitte des 19. Jh. eine der größten in Dresden, sie produzierte Schokolade, Kakao und Zuckerwaren. In der Alaunstraße (und ihren Seitenstraßen) reiht sich Kneipe an Kneipe. Bekannt vor allem »Die 100«, die »Planwirtschaft« und das »Scheunencafe«, das zum einstigen Jugendclub »Scheune« gehört, in den 50ern erbaut wurde und heute Spielstätte für Rock- und Bluesgruppen ist. Im Kunsthof (Alaunstr.70) finden sich Läden, Werkstätten, dazu ebenfalls Szene-Treffs und Biergärten.

In der **Louisenstraße** findet der Besucher mit der Nr. 59 eines der ältesten Häuser des Viertels. Hier eröffnete im Jahre 1789 ein gewisser Dr. Rädler eine Volks- und Industrieschule. Das **Nordbad** (Nr. 47), 1896 unter dem Namen Germaniabad im Jugendstil errichtet, war bis 1975 eine wichtige Wasch- und Bademöglichkeit im Viertel, da hier in den meisten Wohnungen ein Bad fehlt. In den 70er Jahren verfiel das Bad und wurde schließlich geschlossen. 1993 begann die denkmalgerechte Sanierung. Das Bad erhielt eine ökologische Energietechnik und ist heute wieder geöffnet. Im *Projekttheater Dresden* (Louisenstraße 47) bringt ein alternatives Theater moderne Stücke auf die Bühne. Die Häuser an der **Rothenburger Straße** aus der Zeit um 1860 zeigen eine relativ anspruchsvolle Reihenhausbebauung mit ihrer Verwendung von ordnenden Pilastern in Verbindung mit sparsamem Fenster- und Fassadenschmuck.

Die geschlossen erhaltene Bebauung mit Bürgerhäusern rund um den **Martin-Luther-Platz** steht unter Denkmalschutz. Die **Martin-Luther-Kirche** wurde im neoromanischen Stil von 1883–87 erbaut. Ganz in der Nähe, in der Kamenzer Str. 19, hat seit einiger Zeit das Variete Orpheum sein Domizil: in einem restaurierten Ballsaal aus der Zeit um 1900.

In der Pulsnitzer Straße, die die Ostseite des Martin-Luther-Platzes abschließt, liegt der alte **Jüdische Friedhof** Dresdens. Zwischen 1751 und 1869 bestattete hier die jüdische Gemeinde ihre Toten, nachdem Graf Brühl endlich die Genehmigung zur Bestattung im Stadtgebiet gegeben hatte. Vorher mußte die jüdische Gemeinde ihre Toten bis ins Böhmische schaffen, um sie mit Würde begraben zu können. Neben dem Friedhof, in der Pulsnitzer Str. 10, ist die Begegnungsstätte für jüdische Geschichte und Kultur Sachsens, Hatikva, in der Ausstellungen

Der Milchladen Pfund in der Bautzner Straße wurde inzwischen aufwendig restauriert

gezeigt werden, Workshops zu jüdischer Kultur stattfinden und Stadtrundgänge angeboten werden (✆ 8 02 04 89).

In der Bautzner Straße Nr. 19 steht das Tor der Freimaurerloge ›Zu den ehernen Säulen im Orient‹. Im Haus Bautzner Straße Nr. 79 findet sich der restaurierte Geschäftsraum des **Milchladens Pfund**, vermutlich Deutschlands einziges Milchgeschäft mit einer künstlerisch wertvollen Einrichtung. Reicher Fliesenschmuck in Jugendstilformen an den Wänden verweist auf das innovative Konzept, durch das der Landwirt Paul Pfund gemeinsam mit seinem Bruder die Milchversorgung der Stadt Dresden revolutionierte. Ab 1879 bot er seine Milch in einem Verkaufsraum an, von dem aus die Kunden beobachten konnten, wie die Kühe gemolken wurden. Die rasant wachsende Nachfrage nach seinen Milchprodukten zwang den Bauern zum Umzug in die Bautzner Straße, wo er einen großen Molkereibetrieb aufbaute. Pfund stellte als erster deutscher Molkereibesitzer Kondensmilch her, allein in Dresden hatte Pfund 55 Filialen. Heute wird der »schönste Milchladen der Welt« (Guinessbuch der Rekorde) als Cafe und Restaurant genutzt, zudem kann man hier Käse- und Weinspezialitäten kaufen.

In der Nordstraße 28 befindet sich das **Kraszewski-Museum**, das ehemalige Wohnhaus des polnischen Schriftstellers Jòzef Ignacy Kraszewski (1812–76), Verfasser des Romans ›Gräfin Cosel‹.

Schon einen Fußmarsch von einer guten Viertelstunde muß in Kauf nehmen, wer zum Brauhaus am Waldschlößchen (Am Brauhaus 8b) möchte. Dafür wird der Gast im Biergarten mit einem besonders schönen Blick auf Dresden und selbstgebrautem Dunkelbier belohnt.

Antonstadt und Militärmuseum

Wer sich für Militärhistorie interessiert, sollte den Rundgang durch die äußere Neustadt über den Alaunplatz Richtung Stauffenbergallee fortsetzen. Mit der Einführung der allgemeinen Wehrpflicht in Sachsen im Jahr 1867 hatte das Kriegsministerium des Königreiches ein Problem. Statt 3000 Soldaten mußte die Garnison Dresden nun 10000 Mann unterbringen. Ab 1873 begann der Ausbau der Elbstadt zur drittgrößten Garnisonsstadt in Deutschland nach Berlin und München. Als Baugelände bot sich der Heidegrund gleich hinter der äußeren Neustadt an. So wurde die 3,2 km lange **Heerstraße** (heute Stauffenbergallee) angelegt. Am nördlichen Rand der äußeren Neustadt entstand um den Alaunplatz die sogenannte **Albertstadt**, benannt nach König Albert (1873–1902).

Die Heerstraße wurde nach der Wende 1989/90 in *Stauffenbergallee* umgetauft, da der Widerstandskämpfer, der das Attentat auf Hitler am 20. Juli 1944 verübte, hier gedient hatte. Zu besichtigen gibt es an der Stauffenbergallee die neuromanische **Garnisonskirche**, erbaut 1896–1900, mit einem 90 m hohen Turm. Die Glocken dieses Turmes wurden aus französischen Kanonen gegossen, die während des Krieges 1870/71 deutsche Truppen erbeutet hatten. Zu DDR-Zeiten waren in der Kirche neben einer Kapelle auch die Phonothek der Landesbibliothek und Werkstätten des Staatstheaters untergebracht.

Im **Militärhistorischen Museum** am Olbrichtplatz lassen sich bestens die Zerstörungspotentiale des ehemaligen Warschauer Pakts und der Nato vergleichen. Schon ein seltsames Bild, die Waffensysteme, die gegeneinander entwickelt wurden, hier friedlich nebeneinander zu sehen. Das Gebäude diente nach der Anlage des Garnisonsviertels als Hauptarsenal der sächsischen Armee und wurde dann sächsisches Armeemuseum. Wie die Zeit so spielt: 1940 hieß es ›Heeresmuseum‹, dann aber 1956 ›Armeemuseum der DDR‹. Heute ist hier die Bundeswehr Hausherr.

Gartenstadt Hellerau

Obwohl Hellerau, im Norden der Stadt gelegen, erst seit den 50er Jahren zu Dresden gehört, der Ruhm dieser Wohnsiedlung ist der Elbestadt schon vorher zugute gekommen. Der Gründer der Deutschen Werkstätten für Handwerkskunst, Karl Schmidt, initiierte im Jahr 1907 eine Gartenstadtgesellschaft, die 140 ha Grund im Norden Dresdens erwarb. Sein Ziel: Leben und Arbeiten in der Gartenstadt Hellerau miteinander verbinden. 1909 wurden die Bebauungspläne für die Siedlung aufgestellt. Villen und Reihenhaussiedlungen, die auch den Arbeitern einen Zugang zu einem Garten sichern sollten, gruppierten sich um die neu angelegte Möbelfabrik ›Deutsche Werkstätten‹ am Südrand der Siedlung (Möbelausstellung in den Werkstätten, Moritzburger Weg, Nähe Am Grünen Zipfel, Mo–Fr 8–17 Uhr, Besichtigung nach tel. Anmeldung ✆ 8 83 82 02).

Drei Baustile, je nach ausführendem Architekten, finden sich in Hellerau: Richard Riemerschmidt orientierte sich an den Vorstellungen der Romantik, erstellte aber auch den Bebauungsplan für die Gesamtanlage; Hermann Muthesius plante nach dem Vorbild englischer Landhäuser; Heinrich Tessenow demgegenüber bevorzugte einen klassischen Baustil. Die Gesamtanlage richtete sich nach den Gegebenheiten des Geländes. Hügel blieben erhalten, die Straßen sind oft gekrümmt.

Im Bereich Heideweg und Am Talkenberg zeigen sich dem Besucher Villenbauten, im Bereich Ruscheweg die typischen Reihenhäuser. Sehenswert auch der **Marktplatz** mit dem Café und am nordwestlichen Rand der Siedlung das **Festspielhaus**, erbaut 1910–12 von Heinrich Tessenow.

Rundgang 5: Der Weiße Hirsch und das ›Blaue Wunder‹ – Villenvororte und Elbschlösser

Ihr ›Blaues Wunder‹ erleben die Besucher der Vororte Weißer Hirsch, Blasewitz und Loschwitz. Bürgervillen, zwei Bergbahnen und eben eine Elbbrücke, die sich bläulich schimmernd gegen die Elbhänge abhebt.

Sie wußten schon, warum sie in die Elborte und an die Elbhänge kamen. Künstler, wohlhabende Dresdner Bürger – hier bauten sie ihre Villen, nahmen Quartier, um die Sommerfrische zu genießen oder in Ruhe zu arbeiten. So präsentiert der Rundgang, der im Kurort Wei-

Bergbahn und Luisenhof in Loschwitz

ßer Hirsch beginnt, mit der Bergschwebebahn hinunter nach Loschwitz und dann über die Brücke ›Blaues Wunder‹ nach Blasewitz führt, viele prachtvolle Villen. Der Weg geht aber auch zum Schillerhaus, zum Haus der Familie des Dichters Theodor Körner, zum Elternhaus der Ehefrau Robert Schumanns, Clara Wieck, und spart auch die Beschreibung der technischen Wunderwerke wie der ersten Bergschwebebahn der Welt nicht aus.

Blasewitz, Loschwitz und Weißer Hirsch, schon die Namen verweisen auf eine jeweils unterschiedliche Gründungsgeschichte. Die Vororte Blasewitz, am Südwestufer der Elbe gelegen, und Loschwitz auf der gegenüberliegenden Flußseite, gehen auf Fischerdörfer zurück. In Loschwitz, das von 1287 bis 1833 zum Besitz des Materniklosters gehörte, wird für die Zeit vor 1697 ein Fährgut bezeugt.

Ohne das sonst typische ›witz‹ im Ortsnamen dagegen muß der ›Weiße Hirsch‹, am Rand der Dresdner Heide gelegen, auskommen. Zwar existierte hier seit 1838

Rundgang 5: Der Weiße Hirsch und das ›Blaue Wunder‹
1 Parkhotel
2 Parkhotel Villa Emma
3 Lahmanns Sanatorium
4 Konzertplatz
5 Restaurant Luisenhof
6 Schillerhäuschen
7 Körnerhaus
8 Dinglinger-Weinberghaus
9 Friedrich-Wieck-Haus
10 Rote Amsel (Leonhardi-Museum)
11 Künstlerhaus
12 ›Blaues Wunder‹
13 Denkmal Justine Renner (Gustl aus Blasewitz)
14 Schloß Albrechtsberg
15 Villa Stockhausen
16 Schloß Eckberg

eine kleine Landgemeinde, aber der Name ›Weißer Hirsch‹ und letztendlich auch die Entwicklung des Ortes gehen auf das Engagement des kurfürstlichen Kapellmeisters Christoph Bernhard zurück, der 1687 an der Landstraße nach Bautzen einen Gasthof anlegte, um den sich später ein Kurort entwickelte. Gemäß der Überlieferung, nach der Jäger im Jahr 1568 in der Dresdner Heide einen Albinohirsch erlegt hatten, wählte er den Namen ›Weißer Hirsch‹.

Güter inmitten der Weinberge, vereinzelt auch Landhäuser lockten schon im 18. und 19. Jh. betuchte Dresdner Familien zur Sommerfrische in die Elborte. Wohngebiete der wohlhabenderen Dresdner wurden die drei Vororte aber erst, als die Elbbrücke (›Blaues Wunder‹) als kühne Stahlkonstruktion im Jahre 1893 Loschwitz und Blasewitz miteinander verband und die erste elektrische Straßenbahn vom

Schloßplatz über die Brücke ›Blaues Wunder‹ bis zum Körnerplatz fuhr. Als ab 1895 die Standseilbahn und ab 1901 die Bergschwebebahn den Aufstieg zu den Loschwitzer Höhen und zum Weißen Hirsch vereinfachte, gehörte der Baugrund in den drei Vororten zu den begehrtesten Flächen der Stadt.

Weißer Hirsch

Ein Weinberg im 17. Jh., ein Gasthof mit dem Namen ›Weißer Hirsch‹ – das waren die Anfänge dieses Dresdner Stadtteils. Im 18. Jh. wurde aus dem Weinberg ein Gut, Anfang des 19. Jh. aus den Häuslerwohnungen eine kleine Gemeinde, und Mitte des 19. Jh. errichtete man einen neuen Gasthof mit dem alten Namen – und zwar dort, wo heute das Parkhotel Ecke Bautzner Landstraße/Stechgrundstraße steht. Entscheidend für die weitere Entwicklung des Ortes aber war der Kauf des Gutes durch den Seifenfabrikanten Ludwig Künzelmann. Er investierte hier, als bekannt wurde, daß das Wasser in der Dresdner Heide eisenhaltig ist und damit heilende Wirkung zeigt. Das Gut wurde parzelliert und für »eine Colonie von Villen und Sommerfrischen« zur Verfügung gestellt. Zum Kurbad aber wurde der ›Weiße Hirsch‹ erst, als 1888 ein gewisser Dr. Heinrich Lahmann das ›Frida-Bad‹ kaufte und die Anlage zu **Lahmanns Sanatorium** ausbaute.

Das Dorf, zwischen Dresdner Heide und Elbniederung gelegen, bot für gestreßte Städter das ideale Heilklima. Lahmanns Naturheilverfahren hatte Erfolg. Innerhalb kürzester Zeit konnte der Arzt seine Kuranlage auf 30 Häuser ausbauen, allein im Jahr 1913 ließen sich beim ihm 7416 Patienten behandeln. Das Sanatorium wurde gerühmt in ganz Europa, der ›Weiße Hirsch‹ entwickelte sich zum Sommertreff für Adel, Kunst und High Society.
Das Ende des Sanatoriums kam 1940, als es die Nazis in ein Militärlazarett umwandelten. Nach dem Zweiten Weltkrieg zogen die sowjetischen Streitkräften ein, in einigen Bürgervillen ließen sich Vertreter der DDR-Elite nieder, andere wurden in Wohnungen aufgeteilt und ›Normal‹-Bürgern zur Verfügung gestellt. Sei es aus Geldmangel, sei es aus fehlender Bindung der Mieter an das Kollektiveigentum, die Villen verfielen zusehens, nur notdürftige Reparaturen wurden vorgenommen. Eine Wende in der Ortsgeschichte brachte die Wiedervereinigung: Heute zeigt sich ein Großteil der Villen am Weißen Hirsch wieder in alter Pracht. Angesichts der hohen Mietpreise stehen allerdings immer noch viele der Bauten leer.
Zum Rundgang: Die weitläufige Ruine von Lahmanns Santorium, befindet sich an der Ecke Bautzner Landstraße/Stechgrundstraße. Links der Stechgrundstraße steht die 1896 erbaute Villa von Dr. Heinrich Lahmann , dahinter finden sich die Behandlungsgebäude, das Bad, die Wandelhallen. Die Bauten verfallen, scheinen kaum noch zu retten. Auf der gegenüberliegenden Seite nimmt sich, wie ein Fingerzeig auf die bessere Zukunft, das **Hotel Villa Emma** aus. Eine gut restaurierte Jugendstilvilla, 1914 erbaut. Sie steht in unmittelbarer Nachbarschaft des ehemaligen **Parkhotels,** das 1914 eröffnet wurde und einstmals Treff-

punkt der betuchteren Kurgäste war. Zu DDR-Zeiten war das Hotel mit der Nachtbar »Kakadu« Treffpunkt der Dresdner Prominenz. Zur Zeit werden einige Räume als Galerie, Werkstatt und Veranstaltungsort für Tangokurse genutzt.

Geht man die Stechgrundstraße weiter in den Wald hinein, trifft der Spaziergänger auf einen *Konzertplatz*. Hier gab es in den 20er Jahren sonntags und während der Saison auch wochentags Kurkonzerte. Namhafte Schauspieler wie Paul Hörbiger, Theo Lingen oder der junge Heinz Rühmann erholten sich bei diesem Vergnügen. Eine Quelle mit dem gesunden Heidewasser findet sich 50 m von der Musikhalle entfernt. Nahebei liegt auch die Schwesterquelle und die Degelequelle.

Der Rundgang aber führt auf der gegenüberliegenden Seite der Bautzner Landstraße in die Straße *Plattleite*, die viele sehenswerte Stadtvillen säumen, in denen zum Teil Dresdner Prominenz wohnt. Rechter Hand kreuzt der Weg nach nur wenigen Schritten den Lahmannring. Hier logierten bis zum Zweiten Weltkrieg in zehn Villen die Kurgäste, die mit gesunder Kost, viel Bewegung und, falls nötig, mit psychotherapeutischer Unterstützung wieder fit gemacht wurden.

Der berühmteste Bewohner der Plattleite lebte fast am Ende der Straße: Manfred Baron von Ardenne. Etwas geheimnisumwittert war dieser Wissenschaftler schon, der zwar nie ein Studium absolvierte, es als Autodidakt aber auf rund 600 Patente und 34 Buchveröffentlichungen brachte. Seine größten Leistungen: die Entwicklung des Rasterelektronenmikroskops und die Mitarbeit an der ersten elektronischen Fernsehübertragung. In der Sowjetunion arbeitete er an der Entwicklung der Atombombe mit. Im Alter von 60 Jahren verschrieb sich Manfred von Ardenne der Forschung im Bereich der Medizin und der Biologie. So entwickelte er die Sauerstoffmehrschritttherapie und suchte nach einem Mittel gegen den Krebs. Für seine Verdienste erhielt Manfred von Ardenne mehrfach den Staatspreis der UdSSR und den Nationalpreis der DDR. Nicht ganz unwichtig, er sicherte sich ein mehrere tausend Quadratmeter großes Grundstück am Weißen Hirsch und gründete hier ein Forschungsinstitut, in dem in besten Zeiten 500 Mitarbeiter arbeiteten.

Übrigens: Im Haus Nr. 68 der Parallelstraße Rißweg, eine ehemalige Künstlerpension, schrieb Oskar Kokoschka das expressionistische Drama ›Mörder, Hoffnung der Frauen‹.

Schon vor dem Ardennenanwesen führt der Rundgang links in die Bergbahnstraße. Der Blick fällt auf den Turm der Villa San Remo auf dem Grundstück Nr. 12, die dem Kamerahersteller Charles Noble gehörte. Nobel hatte die Spiegelreflex-Kamera Praktika erfunden und 1936 ein Kamerawerk in Dresden übernommen. Vom Turm des Haus aus – so Gerüchte – soll Noble in der Nacht zum 13.2.1945 die alliierten Bomber per Funk geleitet haben. Noble geriet nach dem Krieg in russische Gefangenschaft und siedelte 1955 nach Amerika über. Übrigens: Sein Sohn George gründete 1992 in Dresden erneut eine Firma zur Herstellung von Fotokameras und brachte – wie schon sein Vater – von Dresden aus eine Weltneuheit auf den Markt, die Panoramakamera.

Unmittelbar neben der Villa lädt das **Restaurant Luisenhof** zur Rast ein. Von der Terrasse genießt man einen guten Blick über die Elbhänge und auf das ›Blaue Wunder‹. Schräg gegenüber die **Station der Bergseilbahn**, die hinunter bis zum Körnerplatz, dem Loschwitzer Zentrum, führt. Die Standseilbahn wurde 1895 eröffnet und ist nach der Restaurierung heute wieder in Betrieb.

Loschwitz

Der **Körnerplatz** bietet wie auf der Blasewitzer Seite der Schillerplatz eine geschlossene, vierstöckige Bebauung, die im Krieg weitgehend erhalten blieb. Leider ist der Körnerplatz durch den Verkehr von und zur Elbbrücke stark belastet, so daß man gut daran tut, in den Seitenstraßen um das Ortszentrum auf Entdeckungstour zu gehen.

Wären nicht die Autos, man könnte in Ruhe die *Schillerstraße* auf der Nordseite des Platzes hinaufgehen zum **Schillerhäuschen**, das als Erinnerungsstätte an den Aufenthalt Schillers bei der Familie Körner in den Jahren 1785–87 und 1801 eingerichtet ist (geöffnet nur Sa/So 10 bis 17 Uhr). Das Gebäude gehörte als Weinbergpavillon zum Grundstück der Familie Körner. Hier schrieb Friedrich Schiller das Drama ›Don Carlos‹. Empfehlenswert ist auch ein kurzer Gang in den ruhigen **Körnerweg**, der von der Nordwestseite des Körnerplatzes in die Elbauen führt. Wer per Fahrrad oder per Fuß eine Wanderung unternehmen möchte, der kann über diesen Körnerweg in reizvoller Umgebung vom Stadtzentrum nach Loschwitz gelangen.

Mit der Nr. 6 findet sich am Körnerweg das **Körnerhaus**, ein ehemaliges Weinberghaus, das der Familie Christian Gottfried Körners als Sommerresidenz diente. Bürgerliche Öffentlichkeit, das heißt rationales Gespräch, engagierte Diskussion und praktische Toleranz, nahm in den ersten Jahrzehnten des 19. Jh. ihren Ausgang in den berühmten Freundeskreisen und in den gastfreien Häusern. Hier zählte nicht die Geburt, hier zählte nur edle Gesinnung und erworbener Verdienst. Der Oberkonsistorialrat Christian Gottfried Körner (1756–1831) führte ein solches Haus. Goethe, Mozart, Herder, die Gebrüder Humboldt, Novalis, Kleist, sie alle waren bei den Körners zu Gast und pflegten hier den Gedankenaustausch. Im Jahr 1791 wurde der Sohn Theodor Körner geboren, der vor allem als Stimme im Befreiungskampf gegen die napoleonische Herrschaft bekannt wurde. Nach dem Studium in Jena arbeite-

Schwebebahn zur Loschwitzhöhe und Elbbrücke ›Blaues Wunder‹

te er 1812 als Burgtheaterdichter. Theodor Körner fiel 1813 als Freikorpssoldat in Mecklenburg. Der Brunnen vor dem Schillerhäuschen stellt im Relief die Abschiedsszene Schillers und Theodor Körners dar.

Weiter den Körnerweg hinunter findet sich kurz vor der Ecke Heilstettenweg das **Weinberghaus Johann Melchior Dinglingers** (1664–1731). Dinglinger brachte es als Juwelier zu einem Vermögen und machte sich einen Namen, indem er im Auftrag Augusts des Starken den berühmten Tafelaufsatz ›Der Geburtstag des Großmoguls‹ schuf. Das Haus, das mit der goldenen Kuppel und der Wetterfahne nicht zu verfehlen ist, ging Mitte des vorigen Jahrhunderts in den Besitz des Industriellen Wunderlich über.

Die Dammstraße, die auf der entgegengesetzten Seite des Körnerplatzes abgeht, führt zur Friedrich-Wieck-Straße Nr. 10, dem **Wohnhaus Friedrich Wiecks**. Der Musikpädagoge wäre der Nachwelt wohl kaum bekannt, wenn er nicht eine Tochter gehabt hätte, die als Clara Schumann, geborene Wieck (1819–96), deutsche Musikgeschichte schrieb. Robert und Clara Schumann lebten eine tragische Liebesgeschichte, wie für einen Film ausgedacht oder nur in empfindsam-romantischen Jahrzehnten möglich. Friedrich Wieck, der seine Tochter von frühester Jugend

Fachwerkhaus ›Rote Amsel‹ (Leonhardi-Museum) in Loschwitz

an zur Pianistin ausgebildet hatte, stellte sich gegen die Hochzeit mit Robert Schumann. Erst nach langen Jahren gab er diesen Widerstand auf. Robert Schumann (1810–56) lebte mit seiner Frau vom Dezember 1844 bis zum September 1850 in Dresden. Friedrich Wieck wohnte ab 1840 in der Elbstadt, lange Jahre vor seinem Tod 1873 in dem Haus in der Friedrich-Wieck-Straße.

Einen Eindruck von dem alten Dorf mit Fährhaus (1697) erhält der Besucher, geht er die Friedrich-Wieck-Straße weiter hinunter. Sie vermittelt noch die Atmosphäre des alten Dorfkerns von Altloschwitz. Die kleine Straße führt direkt zum Elbufer und damit zu den Biergärten Körnergarten und Elbe Hotel Garten, der sich vor der Ruine der alten Gaststätte Demnitz befindet. Über den Körnerplatz in Richtung Nordwesten geht der Rundgang nun die Grundstraße entlang zum Fachwerkhaus **Rote Amsel** mit dem *Leonhardi-Museum*, das an den Maler Eduard Leonhardi (1828–1905) erinnert.

Ganz in der Nähe, im Veilchenweg, dann die Talstation der **Bergschwebebahn**, die hier ab 1899 in fast zweijähriger Bauzeit zur *Loschwitzhöhe*, genauer zur Gaststätte und dem Hotel ›Schöne Aussicht‹, hinaufgebaut wurde. Die Schwebebahn war seinerzeit eine Sensation, obwohl sie nur auf einer

Strecke von 273,8 m einen Höhenunterschied von 84,2 m überwindet: sie war einfach die erste Bergschwebebahn der Welt.

Bisher ist es im Betrieb der Schwebebahn zu keinen nennenswerten Unfällen gekommen. Es gab nur leichte Havarien, und am 12. Mai 1908 riß zum ersten Mal ein Zugseil. Die Schwebebahn, die ihre Funktion im innerstädtischen Verkehrsnetz 1972 verlor, steht seit 1975 unter Denkmalschutz. Eine gründliche Renovierung nahm ab 1984 sieben Jahre in Anspruch, weil die Dresdner Firmen, die die Bahn überholten, diese Aufgabe neben ihrer Verpflichtung zur Planerfüllung übernahmen. Unmittelbar neben der Talstation steht die **Loschwitzer Kirche**, 1705–08 von George Bähr und J. Ch. Fehre d. Ä. erbaut.

Ein ganzes Stück Wegs die Pillnitzer Landstraße hinunter entdeckt der Besucher unter der Nr. 59 das sogenannte **Künstlerhaus**. 1897/98 ließ der Architekt Martin Pietzsch hier ein fünfgeschossiges Wohnhaus mit 16 Ateliers erbauen. Noch heute leben und arbeiten in diesem Haus Dresdner Künstler. Gegenüber auf dem *Loschwitzer Friedhof* befinden sich u. a. die Gräber von Eduard Leonhardi, Josef Hegenbarth (1884–1962) und Hermann Glöckner (1889–1987).

Loschwitzer Brücke ›Blaues Wunder‹

Blasewitz

Seit alter Zeit verband eine Fähre die Elborte Loschwitz und Blasewitz. Seit 1893 überspannt strompfeilerfrei das ›**Blaue Wunder**‹ mit einer Weite von 141,5 m – zwischen den Uferpfeilern – die Elbe (Bauingenieure Claus Köpcke und H. M. Krüger). 3500 t wiegt die Stahlkonstruktion, der man zur Einweihung wenig traute. Bevor die Brücke der Öffentlichkeit übergeben wurde, mußte sie eine Belastungsprobe überstehen – drei Dampfwalzen, sechs vierspännige Pferdewagen, drei mit Steinen vollbeladene Straßenbahnloren, ein vollbesetzter Straßenbahnwagen, vier gefüllte Wassersprengwagen nebst Fußvolk wurden auf der Brücke postiert.

Um die Herkunft des Namens ›Blaues Wunder‹ zu verstehen, braucht der Besucher nur bei Sonnenschein die Brückenkonstruktion zu betrachten. Der erste Anstrich der Brücke verfärbte sich überraschend ins Bläuliche. Bei den folgenden Anstrichen wählte man dann diese Farbe bewußt. 1985 wurde aus Sicherheitsgründen der Straßenbahnverkehr über die Brücke eingestellt.

Der Rundgang führt über die Brücke, von der man wieder einen ganz eigenen Blick ins Elbtal hat, weiter zum **Schillerplatz**. Nur hier

Schloß Albrechtsberg am Elbhang

Nichts für Kalorienbewußte

Sächsische Küche

Äberlausitzer Schälklöße, Braunbierkaltschale und als Nachspeise Quarkkeulchen sind allenthalben im Angebot. Es scheint, die sächsische Küche feiert eine Renaissance; kaum ein Restaurant in Dresden und Umgebung, das nicht mit sächsischer Küche Gäste zu gewinnen sucht. Bedauernswert, wer sich – gehemmt durch Kalorienbewußtsein – angesichts der herzhaften, bodenständigen und deftigen Speisen zurückhalten muß. Manfred Schönwolf, Küchenchef im Fischerhaus Alberthafen: »Manchmal ist sie üppig und barock wie zu Zeiten des starken August, und dann wieder selbstbewußt bürgerlich. Der Austausch mit Polen und Böhmen hat sie ungeheuer bereichert.«

Wer beim Thema sächsische Küche mitreden möchte, muß zumindest probiert haben: *Dresdner Zwiebelfleisch, Sächsisches Suppenfleisch, Altsächsischen Schweinebauch* und *Dresdner Sauerbraten.* Nicht zu vergessen die *sächsische Kartoffelsuppe,* zu deren Zutaten auch geräuchertes Schweinefleisch, frischer Majoran und Gemüse gehören.

am Schillerplatz findet sich in Blasewitz eine geschlossene, städtische Bebauung; typisch für den Vorort sind die bürgerlichen Villen, die ab 1860 errichtet wurden. Im Jahr 1900 wurden 1774 Häuser in Blasewitz gezählt, 1714 davon wurden als Villen eingeordnet.

Die kleineren Bauten an der Längsseite des Schillerplatzes erinnern daran, daß hier einst der Dorfplatz des Ortes Blasewitz lag. Am Ausgang der Brücke, unmittelbar am Elbufer, liegt die Gaststätte ›Schillergarten‹, in der Friedrich Schiller verkehrte. Die Serviertochter Justine Renner (geb. Segedin) soll es dem Dichter derart angetan haben, daß er ihr in dem Drama ›Wallenstein‹ als *Gustl aus Blasewitz* ein Denkmal setzte. Die Stadtväter von Blasewitz sahen sich daraufhin veranlaßt, die berühmte Tochter des Ortes am Rathaus auf dem Schillerplatz mit einem *Denkmal* zu ehren.

Blasewitz war der Wohnort der reicheren Dresdner. So erklären sich auch die Animositäten zwischen der Residenzstadt und dem einstmals unabhängigen Dorf vor der Stadtgrenze, in dem der Steuersatz erheblich niedriger lag als in der Residenzstadt. Die Stadt Dresden war über ihre gutbetuchten Steuerflüchtlinge derart erbost, daß sie

Hochgeschätzt wird auch die sächsische Backkunst, allem voran der *Dresdner Stollen,* auch *Striezel* genannt. Einstmals ein Fastengebäck, das nur auf dem Striezelmarkt in Dresden zu erwerben war, wurde der Striezel zum leckeren Weihnachtsstollen, mit Mandeln, Rosinen und Orangeat verfeinert. Eine weitere Spezialität in Dresden ist der *Baumkuchen* der Traditionskonditorei Kreuzkamm am Altmarkt.

Abgerundet wird ein sächsisches Menü mit einem Glas trockenen *Elbwein.* Die Weine aus dem Gebiet Meißen und Dresden/Pillnitz, dem kleinsten und nördlichsten Weinbaugebiet Europas, waren bis zur Wende vornehmlich den DDR-Oberen und ihren Gästen vorbehalten. Heute werden die diversen Wein- und Sektsorten bei Weinproben zur Verkostung angeboten (z. B. in den Weinbergen von Radebeul) und stehen zum Kauf. Passionierte Biertrinker können inzwischen ein würziges *Radeberger Pils,* das bei Dresden gebraut wird, genießen. Dresden gilt als eine der ostdeutschen Top-Adressen in Sachen kulinarischer Genuß: So gibt es in der sächischen Metropole mehr Restaurants – vor allem im gehobenen Segment – als vergleichsweise in Nürnberg. Ein Wermutstropfen: Viele Top-Restaurants klagen über zu wenig Gäste – trotz ausgezeichneter Küche.

Blasewitzer Kindern den Besuch des städtischen Gymnasiums verwehrte und es der Dresdner Feuerwehr untersagte, auf Blasewitzer Grund zur Feuerbekämpfung anzutreten. Das Wachstum der Stadt Dresden aber machte diesem ein Ende, 1921 wurde Blasewitz eingemeindet.

Für Fans der Villenbauweise ist ein Rundgang durch den Ort zu empfehlen. Die schönsten Villen finden sich: Loschwitzer Str. 21 (Villa Petersberg) und Nr. 37; Lothringer Weg Nr. 1; Händelallee Nr. 14 und 16; Mendelsohnallee Nr. 24 und 34; Alemannenstr. Nr. 1; Goetheallee Nr. 12, 18, 22, 23, 55; Vogesenweg Nr. 4 und 8.

Vom Schillerplatz bringt eine Straßenbahn den Besucher wieder zurück in die Stadtmitte. Wer noch genügend Energie besitzt: der *Leinpfad* unmittelbar an der Elbe bietet eine gute Aussicht auf die Loschwitzer Villen und Elbschlösser und ist als Wander- oder Radweg sehr zu empfehlen.

Elbschlösser und eine Landschaft zum Verlieben

Fährt man mit dem Schiff die Elbe Richtung Pillnitz hinaus, sind vier Bauwerke an den Elbhängen am linken Ufer schon von weitem zu sehen, und zwar zum einen die drei Elbschlösser, bei denen landschaftlicher Reiz und architektonische Gestaltung einander ergänzen: Schloß Albrechtsberg, Villa Stockhausen, Schloß Eckberg. Hinzu kommt, links neben Schloß Albrechtsberg, die Saloppe, das erste Wasserwerk der Stadt Dresden. Es wurde 1871 im Stil der französischen Renaissance errichtet. Die Anlage war damals eine Sensation, war es doch dem Ingenieur Bernhard Salbach gelungen, das Wasser mittels Dampfkraft in einen Hochbehälter zu heben. Seine Erfindung löste andere Arten der Wassergewinnung ab.

Graf Findlater – oder genauer Lord James Ogilvy, 7. Earl of Findlater, Viscount of Reidhaven – hatte sich im Jahr 1803 in die Loschwitzer Weinberge zwischen Mordgrund und Schotengrund verliebt und wollte sämtliche Grundstücke an diesen sogleich erwerben. Hinderlich war nur, daß bereits seit der Zeit um 1660 das Gelände Angehörigen des Hofes gehörte, die dort in ihren Landhäusern die Sommerfrische verbrachten. Aber der schwerreiche schottische Lord, der wegen seiner Homosexualität sein Heimatland verlassen mußte und so, bis er um 1800 in Dresden auftauchte, zum Weltenbummler wurde, gab nicht auf. Mit allen Finessen und einem verlockend prall gefüllten Geldbeutel erstand er fünf der acht Loschwitzer Weinberge und ließ sich dort häuslich nieder. Ein kurzes Glück. Nur fünf Jahre nachdem er die Weinberge erworben hatte, und kurz nachdem sein elegantes Palais 1811 fertiggestellt worden war, starb der reiche Lord. Er wurde auf dem Loschwitzer Friedhof begraben.

Der riesige Findlaterbesitz wurde nach dem Tod des Lords in einzelne Grundstücke aufgeteilt. Reiche Kaufleute, Hofräte, Verleger (darunter auch Herr Brockhaus) und Hoteliers kauften sich ein. Findlaters Palais wurde für kurze Zeit eine beliebte Ausflugsstätte, die so prominente Zeitgenossen wie E. T. A. Hoffmann, Jean Paul, Richard Wagner und Gottfried Semper besuchten.

Mitte des 19. Jh. erwarb Freifrau von Stockhausen als Hofmarschallin für ihren Herrn, den Prinzen Albrecht von Preußen, das Findlatersche Palais. Prinz Albrecht von Preußen, Sohn der Preußenkönigin Luise und Bruder des späteren Kaisers Wilhelm I., hatte sich in die nicht standesgemäße Rosalie von Rauch verliebt und wollte sich scheiden lassen. Konsequenz am preußischen Königshof: der Prinz mußte außer Landes gehen. Zur damaligen Zeit reichte es da, von Berlin in die nächste Königsresidenz Dresden umzuziehen.

Für rund 3,5 Mill. Goldmark ließ Prinz Albrecht das Palais, heute **Schloß Albrechtsberg**, als zukünftiges Domizil für sich und seine zweite Gemahlin vom Schinkelschüler Adolf Lohse im spätklassizistischen Stil, mit mehreren Terrassen und einem Park im englischen Stil um- und ausbauen.

Bis 1925 bewohnten die Söhne des Preußenprinzen Albrecht das Schloß, dessen Anlage mit den beiden seitlichen Türmen bis heute unverändert erhalten ist. Im Zweiten Weltkrieg quartierte sich hier der Volkssturm ein, nach Kriegsende übernahm eine russische Handelsgesellschaft den Besitz, dann folgte die DDR-Pionierorganisation. Tennisplatz, Laube und das Brunnenhäuschen sind heute aus der Parkanlage verschwunden, immerhin ist aber das Schloß von Grund auf renoviert worden. Erhalten geblieben ist das orientalisch ausgestattete Römische Bad mit Säulen und Ornamenttapeten. Im Schloß sind heute die Städtische Jugend-Kunstschule sowie die Hotel- und Gaststätten-Fachschule unterbracht. Darüber hinaus finden in dem Gebäude öffentliche Konzerte, Kongresse und Kulturveranstaltungen statt.

Villa Stockhausen, eigens für die rührige Hofmarschallin errichtet (Adolf Lohse, 1850–52), wurde bereits 1891 von dem Nähmaschinenfabrikanten Carl Naumann gekauft. Drei Jahre später ging die Villa an Karl August Ferdinand Lingner. In den Augen seiner Zeitgenossen war der Erfinder des Mundwassers ›Odol‹ ein etwas wunderlicher Mann, ließ er doch auf seinem Grundstück einen Zoo mit allerlei kreischenden Vögeln anlegen, fuhr er zum Entsetzen seiner Nachbarn ein knatterndes Automobil und ließ sich von einer eigens für ihn angelegten Standseilbahn von der Kaimauer am Elbufer zu seiner Terrasse hinauffahren. Der hochdekorierte Lingner, der sich als Mäzen bei verschiedenen Projekten hervortat, liebte Festivitäten. Er trug eigenwillig zum Gelingen der Feiern bei, indem er auf einer seiner drei Orgeln spielte und sein Spiel per eigens zu diesem Zwecke entwickeltem Telefon in entferntere Räume der Villa übertragen ließ. Lingner starb 1916 und wurde im Mausoleum auf dem Grundstück beigesetzt. Seinen Besitz erbte die Stadt Dresden. Die Villa, auch *Lingner-Schloß* genannt, beherbergte nach dem Krieg ein Studentenwohnheim und später den ›Klub der Intelligenz‹, einen exklusiven Treff der Dresdner Elite, für den das Innere der Villa umgestaltet wurde.

Den **Eckberg,** eines der Grundstücke, die Findlater gekauft hatte, erstand im Jahr 1858 der Kaufmann John Daniel Souchay, der hier ein **Schloß** im Stil der englischen Gotik erbauen ließ. Heute findet sich in dem Schloß das First-Class-Hotel Schloß Eckberg, zu dem ein erstklassiges Restaurant gehört. Wer zum Menü auf der Restaurantterrasse sitzt, wird sich in Zeiten zurückversetzt fühlen, als einer der Nachbarn noch Prinz Albrecht hieß und Herr Lingner auf seiner Orgel spielte.

i **Information:** Schloß Eckberg (Hotel), Bautzner Str., 01099 DD, ✆ 03 51/8 09 90 , Fax 8 09 91 99.
Schloß Albrechtsberg, Bautzner Str. 130, 01099 DD. Führungen: Sa 13–16/17, So 11–14 Uhr im Rahmen von Führungen (stündlich), unter der Woche nur mit Anmeldung unter ✆ 03 51/8 04 56 55.

Ausflüge in die Umgebung

Barocke Schlösser, Weinberge und Indianer – Moritzburg, Pillnitz, Radebeul

Meißen – Von der Wiege Sachsens zum Stadtdenkmal

Als hätten da die Engel im Sande gespielt – Die Sächsische Schweiz

Kurort Rathen in der Sächsischen Schweiz

Barocke Schlösser, Weinberge und Indianer – Moritzburg, Pillnitz, Radebeul

Kein barocker Herrscher ohne seine Prachtschlösser in der Umgebung der Residenzstadt. Die Fahrten zum Jagdschloß Moritzburg und zum Wasserschloß Pillnitz gehören zu einem Dresdenbesuch wie der Abend in der Semperoper. Aber was macht da ein Indianermuseum in Radebeul? Karl May läßt grüßen.

Moritzburg und Schloß Pillnitz – die beiden Schloßanlagen in der näheren Umgebung Dresdens bzw. am Stadtrand bieten das, was viele Besucher der Elbstadt vermissen: Barock pur. Hier ist der Lebensentwurf voller Lust – immer auch eine Einheit von Bauwerk und umgebender Landschaft – erhalten, unbeschadet von Bauprojekten einer prosperierenden Stadt und vom Bombenkrieg. In Radebeul findet sich ein anderes Element, das den Ruhm Dresdens und des Elbtals begründete: die Weinberge mit ihren Weingütern. Einmal in Radebeul, sollte man dem Karl-May-Museum einen kurzen Besuch abstatten, obwohl dieser bedeutende deutsche Volksschriftsteller mit Dresdner Tradition so wenig zu tun hat wie sein Häuptling Winnetou mit den Ureinwohnern Nordamerikas.

Moritzburg – Fest des Jagens und Fischens

Moritzburg bietet mehr – ein prächtiges Jagdschloß inmitten eines Sees, ein Fasanenschlößchen mit künstlich angelegtem Hafen samt Anleger und Leuchtturm, ein ausgedehntes Jagdrevier und eine Teichlandschaft. Dieses Ensemble ist ein Musterbeispiel für die Einheit von Bauwerk und Landschaft. Eine Einheit, die den stimmigen Hintergrund für Feste und Jagdgesellschaften des augusteischen Hofes abgab.

Um sich in das Ensemble einzufinden, sollte der Besucher – leider ist die Fahrt nicht mehr per Kutsche möglich – aus Dresden über die Großenhainer Straße, Moritzburger Landstraße und Dresdner Straße nach Moritzburg fahren. Eine schnurgerade **Allee,** angelegt um

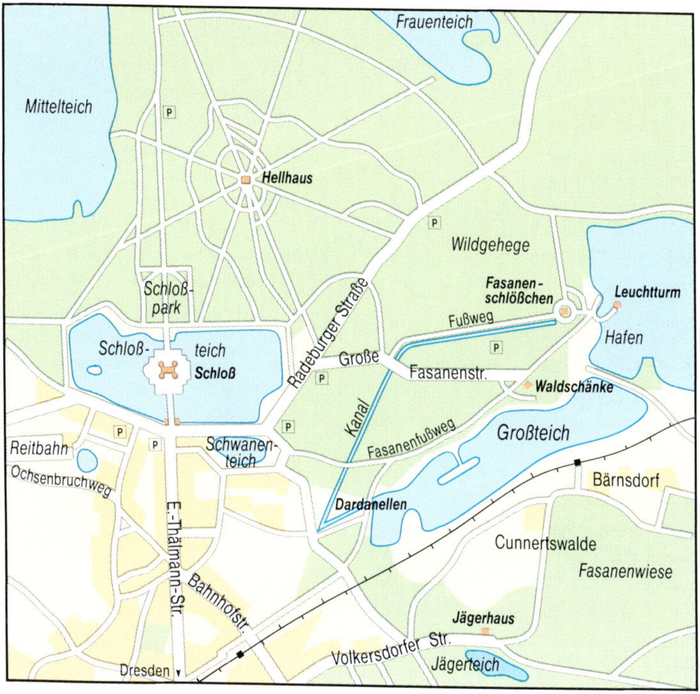

Moritzburg und Umgebung

das Jahr 1727 von Pöppelmann, führt unmittelbar vor die Hauptfront des Wasserschlosses Moritzburg. Ein charakteristisches Merkmal der Moritzburger Anlage sollten die Besucher – in besten Zeiten erschien die Dresdner Hofgesellschaft fast wöchentlich in Moritzburg – gleich bei der Einfahrt spüren: hier wurde planvoll gebaut, hier herrschte Harmonie durch Symmetrie in der Anlage.

Das Wasserschloß Moritzburg wird später vorgestellt, die Anlage des Schlosses wird nämlich erst verständlich, wendet man sich vorher einer Attraktion des Ensembles zu: dem **Jagdstern** mit dem Hellhaus, gleich hinter dem Schloß als das Tor zum wildreichen **Friedewald.** Für die höfische Gesellschaft, die nicht freie, sondern gestaltete Natur suchte, war natürlich nur das kleinen Waldareal hinterm Schloß von Interesse, in dem neun Schneisen sternförmig auf das **Hellhaus,** das Jagdbelvedere, zulaufen. Auf dem Dach des Belvederes standen die Höflinge samt ihren Damen und schauten der Jagd zu. Nicht einsame Pirsch und waidmännischer Schuß in unberührter Natur, sondern angefüttertes Wild vor großer Kulisse zu Tode zu bringen, das entsprach der damaligen Auffassung von Jagd. So trieben Gehilfen die Tiere durch die Schneisen unmittelbar vor das Belvedere oder hetzten die Beute so lange, bis die hohen Herren sie ohne Mühe erlegen konnte. So ist auch verständlich, daß um den Jagdstern ein rund 2000 ha großes Wildrevier, umschlossen mit einer Wildmauer, angelegt worden war. Die Wettiner Fürsten waren ja immerhin Träger der ›Obrist-Reichs-Jägermeisterwürde‹, damit erblich die ranghöchsten Jäger in deutschen Landen. Das **Wildgehege** wurde dann im Jahr 1693 auf einer Fläche von 50 ha angelegt und im 19. Jh. sogar auf 1400 ha vergrößert.

In östlicher Richtung von Schloß Moritzburg liegt ein weiterer Höhepunkt des Moritzburger Ensembles: das **Fasanenschlößchen**. Zur barocken Schloßanlage gehörte seinerzeit auch ein Fasanengarten. Erbaut wurde das Fasanenschlößchen, das im Grundriß nur eine Fläche von 13,4 m² bedeckt, auf Befehl von Kurfürst Friedrich August III. 1769–72. Chinoiserien um den zierlichen Bau und eine Innenausstattung im gleichen Stil geben einen Eindruck von der Faszination durch den Fernen Osten zur Bauzeit des Schlößchens (das Gebäude wird zur Zeit restauriert).

Welche Möglichkeiten Moritzburg zur Anlage eines barocken Schloßensembles bot, zeigt sich erst im Gelände rund um das Fasanenschlößchen. In den sumpfigen Flurstücken des Friedewaldes ließ Herzog Georg der Bärtige um das Jahr 1500 **Teiche** anstauen, die vor

Fasanenschlößchen im Park

allem der Zucht des Karpfens, zu dieser Zeit eine königliche Delikatesse, dienten. Zwischen 1650 und 1750 wuchs das Teichsystem immerhin auf 40 bis 50 Teiche, die alle untereinander verbunden waren, so daß ertragreich abgefischt werden konnte.

Kurfürst Friedrich August III. (seit 1806 König Friedrich August I.) nutzte den landschaftlichen Reiz – Fasanengarten und Wasser – dann Anfang des 19. Jh. zur Anlage eines **künstlichen Hafens mit Leuchtturm.** Dazu kam noch eine artifizielle Ruinenanlage, die sogenannten **Dardanellen.** Hier ließen sich verträumte Gondelfahrten oder auch Seeschlachten inszenieren.

Zum Gesamtbauwerk Moritzburg zählen zwei weitere Anlagen: die **Waldschänke,** die schon für das Jahr 1770 als Jagdhaus mit »Schank« bezeugt ist und heute als historische Gaststätte geführt wird, und das **Sächsische Landgestüt,** das auf die Anlage von Pferdeställen im Jahr 1733 zurückgeht. 1828 wurde hier das Landgestüt mit Zuchthengsten eingerichtet, das heute vor allem in der Zucht von Kaltbluthengsten für die Forstwirtschaft und von Warmbluthengsten für Dressur und Springreiten Bedeutung gewinnt.

Eine Attraktion ganz anderer Art ist die **Sächsische Schmalspurbahn** (›Lößnitzdackel‹), die von Radebeul durch den Lößnitzgrund über Moritzburg nach Radeburg fährt. 1884 wurde diese drittälteste Schmalspurbahn Deutschlands in Betrieb genommen.

Rundgang im Schloß Moritzburg

Inmitten des 980 m mal 340 m großen Schloßteichs liegt das Jagdschloß Moritzburg, das in seinem Kern noch das erste Renaissanceschloß, angelegt um das Jahr 1545 unter Herzog Moritz von Sachsen, birgt. Dieses Gebäude zeigte schon damals die vier mächtigen Rundtürme, die auch das heutige Schloßensemble, das sich im Grundriß wie ein H ausnimmt, kennzeichnen. Beeindruckend: Nicht nur die beiden Gebäudehälften spiegeln einander, im Schloßteich findet dieser Effekt seine Krönung, reflektiert er doch die Gesamtanlage in Vollendung.

In den Jahren 1723–27 ließ August der Starke, zu der Zeit schon König von Polen, durch Matthäus Daniel Pöppelmann unter Mitarbeit von Longuelune und Jean de Bodt Schloß Moritzburg ausbauen. Da August zum Katholizismus übergetreten war, um König von Polen werden zu können, ließ er hier in Schloß Moritzburg die protestantische **Schloßkapelle** (Architekt W. C. Klengel, 1661–71) im Jahr 1699 von katholischen Priestern ein zweites Mal weihen. Den protestantischen Bürgern seiner Residenzstadt Dresden mochte er eine katholische Kirche nicht zumuten. In der Schloßkapelle findet sich heute die Mamorstatue ›Gegeißelter Christus‹, 1725 von Permoser geschaffen.

Rund um das Schloß schmücken Plastiken mit Tier- und Jagdmotiven, wie zum Beispiel die beiden Hüfthorn blasenden Jäger auf der Zufahrt, die Anlage. Umsäumt wird

Jagdschloß Moritzburg

das Schloß von acht ehemaligen *Wächterhäuschen* im französischen Stil. Das Schloß ist heute in den Farben des sächsischen Barocks Ocker und Weiß gehalten. Seit dem Ende des Zweiten Weltkrieges ist Schloß Moritzburg als Museum des Sächsischen Barocks in staatlichem Besitz.

Im Innern des Schlosses ist die Ausstattung aus der Zeit Augusts des Starken erhalten. Das Schloß wurde im Zweiten Weltkrieg nicht zerstört. Eine Rarität ist die im ersten Stock fast überall erhaltene Lederwandbespannung aus dem Anfang des 18. Jh., mit Blattsilber und leuchtenden Farben bemalt. Themen sind auch hier Szenen rund um die Jagd. Beeindruckend wirken die *Rothirschtrophäensammlungen,* die sich an den Wänden mehrerer Räume finden. Hervorzuheben der berühmte 66-Ender, den Friedrich III. von Brandenburg im Jahr 1696 geschossen hat, sowie die Trophäe eines vermutlich 10 000 Jahre alten Riesenhirschs, die Zar Peter I. von Rußland dem

Kurfürsten schenkte. Unter den *Gemälden* fallen die Werke von Louis de Silvestre und Lucas Cranach d. J. auf. Komplettiert wird die Innenausstattung durch kostbare Barockmöbel.

Das **Porzellanquartier,** 1926 angelegt und im Jägerturm untergebracht, zeigt die Entwicklung des Meißener Porzellans. Außerdem gibt es Ausstellungen über die Wohnkultur des 18. Jh. und die Geschichte der Anlage. Zu Gast im Schloß war die Grafikerin und Bildhauerin Käthe Kollwitz. Prinz Ernst Heinrich von Sachsen hatte der Künstlerin 1944 im nahe gelegenen *Rüdenhof* eine Wohnung zur Verfügung gestellt, in der Käthe Kollwitz 1945 im Alter von 77 Jahren starb. Die Räume des Rüdenhofs wurden restauriert und 1995 als Käthe-Kollwitz-Museum eröffnet.

Information: Tourist-Information, Schloßallee 3b, 01468 Moritzburg, ✆ 03 52 07/8 54-0, Fax 8 54 20.

Museen: Schloß Moritzburg, ✆ 03 52 07/85 40, Apr.–Okt. Di–So 9–17.30 Uhr, Nov.–März Di–So nur stündliche Rundgänge 10–16 Uhr, Januar nur Sa/So geöffnet. In den Kavaliershäuschen finden nicht nur Ausstellungen statt (Öffnungszeiten wie Schloß), sie sind auch als Unterkunft zu mieten, Info: ✆ 03 52 07/87 30. Wildgehege, ✆ 03 52 07/8 14 88, März–Okt. tägl. 9–18, Nov.–Feb. tägl. 9–16 Uhr.
Käthe-Kollwitz-Museum, Rüdenhof, ✆ 03 52 07/8 28 18. April–Okt. Di–Fr 11–17, Sa, So 10–17, Nov.–März verkürzte Öffnungszeiten.

Hotels/Restaurants: Churfürstliche Waldschänke Moritzburg, Große Fasanenstr., Moritzburg, ✆ 03 52 07/86 00, Fax 8 60 93, Hotel: EZ ab 125 DM, DZ ab 160 DM, Restaurant (Wildspezialitäten) tägl. bis 22 Uhr, schön gelegene Terrassen. Ideal für Tages- oder Wochenendausflug.
Hotel garni Sonnenhof, August-Bebel-Str. 69, 01468 Moritzburg/OT Reichenberg, ✆ 03 51/8 30 55 27, Fax 8 30 54 69. EZ ab 90 DM, DZ ab 130 DM.

Radfahren: Fahrradverleih, Bahnhof Moritzburg, tägl. 7–18 Uhr.

Verkehrsverbindungen: Sächsische Schmalspurbahn, Strecke von Radebeul-Ost über Moritzburg nach Radeburg und zurück; Museumszug aus den Jahren 1885–1929 am Bahnhof Radebeul-Ost; ständige Ausstellung über die Sächsische Schmalspurbahn im Bahnhof Radeburg, Info: ✆ 03 51/46 14 80 01.

Veranstaltungen: Hengstparaden, Sächsisches Landesgestüt Moritzburg, ✆ 03 52 07/8 14 07, 1., 2. und 3. Sonntag im Sept.
Moritzburger Fischzug: Abfischen der Moritzburger Teiche meistens am letzten Wochenende im Okt.

Schloß Pillnitz

Was in Moritzburg die Pöppelmannallee als Einfahrt, ist in Pillnitz die Elbe. Nur wer per Schiff anreist, erlebt die Hauptfassade des Wasserpalais mit den geschwungenen Dächern und der Freitreppe zum Elbufer aus der Perspektive, die die Architekten bei der Planung im Auge

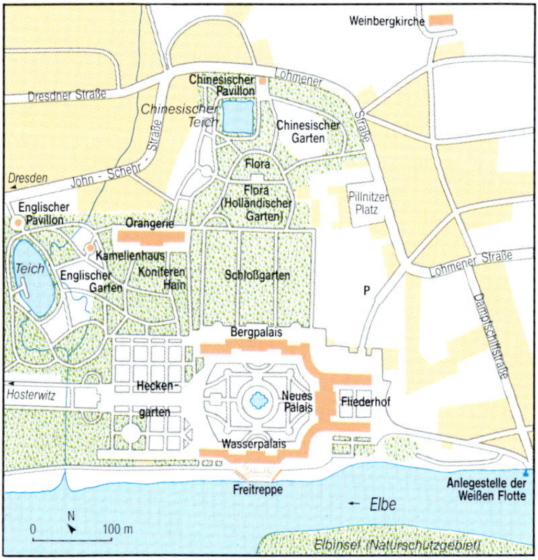

Schloß und Park Pillnitz

hatten. Von der Elbfront führt der Weg in die Schloßanlage mit Bergpalais, Neuem Palais, Fliederhof, dem Chinesischen Pavillon, der Orangerie und verschiedenen Gärten. Zu Besuch in Pillnitz, sollte man die nahe gelegenen Weinberge Augusts des Starken mit einer *Weinbergkirche*, die *Gedenkstätte Carl Maria von Webers* und die *Pfarrkirche Maria am Wasser (›Schifferkirche‹)* im benachbarten Ortsteil *Hosterwitz* nicht versäumen. Einige Kilometer entfernt, in *Graupa*, wartet außerdem die *Wagnergedenkstätte Lohengrinhaus*, in dem Richard Wagner 1846 seine Oper ›Lohengrin‹ komponierte, auf Besucher.

Zurück zur Anlage Schloß Pillnitz. August der Starke, auf den die heutige Form der Schloßanlage zurückgeht, fand nicht als erster an dem Rittergut Gefallen, das romantisch in den Pillnitzer Weinbergen lag. Im Jahr 1694 kaufte sein Bruder Johann Georg IV. das Areal, auf dem ein Renaissanceschloß stand. Er schenkte es seiner Mätresse Magdalene Sybille von Neitschütz. Nur wenige Monate später aber starben Kurfürst und Mätresse an den Blattern. August wurde Kurfürst.

Der traurige Ausgang der großen Liebe seines Bruders hinderte August den Starken nicht im mindesten, das Anwesen schon 1706 wiederum einer Mätresse zu schenken, der vielbeschriebenen Gräfin Cosel (s. S. 143, 182). Die

Cosel verlor jedoch die Gunst des Kurfürsten und floh aus Sachsen. August zog ihr Eigentum, also auch Schloß Pillnitz, ein.

August plante dennoch weiter: Er wollte ein »orientalisches Lustgebäude«, ein »indianisches Palais gegen die Elbe und die Berge«. Nach dem sogenannten ›Großen Plan‹ – einer Gesamtkonzeption, an der August mitgearbeitet hatte – wurde ab 1720 unter der Leitung von Pöppelmann und Longuelune mit der Arbeit an den Mittelbauten von Wasserpalais und Bergpalais begonnen. Zu Lebzeiten Augusts des Starken wurde zwar nur rund ein Sechstel der Anlage errichtet, das hinderte ihn jedoch nicht, hier die glanzvolle Hochzeit seiner Tochter Auguste Constantia zu feiern.

Die Generationen nach August dem Starken bauten Schloß Pillnitz nach und nach als Sommersitz aus. Auch ein bißchen Weltgeschichte wurde hier geschrieben: Vom 25. bis zum 27. August 1791 trafen sich an diesem Ort, beunruhigt durch die Französische Revolution, die Monarchen Preußens, Österreichs und Sachsens. Sie versicherten sich bei dieser Konferenz zwar gegenseitig der Notwendigkeit, gegen das revolutionäre Frankreich vorzugehen, konnten sich jedoch nicht auf ein gemeinsames, entschiedenes Vorgehen einigen. Grund genug für Napoleon, der im Jahr 1812 in Pillnitz weilte, das Bonmot von sich zu geben: »Hier wurde ich geboren.« Hätten die Monarchen gemeinsam gehandelt, wäre möglicherweise das Haus Bourbon in Frankreich wieder an die Macht gekommen. Napoleon hätte den Marschallsstab wohl weiter im Tornister tragen müssen.

Seit der Abdankung des sächsischen Königs im Jahr 1918 befindet sich Schloß Pillnitz in staatlichem Besitz. Das Ensemble diente als Heimstätte einer Künstlerkolonie, dann als Ausstellungsort Dresdner Kunstschätze und bietet heute neben abendlichen Konzerten ein Museum für Kunstgewerbe.

Auch wenn man nicht per Elbdampfer angereist ist, die weitgeschwungene **Treppe** vom Wasserpalais zur Elbe, angelegt 1725, ist Ausgangspunkt aller Rundgänge durch Pillnitz. Hier legten einst, begrüßt von zwei Sphingen, die Prunkgondeln mit den Festgesellschaften an. Trotz seiner Liebe zu Venedig ließ August der Starke das **Wasserpalais** aber nicht nach venezianischem Vorbild errichten, sondern folgte der damals neuesten europäischen Mode. Chinoiserien, Pagodendächer, Szenen aus China an den Fassaden, laternenartige Schornsteine zieren die Gebäude des Ensembles, mit dem August der Starke das erste Beispiel dieses exotischen Stils in Europa bauen ließ. Allerdings wurde zu Zeiten des großen Kurfürsten nur der Mittelteil des heutigen Palais fertiggestellt. Erst als Pillnitz ab 1788 dem Dresdner Hof als Sommerresidenz diente, fügte man die beiden Seitenflügel am Wasserpalais an.

Schloß Pillnitz, Wasserpalais

Der Weg um das Wasserpalais führt in den *Lustgarten,* den neben dem Neuen Palais das **Bergpalais** begrenzt, das spiegelgleich die Anlage des Wasserpalais wiederholt. Diese Konstruktion ähnelt dem Zwinger. Allerdings wurden die geschwungenen Übergänge vom Neuen Palais zum Wasser- und zum Bergpalais, die ebenfalls an die Zwingerarchitektur erinnern, erst im 19. Jh. in die Anlage eingefügt.

Das **Neue Palais** an der südöstlichen Seite der Anlage errichtete man erst, nachdem das Renaissanceschloß, in dem die Wettiner Fürsten Johann Georg und August ihre Mätressen untergebracht hatten, 1818 abgebrannt war (Architekt Oberlandbaumeister Christian Friedrich Schuricht). Obwohl seit dem Bau des Wasser- und des Bergpalais fast 100 Jahre vergangenen waren und Schuricht als Hauptvertreter des Dresdner Klassizismus gilt, ordnete sich der Architekt bei diesem Palais der barocken Anlage unter. Die Lustgartenseite des Neuen Palais nimmt die barocken Formen der beiden Flügelbauten auf, nur bei der Rückseite verwandte Schuricht klassizistische Formen und schuf mit dem *Kuppelsaal* den bedeutendsten klassizistischen Innenraum Dresdner Baukunst.

Bei einem Rundgang durch die **Gartenanlagen** entdeckt der Besucher verschiedene Pavillons und Gewächshäuser, die Ende des 18./Anfang des 19. Jh. entstanden sind: im Westen der *Englische Garten* (um 1778) samt *Pavillon,* im Nordbereich der *Chinesische Garten* mit Teich und einem *Pavillon* (Ch. F. Schuricht, 1804); dazu die *Orangerie,* die, passend zum Baustil des Pillnitzer Schlosses, Früchte aus China beherbergte.

Zwei Besonderheiten in dem Park sollte man nicht verpassen. Im Englischen Garten findet sich die um 1780 gepflanzte *Kamelie,* die damit die älteste japanische Kamelie in Europa ist, und in der Nähe der Orangerie erinnert in einem offenen Pavillon die kurfürstliche *Gondel* von 1790 an den Venedigtraum Augusts des Starken.

Sehenswert sind aber nicht nur das Schloß und der Park, sondern auch die Sammlung des **Kunstgewerbemuseums**. Rund 1500 kunsthandwerkliche Gegenstände vom ausgehenden Mittelalter bis in die Gegenwart werden hier gezeigt; unter anderem kostbare Möbel aus dem Dresdner Residenzschloß, Augsburger und Dresdner Silber, geschliffene und geschnittene Gläser aus dem 18. Jh., niederländische und deutsche Fayencen sowie wertvolle mittelalterliche Seidenstickereien wie das Pirnaer Antependium (um 1350). Gegenüber dem Wasserpalais liegt übrigens eine kleine, 10,5 ha große Elbinsel, die seit 1924 Naturschutzgebiet ist und auf der rund 50 verschiedene Vogelarten brüten.

Weinberge und Kirche ›Zum heiligen Geist‹

Die restaurierte Kirche ›Zum heiligen Geist‹ befindet sich an der

Pillnitz, Winzerhaus, Giebeldetail

Pillnitzer Weinbergslehne. 1723–25 wurde sie nach Plänen von Matthäus Daniel Pöppelmann erbaut, Steinmetz war der Permoserschüler Benjamin Thomae. Das Abendmahlrelief von Johann Georg Kretschmar (1648), das aus dem Dresdner Schloß hierher umgesetzt wurde, sowie die Grabmäler der einstigen Besitzer des Ritterguts, auf dem Schloß Pillnitz erbaut wurde, lohnen den Besuch der Kirche. An die glanzvolle Zeit des Weinbaus erinnert auch, in unmittelbarer Nähe der Straße, die *Weinpresse,* 1827 am Berghang (Bergweg) errichtet. Die sehr schönen Verzierungen im Mittelfries zeigen Motive aus dem Weinbau.

Nach der Vernichtung der gesamten Reben durch die Reblausplage im 19. Jh. begann man erst in den 1980er Jahren wieder mit der Aufrebung der alten Weinflächen. Mittlerweile gehört der Wein von den Pillnitzer Hängen zu den Spezialitäten der Region.

Museen: Schloß Pillnitz, 01326 DD (Pillnitz), Nov.–April geschl., Kunstgewerbemuseum im Bergpalais, Di–So 9.30–17.30 Uhr, Wasserpalais, Mi–Mo 9.30–17.30 Uhr. Information Schloß Pillnitz, ✆ 03 51/2 61 32 60, Fax 2 61 32 61.
Richard-Wagner-Museum, Richard-Wagner-Str. 6, 01827 Graupa, ✆ 0 35 01/ 54 82 29, Einlaß zur vollen Stunde, Di–So 9–16 Uhr.
Carl-Maria-von-Weber-Gedenkstätte, Dresdner Str. 44, 01326 DD (Hosterwitz), ✆ 2 61 82 34, geöffnet Mi–So 13–18 Uhr.

Schiffsfahrten: Anleger Pillnitz-Dampfschiffstraße. Hier legen auf der Fahrt in die Sächsische Schweiz die Dampfer der Sächsischen Dampfschiffahrt an. Gegenüber liegt die Pillnitzer Insel (Naturschutzgebiet), Info: ✆ 03 51/86 60 90.
Autofähre Pillnitz-Kleinzschachwitz, Leonardo-da-Vinci-Straße, westlich der Schloßanlage.

Hotels/Restaurants: Schloßhotel und Schloßschänke Pillnitz, August-Böckstiegel-Str. 10, 01326 Pillnitz, ✆ 2 61 40, Fax 2 61 44 00. Wohnen direkt am Schloß Pillnitz. EZ ab 145 DM, DZ ab 175 DM.
Weinbergschänke Pillnitz, Am Rathaus 2, 01326 Pillnitz, ✆ 2 61 88 05. Hübsches Restaurant mit gutbürgerlicher Küche im Ortszentrum von Pillnitz, nicht weit vom Schloß entfernt.

Radebeul

Die Weinberge mit den Weingütern in Radebeul passen zwar gut zur ›Dresden- und Elbtal-Stimmung‹, sind aber nicht der einzige Grund, die kleine Stadt im Nordwesten Dresdens zu besuchen. Verschiedene Museen ziehen alljährlich Tausende Besucher in die Stadt, die 1935 durch den Zusammenschluß mehrerer Gemeinden entstand. Beliebte Ziele sind das Karl-May-Museum und die Puppentheatersammlung, die zu den Staatlichen Kunstsammlungen Dresdens gehört.

Kleiner Rundgang durch die Weinberge

Schon seit über 700 Jahren wird im nördlichsten Anbaugebiet Europas Wein kultiviert. Die Wettiner errichteten hier bereits im 17. Jh. einen Weinberghof, reiche Bürger und Adlige sollten ihrem Beispiel folgen. So findet man vor allem an den Hängen in den Ortsteilen **Nieder-** und **Oberlößnitz** zahlreiche Winzerhäuschen, Lustschlösser und Villen, zum Teil im Neorenaissancestil oder im Tirolerhaus- oder Schweizer Stil. Rund 100 alte Herrensitze und Winzerhäuser stehen heute in Radebeul unter Denkmalschutz.

Weinberglandschaft bei Radebeul

Zu den schönsten Straßen des Ortsteils Oberlößnitz gehört die **Weinbergstraße,** in der man zwischen Weinbergmauern und alten Herrensitzen schlendern kann. Sehenswert ist hier das mittelalterliche **Retzschgut** (Nr. 20), in dem der Maler Moritz Retzsch (1799–1857) lebte. In seiner Nachbarschaft liegen **Meinholds Turmhaus** von 1853 und das **Bennohaus** (Bennostr. 35), das man von der Weinbergstraße einsehen kann. Das kleine Renaissanceschlößchen ist eines der ältesten Weingutherrenhäuser der Gegend (16. Jh.) und heute in Privatbesitz. Und ganz in der Nähe, im Augustusweg 48, lohnt ein Besuch des alten Weinguts **Haus Sorgenfrei** aus dem 18. Jh. Es handelt sich um den letzten erhaltenen Empirebau (erbaut 1789) im Dresdner Raum. Auf dem Grundstück mit Herrenhaus, Glockenturm, Gartenhaus und Park wohnten die Maler Erhard Hippold (1909–72) und seine Frau Gussy (geb. 1910), eine Dix-Schülerin. Das Anwesen beherbergt heute das Hotel »Historisches Weingut Sorgenfrei«.

Zu den bedeutendsten Weingütern Sachsens gehört die historische Anlage von **Schloß Hoflößnitz,** an der Ecke Weinbergstraße/Lößnitzgrundstraße gelegen. Ein Fachwerkrenaissancebau aus dem Jahr 1649, für Kurfürst Johann Georg I. als Berg- und Lustschloß errichtet. Die Hofgesellschaft nahm hier während der Weinlese gerne Quartier. Im Erdgeschoß (Kreuzgratgewölbe) befindet sich die Ausstellung *Vom Weinbau im Elbtal*. Sehenswert sind auch die Decken und Wände im Obergeschoß mit Holztafelmalereien und Leinwanddeckengemälden. In diesen Räumen finden heute des öfteren Konzerte und Lesungen statt.

Unweit des Schlosses führt die **Spitzhaustreppe** zum Aussichtspunkt Spitzhaus (Spitzhausstr. 36). Diese Treppe, mit 365 Stufen von Pöppelmann als längste Treppenanlage in Sachsen erbaut (1747–50), wird im Volksmund ›Himmelsleiter‹ oder ›Jahrestreppe‹ genannt. 1992 wurde sie vollständig rekonstruiert. Das **Spitzhaus,** im Jahr 1662 errichtet, gehörte einst der Gräfin Cosel und beherbergte so illustre Gäste wie August den Starken, Kaiser Joseph I. und König Karl von Frankreich.

Eine eher literarische Bedeutung hat im Ortsteil Niederlößnitz das **Minckwitzsche Weingut** an der Oberen Bergstraße, auf dem sich Ludwig Tieck und Jean Paul zum Gedankenaustausch trafen. Ganz in der Nähe steht die **Friedensburg** (Obere Burgstr. 6), 1871 anläßlich des Friedens zwischen Frankreich und Deutschland als Gaststätte erbaut.

Zwischen Niederlößnitz, wo viele Weinberghäuser aus dem 18. Jh. stehen, und Zitzschewig erhebt sich am Fuße eines Weinbergs **Schloß Wackerbarth.** Dieses zweigeschossige Palais wurde 1727 als Alterssitz für den Reichsgrafen General Feldmarschall von Wackerbarth errichtet, Architekt war Landbaumeister Johann Christoph Knöffel. Ein *Belvedere* aus der Mitte des 18. Jh. (Architekt Pöppelmann), das im französischen Stil im Park erbaut wurde, rundet das Ensemble ab. Schloß Wackerbarth ist heute Sitz des Sächsischen Staatsweingutes. Wie in Hoflößnitz finden hier zur Weinblüte und Weinlese Feste statt.

Karl-May-Museum

Karl May, ›Vater‹ von Winnetou und Old Shatterhand, lebte 16 Jahre, bis zu seinem Tod 1912, in der **Villa Shatterhand** in der Karl-May-Str. 5. Seine Witwe Klara und der Wiener Artist Patty Frank richteten in der Villa später ein Museum ein. Die indianerkundliche Sammlung von Patty Frank wurde im eigens zu diesem Zweck erbauten Blockhaus **Villa Bärenfett** (1926) im Garten der Villa untergebracht. Bei den Offiziellen war zu DDR-Zeiten Karl May nicht sonderlich beliebt – auf das Museum, das damals »Deutsches Indianermuseum« hieß, wagte man trotzdem nicht zu verzichten. 1985 erhielt es seinen heutigen Namen.

In der Villa dokumentieren zahlreiche Exponate Leben und Werk Karl Mays, dazu wurden Empfangssalon, Arbeitszimmer und Bibliothek des Schriftstellers historisch getreu restauriert und mit originalem Inventar ausgestattet. Im Blockhaus sind rund 850, zum Teil sehr seltene Ausstel-

Karl-May-Museum, Radebeul

lungsstücke über das Leben der nordamerikanischen Prärieindianer zu sehen. Das *Grab* des Reiseschriftstellers, ein antiker Niketempel, ist auf dem Friedhof in Radebeul-Ost (Kirchplatz 2) zu finden.

Wesentlich weniger Besucher als zum Karl-May-Museum finden zur **Puppentheatersammlung im Hohenhaus** in der Barkengasse 6 (auf der Lößnitzhöhe über Zitzschewig, ganz im Westen Radebeuls). Und das, obwohl die Sammlung zu den schönsten ihrer Art zählt. In zehn Räumen sind Marionetten aus zwei Jahrhunderten, Schaustelleranküdigungen aus dem 19. Jh., Handpuppen von Jahrmarktkasperspielern und Theaterbilderbogen zu sehen.

Die Villa Hohenhaus, die heute ein gründerzeitliches Äußeres aus der Zeit nach 1885 sowie original erhaltene Wohnräume zeigt, ist eng mit dem Schriftsteller Gerhart Hauptmann verbunden. Er kam 1881–84 zusammen mit seinen beiden Brüdern Carl und Georg als gerngesehener Gast der Familie Thienemann hierher. Die Berliner Kaufmannsfamilie nutzte zu dieser Zeit Hohenhaus als Sommersitz. Die Brüder Gerhart und Carl heirateten übrigens die Töchter des Kaufmanns. Radebeul ist u.a. in der Hauptmann-Novelle ›Die Hochzeit auf Buchenhorst‹ verewigt.

Auf eine andere Tradition als den Weinbau verweist die Anlage des **Bilz-Sanatoriums** (Oberlößnitz,

Ach August!

Von Bärenzungen, Mätressen und dem Glauben

August der Starke – wahrlich ein imponierender Mann, auf den auch heute noch in Dresden voller Stolz verwiesen wird. War es doch der Kurfürst und polnische König, der die sächsische Hauptstadt zumindest für einige Jahrzehnte der Provinzialität entriß und ihr europäische Bedeutung verlieh. War es doch der absolutistische Monarch, der mit dem Zwinger, der Augustusbrücke, den Schlössern Pillnitz und Moritzburg Dresden auf Jahrhunderte seinen Glanz verlieh. Aber wer war der Mensch August der Starke?

Auf jeden Fall eine Person, die zur Legendenbildung geradezu reizt. Von unbändiger Körperkraft tritt er als Hufeisenverbieger, Silber- und Zinntellerroller auf. Ein Mannsbild, das sich nicht scheute, seinen berühmten Bärentrick vorzuführen: einen hechelnden Bären, der sich zum Kampf aufrichtete, faßte er bei der Zunge und bändigte das ›Untier‹ mit kraftvollem Griff.

Klar, daß diese imposante Gestalt auch auf dem Felde der Leidenschaften eindrucksvolle Leistungen vollbrachte. Verheiratet mit der Bayreuther Prinzessin Eberhardine und gesegnet mit einem Nachfolger, dem Kurprinzen Friedrich August, soll es der vitale Herrscher auf geschätzt einhundert Söhne und rund einhundertfünfzig Töchter gebracht haben. Aber Vorsicht, die Legendenbildung!

Anerkannt hat August neben seinem ehelichen Sohn und Erben nur vier Töchter und vier Söhne. Die Söhne: Moritz Graf von Sachsen, der spätere Marschall von Frankreich (Mutter: Aurora von Königsmarck), Friedrich August Graf Rutkowski (Mutter: Fatime), Graf Cosel (Mutter: Gräfin Cosel), Georg, Chevalier de Saxe, späterer Teschen (Mutter: Fürstin Lubomirski). Der Kurfürst hat all diese Kinder bestens versorgt.

Von unzähligen Abenteuern und einer ganzen Reihe von kostspieligen Mätressen, ob aus niederem oder gehobenem Stand, wird immer wieder im Zusammenhang mit dem barocken König berichtet. Natürlich mußte August für diese Abenteuer jede Menge Geld aus der Staatskasse loseisen und riskierte nebenher auch noch reichlich Ärger.

Eine polnische Mätresse wurde dem tatkräftigen Kurfürsten von Sachsen in Warschau nach der Königswahl 1697 geradezu aufgedrängt. Eine solche Liaison gehöre sich nun mal für einen König von Polen, flüsterten die Berater ihm ein und wollten wohl en passent die einflußreiche Cosel abservieren. Wie aber diese – August sah es ja ein –

Friedrich August I., der Starke, Kurfürst von Sachsen und Gräfin Anna Constanze von Cosel, Ölgemälde, 1711

staatspolitisch unumgängliche Liebesleistung der Cosel in Dresden beibringen, die der Kurfürst auch wohl noch innigst liebte? August inszenierte in Dresden den Bruch mit der Cosel. Die Cosel bestand auf ihren Rechten, floh enttäuscht von Augusts Treulosigkeit nach Preußen. Der Verrat von Landesgeheimnissen drohte. August intervenierte in Berlin. Die Cosel wurde nach Halle ausgewiesen, wo die Häscher Augusts des Starken schon warteten. 22 Jahre hielt der Kurfürst die Cosel auf der Burg Stolpen gefangen. Ach, August!

Ohne Folgen blieb dagegen eine etwas delikate Liaison: die Mätresse Gräfin Orzelska soll eine Tochter August's mit einer französischen Wirtstochter in Warschau gewesen sein. Erst war August ihr heftigst zugetan, dann sein unehelicher Sohn Rutkowski. Summa summarum schwanken die Schätzungen in Sachen Liebesabenteuer zwischen dreihundert und siebenhundert Ereignissen. Oh August!

Ein Umstand dürfte August den Starken tief geprägt haben. Er war zweitgeborener Sohn, wurde nicht wie sein Bruder auf die Herrschaft vorbereitet. So unternahm er Reisen nach Paris, Spanien, Venedig und nach Wien, kümmerte sich hier neben der Liebe um die Kunst. Hier sog er barockes Lebensgefühl auf. Hier reiften die Wünsche, aus Dresden ein Venedig, aus der Elbe einen Canal Grande zu schaffen.

August im Urteil seiner Zeitgenossen: »Ich kan noch nichts rechts von selbigen Printzen sagen er ist nich hübsch von Gesicht, aber doch woll geschaffen und hatt all gutt Minen. Scheint auch, daß er mehr Vicacität hat alß sein Herr Bruder, und ist nicht so melancholisch ...« urteilt Liselotte von der Pfalz im Jahr 1687 über den siebzehnjährigen August. Friedrich Wilhelm I., Vater Friedrichs des Großen, urteilt im Jahr 1733 enttäuscht: »Ich bin der Düppe (Getäuschte) von seiner Freundschaft gewesen!«

Die Dresdner kann ein derartiges Urteil nicht anfechten, zumal es aus Berlin herüberschallte. Sie liebten und lieben ihren August, den Starken. Daß er Dresden und Sachsen in die kostspieligen polnischen Verwicklungen führte, ist vergessen. Daß er als Kurfürst eines protestantischen Landes zum Katholizismus übertrat (Urteil seiner Zeit: August hat gar keinen Glauben, also ist ihm der eine so lieb wie der andere), ist vergeben. August hat Dresden zur Königsresidenz gemacht – und war überhaupt ein beeindruckendes Mannsbild.

Eduard-Bilz-Str. 55), mit Wasserbassins, einer künstlichen Ruine und einem Turm. Hier lebte der Naturheilkundler Friedrich Eduard Bilz (1842–1922), der im ersten Jahrzehnt dieses Jahrhunderts mit seinen Therapien große Erfolge feierte.

Das **Bilz-Bad** im Lößnitzgrund (Meiereiweg), Deutschlands erstes Licht- und Luftbad, geht auch auf den Naturheilkundler zurück. Die Hauptattraktion ist eine von ihm 1912 erstandene Wellenmaschine. Sie ist das älteste Exemplar in Europa und heute noch in Betrieb.

Information: Tourist-Information Radebeul, Pestalozzistr. 6a, 01445 Radebeul, ✆ 03 51/8 31 19 05, Fax 8 31 19 02.

Museen: Karl-May-Museum, Karl-May-Str. 5, ✆ 03 51/ 8 30 27 23, Fax 8 37 30 55, März–Okt. Di–So 9–18 Uhr, Nov.–Feb. 10–16 Uhr.
Puppentheatersammlung, Barkengasse 6, ✆ 03 51/8 38 75 71, Di–Fr 9–16, letzter So im Monat 10–17 Uhr.
Weingut-Museum Hoflößnitz, Knohllweg 37, ✆ 03 51/8 30 13 22, Di–So 14–17 Uhr, mit Weinstube.

Hotels: Historisches Weingut Sorgenfrei, Augustusweg 48, 01445 Radebeul, ✆ 8 93 33 30, Fax 8 30 45 20. Spitzenhotel in einem Weingut von 1786. EZ ab 160 DM, DZ ab 250 DM.

Restaurants: Alter Weinkeller, Weinbergstr. 16, Radebeul, ✆ 8 36 48 21, Mi–Fr 18–24 Uhr, Sa 17–24 Uhr, So 11–23 Uhr. Weinkeller und Weingarten in altem Winzerhaus.
Goldene Weintraube, Meißner Str. 152, Radebeul, ✆ 8 36 34 13, Di–So 11.30–14.30 Uhr, abends ab 17.30 Uhr. Weinstube und Theaterkneipe.

Veranstaltungen: Karl-May-Festtage (Anfang Juni), Bilzbad-Fest (Juli), Hoflößnitzer Weinfest (August), Herbst- und Weinfest (September), Kasperiade (September).

Meißen – Von der Wiege Sachsens zum Stadtdenkmal

Meißen ist die Wiege Sachsens. Hier finden sich mit Dom und Albrechtsburg die ersten Bauten geistlicher und weltlicher Herrschaft im Lande. Dazu kommen die Bürgerhäuser aus dem 16. und 17. Jh. rund um den Markt und entlang der Burgstraße. Meißen ist heute ein Stadtdenkmal erster Güte.

Städte durchleben wie Menschen Wendepunkte in ihrer Geschichte. Drei solcher Situationen, in denen sich Grundlegendes veränderte, und entschieden wurde über die Verwendung des Gewesenen und über den Weg in die Zukunft, hat die Porzellanstadt Meißen bisher erlebt.

1485 teilten die Herzöge Ernst und Albrecht den Gesamtbesitz des Hauses Wettin in zwei Staaten. Herzog Albrecht wählte Dresden zur Residenz, und Meißen verlor damit die Stellung als Mittelpunkt des Wettiner Herrschaftsgebiets. Der zweite Wendepunkt: 1539 schloß sich Herzog Heinrich der Fromme und damit Sachsen der Reformationsbewegung an. Das katholische Bistum mit dem Mittelpunkt Meißen verlor so seine Bedeutung. Aus der stolzen Residenz- und Domstadt wurde in der Folge eine sächsische Bürger- und Handelsstadt. Meißen, heute Kreisstadt mit rund 35 000 Einwohnern, war und ist zwar nicht ohne regionale Bedeutung, steht aber nicht mehr im Zentrum der wirtschaftlichen und politischen Entwicklung Sachsens.

Der dritte Wendepunkt in der Stadtgeschichte war die Wiedervereinigung Deutschlands. Plötzlich standen dringend benötigte Gelder zur Verfügung, um die Albrechtsburg, den Dom und die Bürgerstadt unter der Burg zu sanieren. Die Chance war da, die wertvolle Bausubstanz der Stadt zu retten. Meißen wurde bereits im Grundlagenvertrag zwischen der DDR und der Bundesrepublik neben vier anderen Städten in den neuen Bundesländern (Weimar, Brandenburg, Stralsund, Halberstadt) in das Modellvorhaben ›Stadtsanierung und Stadtentwicklung‹ aufgenommen.

Diese Wendepunkte sind, obwohl mehr als 500 Jahre sie trennen, eng miteinander verbunden.

Nur durch den Umzug der Wettiner Fürsten nach Dresden bewahrte Meißen seinen einzigartigen historischen Stadtkern. In Dresden und nicht in Meißen wurden immer neue Residenzbauten und staatliche Gebäude errichtet, bauten Unternehmen aus Industrie und Handel ihre Fabriken und Geschäftshäuser. Dresden war daher auch Ziel der Bombenangriffe im Zweiten Weltkrieg. Die historische Innenstadt Meißens träumte derweil unberührt von Industrialisierung, Weltkriegen und Autozeitalter vor sich hin. Zugleich aber verfiel sie zusehends.

Stadtsanierung nach der Wende. Neben einem Bündel von Sofortmaßnahmen wie der Sicherung der Gebäude durch Dachreparaturen brachte die Stadtverordnetenversammlung Meißen ab 1990 eine Bestandsaufnahme über den baulichen Zustand der historischen Innenstadt auf den Weg. Die Untersuchung ergab: In der historischen Altstadt zwischen dem Flüßchen Triebisch, der Elbe und dem Burgberg wurden von 482 Gebäuden nur 12 nach 1945 neu gebaut; ein Drittel der Häuser enthält Originalsubstanz aus Barock, Renaissance oder noch älteren Bauphasen; der mittelalterliche Grundriß der historischen Altstadt mit ihren Plätzen, Verbindungsstraßen und engen Gassen präsentiert sich weitgehend unverändert; die Dachlandschaft der Innenstadt, die die Besucher vom Turm der Frauenkirche oder vom Burgberg bewundern sollten, zeigt sich trotz aller Schäden in alter

Schönheit. 200 eingetragene Einzeldenkmäler finden sich in der historischen Innenstadt.

Die Bestandsaufnahme ergab aber auch: Nur sieben Gebäude in der Innenstadt konnten als einwandfrei bezeichnet werden; die Hälfte aller Gebäude wies mittlere bis schwere Bauschäden auf. Die technische Infrastruktur der Innenstadt war in katastrophalem Zustand: Stromleitungen waren zum Teil noch oberirdisch geführt, im Netz der Gasversorgung fanden sich veraltete Gußrohre und vor allem besaß die Stadt keine zentrale Kläranlage.

Meißen, Blick vom Turm der Frauenkirche auf den Marktplatz

Das Baudezernat der Stadt Meißen erarbeitete daraufhin gemeinsam mit der Kommunalentwicklung Baden-Württemberg als treuhänderischem Sanierungsträger ein Konzept, das die historische Altstadt in ein fachgerecht restauriertes und saniertes Zentrum mit Dienstleistungsbetrieben und Geschäften verwandeln sollte. Zugleich sollte in der Innenstadt künftig Wohnen nach zeitgemäßem Standard möglich sein; ein Ziel, dem man zur Jahrtausendwende sehr nahe gekommen ist. Die im alten Stil gepflasterten Gassen und Straßen im alten Zentrum präsentieren sich ebenso wiederhergerichtet wie rund die Hälfte der historischen Häuser. Die Komplettsanierung der historischen Altstadt schreitet zügig voran, wichtige Ecken der Stadt wie Marktplatz, Heinrichsplatz und Elbstraße sind fertig.

Natürlich entwickelte sich Meißen, das in den letzten Jahren schon rund 500000 Besucher jährlich verzeichnete, mit dieser Sanierung zu einem Touristenziel erster Güte. Die Stadt bietet, was viele Dresdenbesucher in der Residenzstadt vermissen: das Ambiente einer historisch gewachsenen Stadt, in der man in Ruhe schlendern kann. – Man täte der Porzellanstadt jedoch unrecht, würde man von ihr nur als Stadtdenkmal und Touristenziel sprechen. Die Stadt will ihre Funktion als Endpunkt der Industrieachse Pirna – Dresden – Meißen in der Region Oberes Elbtal weiter ausbauen. Erstaunlicherweise wirkt sich auch hier der erste Wendepunkt in der Geschichte der Stadt segensreich aus. Nachdem die Albrechtsburg die Funktion als Residenz verloren hatte, diente sie ab 1710 als Porzellanmanufaktur. Einmal in Meißen, blieb die Manufaktur auch beim Umzug in modernere Werkstätten im Jahre 1863 am Ort. Zudem ließen die Erfahrungen der Handwerker in der Manufaktur auch andere Betriebe der Keramikindustrie in der Stadt entstehen.

Bürgerstadt unter der Burg – Ein Rundgang durch Meißen

Der Rundgang durch Meißen beginnt auf dem Marktplatz der Stadt. Nur hier treffen die drei Momente zusammen, die heute das Angebot Meißens an seine Besucher ausmachen: Burgherrlichkeit, alte Bürgerstadt und moderne Einkaufsstadt. Beeindruckend erheben sich die Albrechtsburg und der Dom über der Altstadt; vom Gewerbefleiß in der alten Bürgerstadt zeugen die Fassaden des Rathauses, der Apotheke am Markt und des Bennohauses; ein Gang über den Markt kann der Auftakt zu einem Einkaufsspaziergang durch die Innenstadt sein. Der Rundgang führt vom Marktplatz – nach einem kurzen Abstecher zum Heinrichsplatz, zum Theaterplatz und durch die Elbstraße – die Burgstraße hinauf zur Albrechtsburg und zum Dom. Zurück geht es zum Marktplatz über die Gäßchen und Treppenwege ›Afrastufen‹ und ›Frauenstufen‹.

Der Meißner **Marktplatz** wurde schon zu Beginn des 13. Jh. in seiner heutigen Form angelegt. Zumeist entwickelten sich Ortschaften bei der Besiedlung Mittel- und Ostdeutschlands planlos um Herrschaftssitze oder Missionsstellen. Dann erfolgte eine zweite, planvolle Gründung; ein Marktplatz und einige wichtige Hauptgassen wurden angelegt, die Grundstücke parzelliert. So auch in Meißen.

Burg und Dom auf dem Berg waren das Machtzentrum und die Keimzelle der Besiedlung. Im Bereich des heutigen Theaterplatzes, unmittelbar am Ufer der Elbe, entwickelte sich eine Ansiedlung, die Marktrecht erhielt. Ende des 12. Jh./Anfang des 13. Jh. erfolgte dann die zweite Gründung mit der Anlage des Marktplatzes. Zumindest ist für das Jahr 1205 eine Kapelle St. Maria am Markt durch eine schriftliche Quelle belegt.

Ein gravierender Unterschied zeigt sich aber zu anderen Stadtgründungen in Mittel- und Ostdeutschland. Der Marktplatz ist nicht wie üblich rechteckig angelegt, sondern verengt sich aufgrund des unebenen Geländes nach Osten, Richtung Hirschhaus. Noch deutlicher wird der Tribut, den die Stadt der Lage unmittelbar am Hang des Burgberges zollen mußte, betrachtet man das **Rathaus,** ein weiß gestrichenes Gebäude, unschwer zu erkennen am mächtigen Dach und am Meißner Wappen in der Fassade. Der Westflügel ist zweigeschossig, der Ostflügel dreigeschossig ausgeführt, um die Unebenheit des Geländes auszugleichen. Errichtet wurde das Rathaus im Jahr 1472. 11 m erhebt sich die Rathausfassade am Marktplatz, stolze 18 m dann ragt das Satteldach, das von drei Giebelerkern durchbrochen wird, in den Himmel. Dieses Dach sticht bei einem Blick vom Burgberg neben dem Dach der Franziskanerkirche deutlich aus der Dachlandschaft der Altstadt hervor. Der Balkon in der Fassade des Westflügels des Rat-

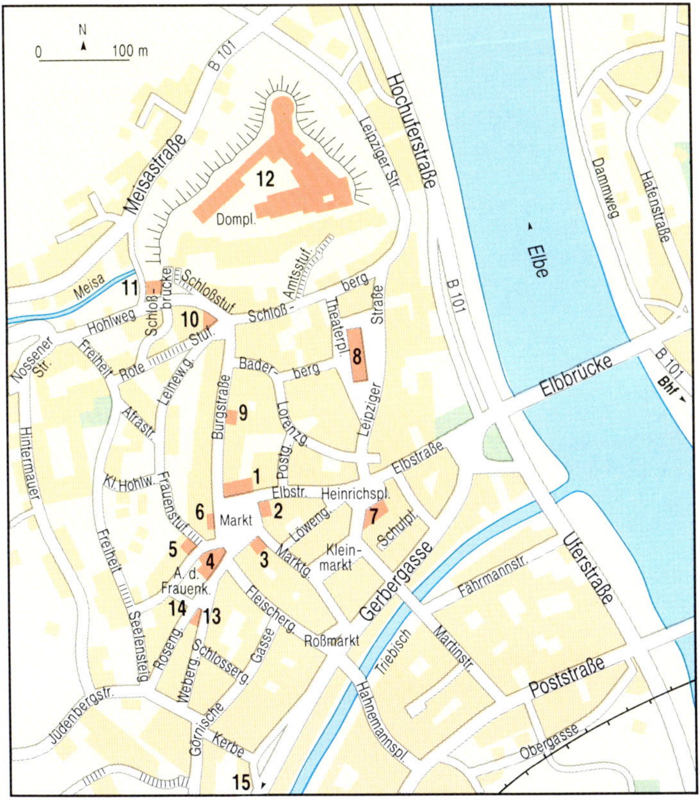

Meißen 1 Rathaus 2 Hirschhaus 3 Marktapotheke 4 Frauenkirche 5 Weingaststätte Vincenz Richter 6 Bennohaus 7 Ehem. Franziskanerkirche (Stadtmuseum) 8 Stadttheater 9 Haus Burgstraße 27 (Zinngießerwerkstatt) 10 Café Zieger 11 Jahnaischer Hof 12 Dom und Albrechtsburg 13 Ehem. Brauhaus 14 Tuchmachertor 15 Porzellanmanufaktur Meißen

hauses wurde 1910 angebaut, das Meißner Wappen unter dem Balkon im Jahre 1865 angebracht. Es zeigt den Wettiner Löwen, der den sogenannten Roten Turm hält. Vermutlich ist dieser Turm dem Bauwerk in der ersten Burganlage nachgebildet. – Für eine Rast bietet sich der Ratskeller an, der im Sommer auch einige Tische vor dem Rathaus bereithält.

In der Ostfront des Marktplatzes, Ecke Elbstraße, steht das mattgelbe **Hirschhaus,** durch seine Größe und durch die Inschrift in der Fassade gar nicht zu übersehen. Der Bau im Stil der Neorenaissance wurde im Jahre 1901 errichtet und galt als vornehmes Hotel. Das Portal stammt noch vom Gasthof ›Zum Roten Hirsch‹ und wird auf das Jahr 1624 datiert. Der Preußenkönig Friedrich der Große verbrachte in diesem Gasthof am 15. Dezember 1745 eine Nacht vor der Schlacht von Kesseldorf.

Die **Marktapotheke** an der Südseite**,** ein Renaissancebau aus dem Jahr 1560, dessen Fassade 1717 umgestaltet wurde, gehört zur Gruppe der Giebelhäuser in Meißen, denen die Traufhäuser gegenüberstehen, deren Dachfirst entlang der Straßenflucht verläuft und die in der Regel jüngeren Datums sind.

Auf der Westseite des Marktes finden sich drei Gebäude, die unbedingt einen Besuch lohnen. Die **Frauenkirche** wurde 1457 von der Bauhütte Arnolds von Westfalen, dem Baumeister der Albrechtsburg, fertiggestellt. In der dreischiffigen, gotischen Hallenkirche, die an der Stelle der schon 1205 genannten Kapelle St. Maria am Markt errichtet wurde, ist heute wieder der gotische Schnitzaltar aus der Zeit um 1500 zu entdecken. Allerdings mußte ein Seitenflügel ergänzt werden, als der Altar 1929 wieder aufgestellt wurde. Der Kirchturm aus dem 14. Jh., der nach einem Gewitterschaden im Jahr 1547 aufgestockt wurde, besitzt einen Turmumgang, auf dem bis 1907 ein sogenannter Türmer Feuerwache halten mußte. Der Turm kann bestiegen werden. Nur vom Marktplatz aus entdeckt der Besucher im Kirchturm das Glockenspiel aus Meissener Porzellan, das 1929 als erstes seiner Art eingebaut wurde. Bis zur Reformation gehörte die Frauenkirche zum St. Afrakloster, wurde aber mit Durchsetzung der kirchlichen Neuerungsbewegung und der Ablösung vom Kloster im Jahr 1539 zum geistigen Mittelpunkt der Bürgerstadt.

Das Fachwerkhaus **Weingaststätte Vincenz Richter,** gleich neben der Frauenkirche, entstand nach dem Dreißigjährigen Krieg, also nach 1648. Viele historische Gegenstände aus Meißen wie alte Waffen finden sich in dem Lokal, das auch in einen gemütlichen Innenhof einlädt. Dann folgt das berühmte **Bennohaus** (Am Markt Nr. 9). Im Innern des Hauses finden sich Baureste aus dem 15. Jh., die spätgotische Fassade datiert auf das Jahr 1640. Das Sitznischenportal allerdings verweist auf den Bauzustand in den Jahren 1570–80. Den Schlußstein im Portal setzte man wieder in einer anderen Bauepoche ein: 1772 wurde er in der Manier des Rokoko gefertigt. Das Bennohaus diente als Sitz des Bischofs, dann als Wohnhaus mehrerer Bürgermeister. Eine Gedenktafel in der Fassade erinnert daran, daß hier in Meißen im Jahr 1841 die erste Freiwillige Feuerwehr Deutschlands gegründet wurde.

Für einen kurzen Abstecher in die Einkaufsstadt bietet sich ein Bummel durch die Elbstraße, die zwischen Rathaus und Hirschhaus auf den Marktplatz mündet. Der Weg führt hinüber zum Heinrichsplatz und zum Theaterplatz und dann weiter an die Elbe. Neben den Geschäften und dem Angebot, auf dem **Heinrichsplatz** einen Kaffee zu nehmen, findet sich hier der *Heinrichsbrunnen,* der an den deutschen König Heinrich I. erinnert. Er bestimmte um 929 Meißen zur Grenzbastion im slawisch-sorbischen Gau Nisani und ließ den Burgberg befestigen.

Hinter dem Brunnen erhebt sich die **Franziskanerkirche,** die 1447–57 als spätgotische Hallenkirche ausgebaut wurde, dann aber mit der Auflösung des Franziskanerklosters im Zuge der Reformation ihre Funktion verlor. Die Kirche diente als Speicher, bis sie zu Beginn unseres Jahrhunderts zum Stadtmuseum ausgebaut wurde. Die Franziskanerkirche wurde Ende 1999 renoviert. Restauriert wurden ebenfalls die Grabplatten und Skulpturen, die zum Teil auf den bedeutenden Maler, Bildhauer und Porzellangestalter Johann Joachim Kändler (1706–75) zurückgehen. Kändler machte sich vor allem einen Namen als Schöpfer vieler Meissener Porzellanfiguren, die noch heute zum Formbestand der Manufaktur gehören.

Meißen, historische Weingaststätte Vincenz Richter

Durch die Straße gegenüber der Franziskanerkirche führt der Weg vom Heinrichsplatz auf den **Theaterplatz,** auf dem einst ein burggräflicher Jahrmarkt abgehalten wurde. Das Meißner **Stadttheater,** das seine Fassade dem Platz zuwendet, wurde 1851 im Gewandhaus der Stadt untergebracht. Schon im 13. Jh. erwähnt, geht die heutige Form des Gebäudes auf den Wiederaufbau um das Jahr 1690 zurück. In der Ostfassade des Gewandhauses finden sich zwei Wappen, oben das große Meißner Stadtwappen, darunter das Große Sächsische Herzogswappen. In den einzelnen Feldern gibt dieses Wappen die verschiedenen Machtbereiche in der Mark Meißen zu Zeiten des Kurfürsten Moritz (1541–53) wieder.

Zwei Tips noch für den Bummel durch die *Elbstraße,* Richtung Elbbrücke. Hier findet man u.a. in dem Kunsthandwerkshaus *Ludwig Richter Haus* (Nr. 32) Keramikprodukte aus der Region. Ecke Elbstraße/Hochuferstraße entdeckt der Besucher in einem kleinen Park eine *Brunnenfigur,* die einen weißen Pfau darstellt. Die Porzellanplastik wurde zur 250-Jahr-Feier der Porzellanmanufaktur im Jahr 1960 der Stadt übergeben und geht in ihrer Form auf eine Arbeit des Porzellangestalters Johann Joachim Kändler zurück. Von der Hochuferstraße läßt sich in aller Ruhe die Ansicht der Burg genießen. Soweit der Abstecher die Elbstraße hinunter.

Für den Weg auf den Burgberg bietet sich nur die **Burgstraße** an, die neben dem Rathaus vom Marktplatz abgeht. Die Route Fleischergasse – Marktplatz – Burgstraße war ein Hauptweg im früheren Meißen. So finden sich entlang der Straßen viele historische Gebäude, die zum Teil schon zu DDR-Zeiten instandgesetzt worden sind. In der Burgstraße wurden im 16./17. Jh. die Häuser mit den Nummern 2, 3, 8, 9, 12, 14, 17, 18, 24, 31, 32 erbaut. Aus der Wende des 18. Jh. zum 19. Jh. stammen viele Häuser an der westlichen Straßenseite. Die ursprüngliche Bebauung wurde während des Dreißigjährigen Krieges zerstört. Vom 13. bis Mitte des 19. Jh. fand im Gäßchen *An den Fleischbänken* (zwischen Fleischer- und Marktgasse) der öffentliche Fleischhandel Meißens statt. Zu sehen sind noch zwei Fleischbänke aus dem 16. und 19. Jh.

Einen Besuch lohnt das **Haus Burgstraße Nr. 27,** das um 1605 erbaut wurde. In dem gut 14 m tiefen Gebäude befindet sich die älteste noch arbeitende *Zinngießerwerkstatt* Deutschlands. Seit 1792 wird hier Zinn verarbeitet, seit über 200 Jahren ist die Werkstatt im Besitz der Familie Lehmann. Gruppen, aber auch Einzelpersonen können sich bei einem Werkstattrundgang, einer Gießvorführung und im kleinen Museum über das alte Zinngießerhandwerk informieren. Nähere Auskünfte zu Preis und Dauer der lohnenden Führung gibt es im Geschäftsraum.

Aber nicht nur die Werkstatt beeindruckt an dem Haus. Die Werkstatt Lehmann ist in einem typischen *Meißner Handwerkerhaus* untergebracht. Immer wieder findet sich in Meißen dieser Gebäudetyp. Das Haus wendet den Giebel zur Straße und erstreckt sich in die Grundstückstiefe. Ein schmaler Gang neben dem Haus führt auf den Hof. Im unteren Geschoß liegt zur Straße hin die Werkstatt des jeweiligen Handwerkes, dann folgen ein Herdraum und eine Küche. Im Obergeschoß blicken eine Stube und eine kleine Kammer Richtung Straße, in der Gebäudemitte befindet sich eine Diele, auf die auch die Treppe aus dem Erdgeschoß mündet. Zum Hof hin erstrecken sich weitere Funktionsräume wie die Schlafstube. Wurden die Häuser zu eng für die Bewohner oder ermöglichte Wohlstand größeren Luxus, wurde auf der Hofseite ein schmaler Anbau errichtet, der durch eine Galerie mit dem Handwerkerhaus verbunden wurde, um nicht noch mehr Hoffläche durch einen überbauten Gang zu ebener Erde zu verlieren. Ins Portal der Tür zur Straße gehört die überall in Sachsen verbreitete Sitznische.

Gegen das Handwerkerhaus heben sich die Häuser wohlhabender Handwerker und erster reicher Bürger nach dem Dreißigjährigen Krieg ab. Diese **Bürgerhäuser** erstrecken sich über zwei oder drei Grundstücksparzellen und präsentieren den Dachfirst entlang der ganzen Straßenfront. Die Devise der damaligen Bauherren: viel Dach zeigen, die Fenster zuweilen noch mit einem Backsteingiebel und die Hausfassade mit einem schönen Portal verzieren. So beweisen sich Gewerbefleiß und verdienter Wohlstand.

Weiter zum **Café Zieger.** Die Burgstraße mündet in einen kleinen Platz, an dem das Café eine Spezialität der Stadt anbietet, den ›Meißner Fummel‹. Ein hauchdünnes Hefegebäck, das aussieht wie ein Schwamm und so empfindlich ist, daß es sich auch zu Prüfzwekken eignet. Zumindest weiß dies der Volksmund zu berichten: August der Starke gab Befehl, den Kisten mit Porzellan aus Meißen, die per Kutsche von der Albrechtsburg in die Residenz nach Dresden transportiert wurden, solche Meißner Fummel beizulegen. Zeigte das Hefegebäck bei der Ankunft in Dresden schadhafte Stellen, war das ein Zeichen dafür, daß die Kutscher unvorsichtig oder gar betrunken gewesen waren und das kostbare Porzellan in Gefahr gebracht hatten - wofür sie bestraft wurden.

Vorbei am Café Zieger geht der Rundgang die *Treppe Rote Stufen* hinauf, dann weiter mit einer spitzen Kehre auf die **Schloßbrücke,** die Afraberg und Burgberg miteinander verbindet. Die Brücke soll von 1221–28 von lombardischen Bauhandwerkern errichtet worden sein. Schon vor dem ersten Burgtor steht das Gebäude Freiheit Nr. 1, der sogenannte **Jahnaische Hof,** ein Adelsfreihof aus der Zeit um 1610. Dieser Hof gehörte zum Gebiet der sogenannten Afranischen Freiheit, einem Wohngebiet des Adels und der Bediensteten der Domherren, benannt nach der Kirche St. Afra. Die Bewohner der Freiheit waren von den Abgaben in der Bürgerstadt Meißen befreit, durften im Gegenzug aber keinerlei Handwerk ausüben.

Hat der Besucher das erste Burgtor passiert, stößt er auf das als Burglehen bezeichnete Haus Freiheit 2. Es entstand um 1550, in den Jahren 1649 und 1743 wurden Erweiterungen vorgenommen. Hier befand sich vom 13. bis 15 Jh. wahrscheinlich die burggräfliche Vogtei. Hin zur Schloßbrücke sind am

Meißen, Blick auf Albrechtsburg und Dom

Haus die originale Holztür aus der Renaissancezeit und das Sitznischenportal (um 1550) zu finden. Übrigens: In diesem Haus wohnte der Maler Ludwig Richter mit seiner Familie von 1828 bis 1836. Richter arbeitete als Zeichenlehrer in der Porzellanmanufaktur.

Geschützt war der Burgzugang bis in das 17. Jh. durch eine Zugbrücke, die vom zweiten Burgtor weiter zum **Mittleren Burgtor** führte. Das spätgotische Tor wurde 1875 umgestaltet und mit den beiden Mosaiken in der Fassade geschmückt, die den Drachentöter St. Georg und den Evangelisten Johannes darstellen. Im Torhaus ist die Ausstellung »Romantik und Biedermeier zu Ludwig Richters Zeiten« untergebracht.

Einige Schritte weiter dann bietet sich dem Besucher der Blick in den Burghof der **Albrechtsburg.** Im Jahr 929 wurde der Burgberg auf Befehl des deutschen Königs Heinrich I. als Stützpunkt in der Grenzlinie zum sorbisch-slawischen Gebiet befestigt. Im Jahr 968 erfolgte dann die Gründung des Bistums Meißen, vermutlich ab 1226 begann man mit dem Bau eines gotischen Doms. Die Anlage auf dem Burgberg diente also zwei Herren: der weltlichen Macht und der Kirche. So finden sich rund um den **Burghof** auch Gebäude mit weltlicher und geistlicher Funktion: links das Kornhaus, das zu den Wirtschaftsgebäuden der Burg gehört, die Albrechtsburg, gar nicht zu übersehen mit ihrem weißen Anstrich, dann der gewaltige gotische Dom und versteckt hinter dem Gotteshaus schließlich das Bischofsschloß. Rechter Hand dann noch die Domherrenhöfe, eine Reihe von Bauten, die man sich kurz anschauen sollte, bevor man sich mit Dom und Burg beschäftigt.

Die Albrechtsburg sollte ursprünglich den Wettinern als Residenz dienen. Aber schon im Jahr 1484, zwei Jahre nach Fertigstellung der wesentlichen Teile des Baues, wurde die Teilung des Wettiner Landes unter den Brüdern Ernst und Albrecht beschlossen. Albrecht ließ Dresden zur Residenz ausbauen, die Albrechtsburg in Meißen diente nun nur noch als repräsentativer Hintergrund bei Fürstentagen, Festen und Jagdgesellschaften. August der Starke dann beschloß im Jahr 1710, hier die Werkstätten der Porzellanmanufaktur unterzubringen, die in sämtlichen Räumen der Burg produzierte. Sicherlich ein Beweis, welchen Wert der Fürst dem Geheimnis der Herstellung des ›Weißen Goldes‹ beimaß. Allerdings bedeutete dies auch das Aus für die kostbare mittelalterliche Ausstattung des Schlosses. Im Jahre 1863 zog die Porzellanmanufaktur in ein neues Gebäude im Triebischtal. Die Albrechtsburg wurde nach einer Generalüberholung von 1873–82 zum Museum des Mittelalters und zur Wettiner Gedenkstätte.

Der Rundgang beginnt auf dem Burghof vor dem Eingang zum Dom. Der **Domkeller** (Haus Nr. 9) ist die älteste in Meißen erhaltene Gaststätte, deren Ausschank schon für das 16. Jh. verbürgt ist. In diesem 8 m breiten und 33 m tiefen Gebäude befand sich die Glöcknerei der Burg. Hier wohnte der jeweilige Küster, der die Erlaubnis hatte, nebenher Freibergisches Bier auszuschenken. Der **Burgkeller,** zwei Häuser weiter, wurde zwar erst im 19. Jh. erbaut, 1928 erweitert und bietet demgemäß kein mittelalterliches Flair, dafür aber auf der Caféterrasse einen guten Ausblick über die Dachlandschaft der Stadt und über das Elbtal. Bis in das 15. Jh. hinein stand auf der Parzelle des Burgkellers der Palast des Burggrafen, dem die Sicherung der Burg und die Oberaufsicht über die Bürgerstadt oblagen. Genaugenommen gab es also drei Gewalten auf der Albrechtsburg: kaiserliche Markgrafen, Domherr und Burggraf.

Das **Haus Nr. 7** (1497–1503) beherbergte die ehemalige *Propstei Meißen* und dient heute als Sitz des *Hochstifts Meißen.* Auffällig im roten Portal des Gebäudes die beiden spitzbögigen Sitznischen und das Relief über dem Eingang, das an Melchior von Meckau erinnert, der die Propstei erbauen ließ. In einen sehenswerten alten Innenhof der Propstei tritt der Besucher, öffnet er die Eingangstür.

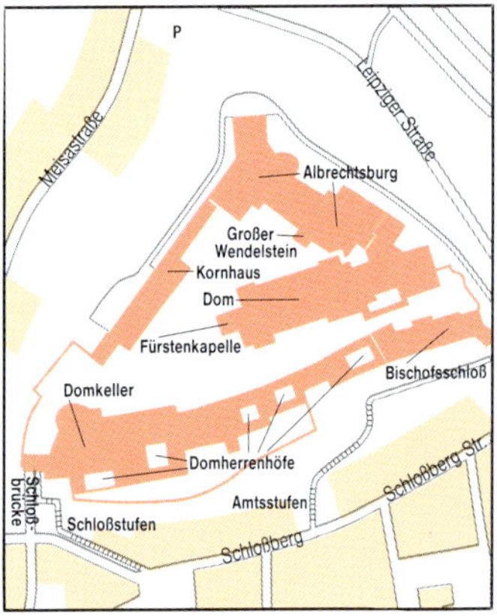

Lageplan des Burgbergs mit Albrechtsburg und Dom

Die **Häuser Nr. 6** und **Nr. 5** werden als **Domherrenhäuser** oder auch als Kurien (= päpstlicher Hof) bezeichnet. Das Haus Nr. 6 stammt aus den Jahren 1726–28, wurde vermutlich an der Stelle des ersten Bischofsschlosses errichtet und zeigt die Wappen der zur Bauzeit bestellten Domherren. In der Mitte ein Wappen, das St. Donatus mit einem Adler zeigt, der Johannes den Evangelisten symbolisiert. St. Donatus und Johannes der Evangelist sind die Schutzheiligen des Doms. Haus Nr. 5 wurde 1526 erbaut. Der Eingang ist als Sitznischenportal gestaltet, das mit einer Sandsteinstatue Johannes des Evangelisten geschmückt ist.

Das **Bischofsschloß,** das sich nahezu verborgen hinter dem Dom in der rechten hinteren Ecke der Anlage befindet, wurde von 1476–87 erbaut und verweist mit seinen Vorhangbogenfenstern auf den Baumeister der Albrechtsburg, Arnold von Westfalen. Zum Bischofsschloß gehört der sogenannte *Liebenstein,* der ältere Bischofsturm, der zur beeindruckenden Silhouette der Burg beiträgt.

Die zentralen Bauwerke aber sind der **Dom** und die Albrechtsburg. Goethe mochte das Äußere des Doms nicht, lobte dafür sein Inneres über alle Maßen: »Der Dom hat aus mehreren Ursachen äußerlich nichts Anziehendes, inwendig aber ist es das schlankste, schönste aller Gebäude jeder Zeit …« schreibt er in einem Brief an seine Frau Christiane im Frühjahr 1813. Seit 1260 bauten verschiedene Bauherren rund 150 Jahre an dem Dom und hatten doch erst die erste Bauphase bewältigt. Als erster Schritt wurde der Ostteil des Chors, der heutige Altarbereich, errichtet. Es folgten das Querhaus und die verschiedenen Kapellen. Die beiden Westtürme waren bis 1315, das Westportal Richtung Burghof um 1400 fertiggestellt. Da aber die beiden Westtürme schon 1413 durch einen Blitzschlag zerstört worden waren, blieb der Ostturm bis in den Beginn unseres Jahrhunderts der einzige Turm des Doms. Erst zwischen 1904 und 1909 wurden die beiden 83,20 m hohen Türme in neogotischer Manier errichtet.

Der Besucher betritt den Dom wegen der umfangreichen Renovierungsarbeiten zur Zeit (Stand Frühjahr 2000) beim Kreuzgang (1260). Die Grabsteine, die hier aufgestellt sind, lagen bis zum Beginn des 20. Jh. im Innern des Doms. Die Begräbnisstätte der Wettiner, die *Fürstenkapelle,* ist dem eigentlichen Westportal des Doms vorgelagert. In der Mitte des Raums zieht eine Tumba (sarkophagartiger Überbau eines Grabes mit der Grabplatte) sofort die Aufmerksamkeit auf sich: die Grabstätte Friedrichs des Streitbaren. Der Bronzeguß aus der Zeit um 1455 zeigt den Fürsten in Lebensgröße. Der Kurfürst hält das Reichsschwert in der Hand. Dieses Ehrenzeichen verweist darauf, daß im Jahr 1423 der deutsche König Sigmund dem Markgrafen Friedrich die Kurwürde und das Herzogtum Sachsen, das Erzmarschallamt, die Pfalz Sachsen, die Grafschaft Brehna und das Burggrafentum Magdeburg, so die damalige Formel, zum Lehen gab.

Friedrich hatte als Markgraf dem König in Böhmen beim Kampf gegen die Hussiten gute Dienste geleistet und rückte als Kurfürst in die erste Reihe der deutschen Fürsten auf. Als Kurfürst nahm er teil an der Königswahl. Grund genug, im Meißner Dom diese Begräbniskapelle (die dritte Grablegung) des Hauses Wettin anzulegen. Herzog Georg der Bärtige ist der letzte Wettiner (gest. 1539), der im Meißner Dom beerdigt wurde. Die folgenden Generationen fanden ihre Begräbnisstätte in einem als Mausoleum ausgebauten Chor des Freiberger Doms. Seit der Zeit Augusts des Starken dann diente die Hofkirche in Dresden als Begräbnisstätte des Herrscherhauses (s. S. 63). Am rechten Ende der Fürstenkapelle führt ein säulengeschmücktes Portal in die *Georgskapelle,* in der ein Altarbild von Lucas Cranach d. Ä. (1472–1553) aus dem Jahre 1534 zu bewundern ist.

Ohne Zögern wird jeder Besucher den Eindruck Goethes vom Innern des Doms bestätigen, betritt er das *Mittelschiff.* Mächtig streben die Pfeiler in die Höhe, Dienste (Halb- und Viertelsäulen, die dem Pfeiler aufgesetzt sind) führen weiter hinauf in die einheitlichen Kreuzrippengewölbe der Decke. Die Dienste wirken mit den Arkadenprofilen wie ein Vorhang. Die Seitenschiffe sind vom Kopf des Mittelschiffs aufgrund der vorspringenden Dienste nicht zu sehen, daher der Eindruck, daß das Mittelschiff dynamisch himmelwärts strebt – reinste Gotik. Hinzu kommen die durchgehenden Spitzbogenfenster, die für einen Wechsel von Hell und Dunkel sorgen und so das Innere des Gotteshauses gliedern.

Im südlichen Seitenschiff vor dem Übergang ins Querhaus ist der Eingang zur zweigeschossigen *Johanniskapelle,* die aber nicht der Öffentlichkeit zugänglich ist. Betrachtet werden kann dagegen unmittelbar vor dem Lettner (Übergang vom Mittelschiff in den Chorraum) ein Laienaltar aus der Werkstatt Lucas Cranach d. Ä., der auf das Jahr 1526 datiert wird. Das Altarbild zeigt die

Suche nach dem Weißen Gold
Johann Friedrich Böttger

Was macht ein Kurfürst und König von Polen, der zwar die Kunst über alles liebt, Unsummen für das Statussymbol ›Porzellan aus China‹ ausgibt, in dessen Staatskasse aber chronische Ebbe herrscht? Ganz einfach: Er fängt sich einen Alchimisten, sperrt den bedauernswerten Mann ein, gibt ihm alle erforderlichen Materialien und läßt ihn fleißig nach dem Geheimnis aller Geheimnisse forschen: Wie ist Gold aus unedleren Stoffen herzustellen? So geschehen um das Jahr 1701 in Dresden.

Begonnen hatte alles mit dem etwas lockeren Mundwerk des am 4. Februar 1682 zu Schleiz geborenen Apothekergehilfen Johann Friedrich Böttger. Er könne reines Gold herstellen, prahlte Böttger im Jahre 1698 in Berlin , der tagsüber beim Apotheker Zorn lernte, abends beim Alchimisten Lascaris experimentierte. Prompt interessierte sich der preussische König Friedrich I. für den jungen Mann. Böttger floh 1701 nach Wittenberg, Friedrich I. setzte ein hohes Kopfgeld aus, sein Nachbar August der Starke schickte seine Häscher nach Wittenberg – mit Erfolg.

Natürlich wurde Johann Friedrich Böttger in den Dresdner Kasematten nicht gefangengehalten. Vielmehr dienten die 200 Soldaten nur zu seinem Schutz vor Entführern. Daß man zum Schutz des hoffnungsvollen Talents Fluchtversuche vereiteln mußte, versteht sich von selbst. Genauso wie – aus heutiger Sicht – die Tatsache, daß Böttger den Mund wohl etwas zu voll genommen hatte. Trotz intensivster Arbeit – keine Spur vom erhofften Goldsegen.

Einem Mann ist zu verdanken, daß die ganze Affäre nicht nur ein weiteres Loch in die sächsische Staatskasse gerissen hat, ja sogar annähernd den angestrebten Erfolg zeitigte: Ehrenfried Walther von Tschirnhaus. Der auch am Hof einflußreiche Mathematiker und Physiker wußte um die Wichtigkeit von Grundlagenforschung für die

Kreuzigung Christi, die Opferung Isaaks und die Erhöhung der ehernen Schlange. Die Porzellanausstattung auf dem Altar geht auf Johann Joachim Kändler zurück.

Im *Chorraum,* der genauso mächtig in den Himmel strebt wie das Mittelschiff, sticht das mittlere der sieben großen Fenster hervor. Die Verglasung ist trotz Ergänzungen in

Manufakturen in Sachsen, die mit ihren Produkten die Staatskassen füllen sollten. Er erkannte Böttgers Talent und regte an, den Alchimisten nicht mehr nach dem Geheimnis des Goldes, sondern nach dem Rezept zur Herstellung von Porzellan suchen zu lassen. Japaner und Chinesen beherrschten diese Kunst und ließen sich Porzellangegenstände fast in Gold aufwiegen.

Böttger forschte, ab 1705 in der Albrechtsburg in Meißen, dann auf der Festung Königstein, dann wieder in der Jungfernbastei in der Dresdner Stadtbefestigung. Ihm assistierten Freiberger Berg- und Hüttenleute. Und er hatte Erfolg: am 28. März 1709 meldete er dem König, daß er das Verfahren zur Herstellung des ersten europäischen Porzellans gefunden habe. Die Bedeutung dieses Ereignisses beleuchtet schlaglichtartig die Reaktion Augusts des Starken. Stolz läßt er in vier Sprachen in ganz Europa ankündigen, daß er die Errichtung einer Porzellanmanufaktur in Angriff nehme, deren Produkte den ostasiatischen Porzellanen zumindest ebenbürtig seien. Auf der Ostermesse 1710 in Leipzig gab es dann erstes Porzellan aus Sachsen zu bestaunen.

Der sächsische Hof sollte über Jahrhunderte von dieser Erfindung profitieren. Johann Friedrich Böttger brachte sie wenig Glück. Er mußte in Gefangenschaft weiterforschen, wurde erst 1715 – gesundheitlich zermürbt vom Rauch im Laboratorium und vom Alkohol – in Freiheit gesetzt und starb schon 1719.

Die Zusammensetzung der Porzellanmasse ist heute schon längst kein Geheimnis mehr. Ein Mitarbeiter Böttgers verriet es bereits 1719 in Wien. Geschadet hat das der Meissener Manufaktur jedoch nicht. Das Geheimnis dieses Porzellans, so Mitarbeiter der Manufaktur, liege nicht in der Mixtur und der Herstellung, sondern im künstlerischen Umgang mit der Porzellanmasse, in der Detailtreue und Präzision der Bemalung und in der Tradition. Ein Porzellanmaler: »Es sind die Kniffe, Tricks und Erfahrungswerte aus 282 Jahren, die von Alt auf Jung weitergegeben wurden und werden.« So machen dann auch Erfahrung und Qualität der Ausbildung des Nachwuchses Meissener Porzellan einzigartig in der Welt.

der Farbpracht aus der Zeit der Entstehung um 1270 erhalten geblieben: Die Statuen an den Wänden des Chorraums zeigen einmal die Stifterin Kaiserin Adelheid und Kaiser Otto I. An der gegenüberliegenden Wand die Figuren des Evangelisten Johannes und des Donatus. Die Statuen gelten wegen ihrer feinen Gestaltung, man beachte den lächelnden Gesichtsausdruck, als ein Höhepunkt der deutschen Bildhauerkunst im 13. Jh.

Links aus dem Chorraum führt der Weg in die renovierte *Sakristei.* Ein Tip: Die Domtürme sind wieder begehbar, von ihnen aus bietet sich ein herrlicher Blick auf Meißen und das Elbtal.

Vom Dom führt der Rundgang weiter in das weltliche Zentrum der Anlage, in die **Albrechtsburg.** Was da so wunderbar mittelalterlich an Fassade und Innerem der Burg daherkommt, ist jedoch im wesentlichen das Ergebnis einer Generalüberholung in den 80er Jahren des vergangenen Jahrhunderts. Nachdem die Porzellanmanufaktur in ihr neues Gebäude im Triebischtal umgezogen war, mußte das Innere der Burg vollständig neu gestaltet werden. Ziel dieses Neuausbaus war, ein öffentliches Museum für die mittelalterliche Zeit und eine Art Wettiner Gedenkstätte zu schaffen. Dieses Projekt ist nur im Zusammenhang der romantischen Bewegung zu sehen, die versuchte, durch die Aneignung des Mittelalters ein deutsches Nationalgefühl zu gewinnen und zugleich der als bedrohlich empfundenen Industrialisierung etwas entgegenzusetzen.

Bevor man sich den Innenräumen der Burg zuwendet, sollte man sich allerdings die Fassade zum Burghof genau anschauen. Man erinnere sich: Von der Stadt und vom Elbtal aus wirkt die Albrechtsburg wie eine schöne alte Ritterburg auf einem hohen Berg. In der Hoffassade aber überrascht das Bauwerk als Schloß, ist eher repräsentative Residenz als massiges Verteidigungswerk. Dieser Eindruck entspricht auch tatsächlich dem Plan des Baumeisters Arnold von Westfalen (gest. 1481). Von 1471–83 erbaut, markiert die Anlage als erster Schloßbau in Deutschland den Umbruch in der Machtausübung und in der Zurschaustellung der Macht. Nicht mehr abgeschottete, nur der Wehrtechnik und den Verteidigungsnotwendigkeiten gehorchende Architektur war gefragt. Die Albrechtsburg sollte Platz für moderne Verwaltung bieten und die Macht des Herrscherhauses durch Schönheit dokumentieren. Arnold von Westfalen schuf ein schlichtes, dreigeschossiges Bauwerk, das, fast ohne spätgotischen Schmuck, durch seine Proportionen überzeugt.

Die Mauern der Hoffassade weisen im Erdgeschoß eine Dicke von 2 m auf, verbreitern sich dann aber im dritten Obergeschoß auf 4 m. Mächtige Pfeiler im Innern tragen den Bau, so daß der Baumeister trotz der steilen Dachkonstruktion, aus der mit Kreuzblumen geschmückte Dacherker hervorstechen, auf die sonst üblichen äußeren Strebepfeiler verzichten konnte. Damit war der Weg frei für eine schloßähnliche Fassade im Innenhof der Burg. Zwei Treppentürme, der Kleine und der Große Wendelstein, führen in die oberen Geschosse. Den Großen Wendelstein schmücken Reliefs des Dresdner Renaissancebildhauers Christoph Walther I. Allerdings handelt es sich um Kopien, die 1945 angebracht worden sind. Die Originale sind in der Sammlung von Steindenkmälern im Schloß (Lapidarium) zu sehen.

Der Innenausbau der Burg in den 70er Jahren des vergangenen Jahrhunderts schuf mit den Zellengewölben (tiefe Zellen, mit scharfen Graden) ein beeindruckendes Spiel von Licht und Schatten. Diese Art der Zellengewölbe wurden vom Architekten Arnold von Westfalen beim Bau des Albrechtsschlosses erstmals angewendet und bei dem Neuausbau bewahrt. Weniger überzeugend demgegenüber die 25 großformatigen Wandgemälde, die die Geschichte des Hauses Wettin darstellen, und die 35 Fürstenporträts. Sämtliche Malereien stellten Professoren der Dresdner Kunstakademie her.

Im Innern der Burg sind mehrere *Museen* zu besichtigen. Im Erdgeschoß sind Sonderausstellungen zu sehen, im 1. und 2. Obergeschoß kann man die Schloßräume begehen. Das 2. Geschoß ist zudem der mittelalterlichen Plastik gewidmet. Es empfiehlt sich, eine Führung durch das Schloß mitzumachen.

Der Weg zurück in die Stadt führt wieder über die Afrastufen und die Frauenstufen, vorbei am Weinhaus Vincenz Richter zum Marktplatz. Wer noch einen weiteren Eindruck von der historischen Innenstadt erhalten möchte, schlendere zum Beispiel vom Markt durch die Rosengasse, die Webergasse, die Schlossergasse und die Görnische Gasse.

Das **Brauhaus** in der Rosengasse, das aus der Zeit vor dem Stadtbrand 1637 stammt, ist einer der bedeutendsten Renaissancebauten der Stadt. Es zeigt hohe Volutengiebel (volutum = schneckenförmig eingerolltes Bauglied), korinthische Säulen im Eingangsportal und ein Relief, das Simsons Kampf mit dem Löwen darstellt. Das prächtige **Tuchmachertor,** das von dem Platz vor dem Brauhaus auf den Grund der Frauenkirche führt, wurde um 1600 geschaffen und diente als Eingangstor zum Friedhof. Das heutige Tor ist eine Kopie von 1955/56.

Bei einem Rundgang durch die Gassen laden immer wieder Wein- und Probierstuben zur Einkehr ein. Der Grund: Um Meißen liegt das nördlichste Weinanbaugebiet Europas. Aufgrund seines milden Klimas bringt dieses Anbaugebiet sehr guten trockenen Wein hervor. Spezialität: der Goldriesling, eine Traube, die nur noch hier angebaut wird. Die Gesamtrebfläche beträgt zur Zeit 385 Hektar, die am häufigsten angebauten Sorten sind Müller-Thurgau, Riesling und Weißburgunder. (Informationen über den Weinanbau und die Sächsische Weinstraße, die sich zwischen Pirna und Diesbar-Seußlitz entlangzieht: Tourismusverband Sächsisches Elbland, ✆ 0 35 21/7 63 50, und Weinbauverband Sachsen, ✆ 0 35 21/76 35 30.)

Einen guten Abschluß für einen Ausflug nach Meißen stellt ein Besuch in der **Porzellanmanufaktur Meißen** (Talstraße 9) mit einem Abstecher in die **Nikolaikirche**, Neumarkt 29 (am Stadtpark) dar. Im Innern dieser Kirche, die um 1100 errichtet und 1695 mit einem Turmanbau ergänzt wurde, befindet sich eine Gedenkstätte für die 1800 Opfer Meißens im Ersten Weltkrieg. Sie wurde 1929 von dem Porzellankünstler Prof. Börner gestaltet – mit Gedenktafeln aus Meißner Porzellan sowie 2,50 m hohen Porzellanfiguren, die größten der Welt.

Die Porzellanmanufaktur Meißen genießt Weltruf. Mit einer Schauwerkstatt bietet sie ihren Gästen einen Einblick in die Herstellung der Pretiosen aus dem Weißen Gold. Eine Schauausstellung zeigt dann einige Kostbarkeiten aus der über 150 000 Formen umfassenden Produktpalette der Manufaktur. Das Unternehmen wird heute als GmbH mit dem Alleingesellschafter ›Freistaat Sachsen‹ geführt.

Informationen: Entfernung von Dresden: ca. 25 km. Anfahrt per Schiff ab Dresden, Auskunft Sächsische Dampfschiffahrt, Fahrplan: ✆ 03 51/ 8 66 09 40; per SV-Bahn ab Dresden Hbf oder Dresden-Neustadt; per Auto durch das Elbtal über die Bundesstraße Nr. 6, Fahrtzeit rund 45 Min.

Tourist-Information, Markt 3, 01662 Meißen, ✆ 0 35 21/4 19 40, Fax 41 94 19. Informationsmaterial, zweistündiger Rundgang durch die Altstadt, Vermittlung von Hotels und Privatunterkünften.

Stadtrundfahrten mit dem City-Bus: Verkehrsgesellschaft Meißen, Info-✆ 74 16 31 (Apr.-Okt.)

Meißen im Internet: www.meiland.de/ meissen und www.stadt-meissen.de.

Informationen über Porzellanmanufaktur Meißen: www.meissen.de.

Museen: Dom, Domplatz 7, ✆ 45 24 90, Apr.–Okt 9–18 Uhr, Nov.–März 10–16 Uhr.

Schloß Albrechtsburg, Domplatz 1, ✆ 4 70 70, März–Okt. 10–18 Uhr, Nov.–Feb. 10–17 Uhr, 10.–31. 1. geschlossen.

Staatliche Porzellanmanufaktur Meißen, Talstr. 9, ✆ 46 87 00. Schauhalle, tägl. 9–17/18 Uhr; Schauwerkstatt (Führungen), tägl. 9–17/18 Uhr (rund 10–15 Min. Fußweg vom Markt).

Frauenkirche, An der Frauenkirche 11, ✆ 45 38 32, Mai–Okt. 10–12, 13–16 Uhr

Nikolaikirche, Neumarkt 29, ✆ 45 38 32, Di, Mi, Do, So 14–16 Uhr

Stadtmuseum Meißen (zur Zeit nur Sonderausstellungen), Heinrichplatz 3, ✆ 45 88 57, tgl. 10–17 Uhr

Torhaus-Museum mit Ausstellung ›Romantik und Biedermeier zu Ludwig Richters Zeiten‹, Mittleres Burgtor, ✆ 45 33 12, tgl. 10–17 Uhr

Unterkunft: Hotel am Markt Residenz, An der Frauenkirche 1, ✆ 41 51 61, Fax 41 51 51. Stilvolles Hotel im Herzen der Altstadt. EZ ab 95 DM, DZ ab 175 DM.

Hotel & Weinstube Am Markt 6, ✆ 4 10 70, Fax 41 07 20, Gehobenes Hotel mit Restaurant im Kreuzkellergewölbe. EZ ab 95 DM, DZ ab 165 DM.

Hotel Burgkeller, Domplatz 11, ✆ 4 11 12 34. Gegenüber von Albrechtsburg und Dom gelegenes neues Hotel (eröffnet 2000). EZ ab 95 DM, DZ ab 140 DM.

Hotel Goldener Löwe, Heinrichsplatz 6, ✆ 4 11 10, Fax 4 11 14 44. Traditionshotel, 1999 wieder eröffnet. EZ ab 95 DM, DZ ab 160 DM.

Talent, Ausdauer, Fleiß und Tradition
Porzellanmanufaktur Meißen

»Dieser alte Scherben ist unbezahlbar!« Stolz hält Gerd Schubert eine reichgeschmückte Vase hoch. Das Kunstwerk aus Porzellan ist zwar am Rand etwas angeschlagen, den Porzellanmaler interessiert aber nur das Blumendekor – eine Originalmalerei aus dem vergangenen Jahrhundert. »Eine wunderbare Vorlage für unsere Arbeit.«

Seit 1947 arbeitet der aus Meißen Gebürtige in der berühmten Porzellanmanufaktur. Sein Spezialgebiet: Blumenmalerei, in der er mittlerweile auch den Nachwuchs ausbildet. Seine Frau ist übrigens auch in der Manufaktur – als Rosenmalerin. Die Schuberts sind stolz auf ihren Beruf: »Die Malerei ist der wichtigste wertbildende Faktor beim Meissener Porzellan.« Kein Wunder, daß die Maler in der Manufaktur als etwas Besonderes gelten: »Wir sind schon ein wenig die Individualisten hier.«

Talent reicht nicht aus, um Porzellanmaler zu werden. Gefordert sind auch ein langer Atem und viel Fleiß bei der vierjährigen Ausbildung. Wie soll man es sonst aushalten, im ersten Lehrjahr nur immer wieder Formen auf ein Blatt Papier zu malen. Für das spätere Arbeitsleben gilt: »Der Beruf muß eigentlich Hobby sein. Man muß eigene Studien machen, viel ausprobieren.«

Die ersten Anregungen für die Porzellanmalerei erhielt Gerd Schubert von seinem Vater, der 1910 – ebenfalls als Blumenmaler – zur Manufaktur ging. Zu dieser Zeit öffnete den Manufakturisten noch ein Pförtner mit Livree und Stab die Tür. Abgeschafft worden war dagegen auch damals schon der Degen, den die Manufakturisten als einzige in der Stadt tragen durften.

Tradition spielt auch heute noch eine große Rolle in der Manufaktur, sei es bei den Jubiläen der Manufakturisten, die wie früher mit einem großen Festzug gefeiert werden, oder wenn die ›Alten‹ den ›Jungen‹ ihre Tips weitergeben und von vergangenen Zeiten erzählen. Vorbei ist aber heute die Zeit, als die Maler noch wußten, wer das gerade zu bemalende Porzellan bestellt hatte. »Mal war es ein italienisches Fürstenhaus, mal eine reiche Familie in Bogotá«, erzählt Gerd Schubert. »Am liebsten hätten wir das Service dann persönlich hingebracht.«

Ein Service ganz besonderer Art hat Gerd Schubert zuhause stehen: es ist das letzte, das sein Vater nach 50jähriger Tätigkeit in der Manufaktur mit Blumen bemalte.

Porzellanmalerin in der Porzellanmanufaktur Meißen

Hotel Knorre, Elbtalstr. 3 (OT Winkwitz), ✆ 7 60 70, Fax 76 07 77. Direkt an der Elbe gelegen, EZ ab 100 DM, DZ ab 160 DM

Hotel Pannonia Meißen, Hafenstr. 27-31, ✆ 7 22 50, Fax 72 29 04. Alte Jugendstilvilla mit Blick auf Albrechtsburg und Dom. EZ ab 157 DM, DZ ab 197 DM.

Restaurants und Weinstuben: Bauernhäus'l/Historische Weinstube von 1639, Oberspaarer Str. 20, ✆ 73 33 17. Eigener Weinberg, sächsische Weine. Di–Sa ab 18 Uhr, Di–So auch 12–14 Uhr.

Besenwirtschaft am Katzensprung, Heiliger Grund 16, ✆ 73 78 83. Sachsens erste Straußwirtschaft. Juli–Sept. am Wochenende ab 14 Uhr.

Domkeller, Domplatz 9, ✆ 45 76 76, älteste Gaststätte Meißens, auf dem Burgberg gelegen. Sächsische Speisen und Weine. Mo–Fr 11–22 Uhr, Sa 11–23 Uhr, So 11–21 Uhr.

Meißner Arkaden, Burgstr. 24, ✆ 45 86 11. Gutbürgerliche Küche, Weinverkostung im eigenen Weinkeller. Tgl. ab 11 Uhr.

Meißner Burgstuben, Freiheit 3, ✆ 45 36 85. Sächsische Küche und Weine, Gästegarten. Di–So 10–18 Uhr.

Romantikrestaurant Vincenz Richter, An der Frauenkirche 12, ✆ 45 32 85. Historisches Weinhaus, sächsische Küche und Weine. Di–Fr ab 16 Uhr, Sa/So ab 12 Uhr.

Einkaufen: Meißner Wein: Verkauf der Sächsischen Winzergenossenschaft Meißen e. G., Küfertheke, Am Markt 5, ✆ 45 36 15, von Apr.–Dez. (auch So) ab 10.30 Uhr geöffnet.

Antiquitäten im Bennohaus, Markt 9, ✆ 45 82 28.

Buch & Kunst, Markt 7, ✆ 45 23 80, Meißen-Literatur.

Zinngießerei Lehmann, Burgstr. 27, ✆ 45 29 75.

Veranstaltung: Walpurgisnacht & Markgrafenfest auf der Albrechtsburg (Ende Apr.–Anfang Mai), Altstadtfest (Juni), Lange Nacht – Kunst, Kultur und Architektur in der gesamten Stadt (Juli), Stadt- und Weinfest (Sept.), Meißner Weihnacht rund um den Weihnachtsmarkt (Dez.).

Als hätten da die Engel im Sande gespielt – Die Sächsische Schweiz

Natur vom Feinsten. Schroffe Sandsteinformationen mit einsamen Felsentürmen, tiefeingeschnittene Täler und Schluchten, wuchtige Tafelberge und Wiesen auf sanft geschwungenen Hügeln bietet die Sächsische Schweiz. Dazu die mächtigen Burgen Stolpen, Hohnstein und Königstein: Motive, die nicht nur romantische Maler entzückten.

Zwei Schweizer Maler, die im 18. Jh. an der Dresdner Kunstakademie lehrten, Anton Graff und Adrian Zingg, sollen der Sächsischen Schweiz den Namen gegeben haben. Sie waren von der Schönheit der Region zwischen Erzgebirge, Lausitzer Bergland und Böhmischem Mittelgebirge derart angetan, daß sie sie spontan mit ihrer Schweizer Heimat verglichen. Heute findet sich häufig auch der Fachterminus **Elbsandsteingebirge,** der jedoch ein geologisch genau abgrenzbares Gebiet bezeichnet, das bis ins Böhmische geht. Die Elbe durchschneidet die rund 368 km^2 große Sächsische Schweiz.

Rechts der Elbe – schaut man von der Quelle flußabwärts – finden sich wildzerklüftete Felsformationen, links des Flusses demgegenüber erfreut eine eher liebliche Landschaft den Betrachter. Die beiden Schweizer Maler waren aus gutem Grund von dieser Landschaft beeindruckt: Gesteinsformationen, aus denen einsame Felsentürme herausragen, tiefeingeschnittene Täler und Schluchten mit schroffen Steilwänden, wuchtige Tafelberge inmitten von Wiesen, Feldern und sanften Hügeln. Kein Wunder, daß dieses Mittelgebirge schon vor 200 Jahren beliebtes Ausflugs- und Wanderziel war und die Maler der Romantik wie Adrian Ludwig Richter und Caspar David Friedrich sich hier ihre Motive suchten.

Aus heutiger Sicht eher skurril nehmen sich Adlige und wohlhabende Bürger aus, die als erste Reisende die Naturschönheit der Region entdecken wollten. Sie erkundeten die Bergwelt in Sänften. Zu einer solchen Reisegesellschaft gehörte darüber hinaus auch ein Orts-

Stolpen
Burg
Dürröhrsdorf-
Dittersbach
Helmsdorf
Wesenitz
Polenz
Neustadt
Porschendorf
Heeselicht
Liebethal
Lohmen
Ehrenberg
Krum-
hermsdorf
Schönbach
PIRNA
Uttewalde
Rathe-
walde
Hohnstein
Lohsdorf
Stadt
Wehlen
Dorf
Wehlen
Elbe
Bastei
Rathen
Waitzdorfer Höhe
414 m
Ulbersdorf
Sonnenstein
Pötzscha
Nieder-
rathen
Waitzdorf
Goßdorf
Obervogelgesang
Naundorf
Weißig
Porschdorf
Lichtenha
Struppen
Thürmsdorf
Rathmannsdorf
Mittelndorf
Lilienstein
412 m
Prossen
Krietzschwitz
Ebenheit
Neundorf
Festung
Königstein
360 m
Königstein
Bad
Schandau
Ostrau
Schramms
Pfaffendorf
Gohrisch
Klein-
hennersdorf
Krippen
Postelwitz
Cotta
Leupoldishain
Pfaffenstein
Papstdorf
Reinhardts-
dorf-
Schöna
390 m
Cottaer
Spitzberg
Langen-
hennersdorf
Cunnersdorf
Berggießhübel
Hermsdorf
Bielatal
Kleingießhübel
Brausenstein
Neidberg
Zschirnstein
560 m
Bad Gottleuba
Schweizer-
mühle
Biela
Labe
Elbe
Rosenthal
Bielagrund
Děčinsky Sněžnik /
Hoher Schneeberg
722 m
Tiské stěny /
Tyssaer Wände 613 m
Tysá/
Tyssa
Podmokly/
Bodenbach
Děčínsk

kundiger, der sogenannte ›Schweizführer‹, der den hohen Herrschaften die Naturgegebenheiten erläuterte. Auch König Friedrich Wilhelm III. von Preußen nebst Gattin Luise und zwei Töchtern (eine davon per Heirat Zarin von Rußland) besuchten auf den schwankenden Tragsesseln das Gebiet um den Großen Winterberg. Während einer Pause, in der sich die Damen auf einem regennassen Bergweg die Füße vertreten wollten, warnte der Schweizführer respektlos: »Madamchens, nehmen Se Ihre Klunkern in die Höhe und verliern Se Ihre Latschen nich!« Mit soliden Informationen in angemessenem Ton informierte dagegen der erste Reiseführer zum Thema Sächsische Schweiz aus dem Jahr 1801. Carl Heinrich Nicolai, Pfarrer in Lohmen, stellte die Beschreibungen zusammen, in der viele Passagen noch heute Gültigkeit besitzen. Zum Ziel für einen breiteren Kreis von Reisenden wurde die Region durch die Einrichtung einer Dampfschiffahrtslinie von Dresden und durch die Eisenbahnlinie Dresden–Böhmen (eröffnet 1851), die eine komfortable Anreise in das Gebiet ermöglichten.

Der Tourismus trat als Erwerbszweig neben die Arbeit in den Sandsteinbrüchen, die von alters her zu den wichtigsten Einnahmequellen der Bewohner der Region zählte. Sandstein aus der Sächsi-

Blick von der Bastei

schen Schweiz war in Europa überaus begehrt. Man verwendete Sandstein zum Bau des Kopenhagener Schlosses und des Antwerpener Rathauses. Selbstredend, daß im nahen Dresden (katholische Hofkirche, Schloß Pillnitz etc.) mit Sandstein aus der Region gebaut wurde. Überraschend hingegen, daß auch das Brandenburger Tor in Berlin mit Hilfe des sächsischen Exportartikels erbaut wurde. Der Stein wurde mit Kalkfarbe bemalt, um Marmor vorzutäuschen.

Rund 3 Mio. Gäste besuchen heute jährlich die Sächsische Schweiz. Die beliebtesten Ausflugsziele sind das Basteigebiet, die Festung Königstein sowie Bad Schandau, das Kirnitzschtal und die Schrammsteine. Die Sächsische Schweiz ist ein Paradies für Kletterer, obwohl einige der 1100 Klettergipfel nicht mehr bestiegen werden dürfen, da der weiche Sandstein abbröckelt. Wanderer kommen in der Sächsischen Schweiz ebenfalls auf ihre Kosten, denn gut ausgewiesene Wanderwege führen zu Gipfeln (Basteigruppe, Lilienstein und andere Tafelberge), die ohne große Mühen über Treppen erstiegen werden können. Schon während der Wanderung zu solchen Gipfeln ergeben sich an vielen gekennzeichneten Aussichtspunkten herrliche Ausblick in die Landschaft. Heinrich von Kleist, einer der prominenten Besucher, schrieb 1801: »Ich sehe die Elbhöhen (…) und die Felsen im Hintergrund von Königstein, die wie ein bewegtes Meer von Erde aussehen und in den schönsten Linien geformt sind, als hätten da die Engel im Sande gespielt.«

Doch nicht nur Landschaft pur gibt es hier zu entdecken. Viele Ortschaften bieten ein gut erhaltenes historisches Zentrum, zum Beispiel Pirna, Stadt Wehlen, Hohnstein, Stolpen oder auch Hinterhermsdorf mit seinen zahlreichen Umgebindehäusern. Dazu kommen geschichtsträchtige Burgen wie Hohnstein oder Stolpen, wo August der Starke

seine Mätresse, die Gräfin Cosel, gefangenhielt. Ein touristisches Muß ist die Festung Königstein, eine der bedeutendsten Festungsanlagen in Deutschland.

Und nicht zuletzt lohnen sehenswerte Schlösser am Rand der Sächsischen Schweiz (Schloß Weesenstein, Barockgarten Großsedlitz) einen Besuch. Wen's ans Wasser zieht, in den Ausflugslokalen in Rathen und Stadt Wehlen unmittelbar am Elbufer läßt sich bestens unter Linden und Kastanien ein Kaffee genießen, Ausblick ins Flußtal inklusive.

Man spürt in diesen Elborten, daß hier der Tourismus Tradition hat. Zahlreiche, wieder heraus geputzte Hotels, Ausflugs-Gaststätten und Restaurants bieten Unterkunft und kulinarische Köstlichkeiten – inklusive eines wundervollen Panoramablicks auf Sächsische Schweiz, bizarre Felsen und den Elbverlauf. Einen Vergleich mit anderen touristischen Gegenden muß die Sächsische Schweiz also nicht scheuen.

Apropos, aufmerksame Reisende werden in fast jedem Ort ein Gasthaus mit dem Namen ›Erbgerichts-

Elbe bei Königstein

hof‹ entdecken. Diese Wirtshäuser gehörten einst den Dorfvorstehern, die im Auftrag der Grundherren die niedere Gerichtsbarkeit im Orte ausübten und dafür das Schankrecht erhielten. Dieser Besitz und diese Privilegien waren erblich.

Welche Möglichkeiten bieten sich, die Sächsische Schweiz zu entdecken? Eine Fahrt mit einem nostalgischen Schaufelraddampfer von Dresden bis Schmilka bietet einen ersten Eindruck von der Schönheit der Sächsischen Schweiz. Vorbei geht es an Schloß Pillnitz, den schroffen Basteifelsen zwischen Wehlen und Rathen, weiter zum mächtigen Lilienstein und der imposanten Festung Königstein. Hinter Bad Schandau, in dem es sich lohnt, zu einer Stadtbesichtigung auszusteigen, erheben sich die Schrammsteine.

Kombinierte Auto- und Wandertouren bieten sich für Wochenendurlauber an. Mögliche Ziele der Touren: Stadt Wehlen und Rathen mit der Bastei; Bad Schandau und das Kirnitzschtal; Hinterhermsdorf, von dem aus man mit einem Spaziergang (rund 2 km) zur Oberen Schleuse und der wildromantischen Kirnitzschlucht gelangt. Liebhaber von alten Burgen sollten Stolpen und Hohnstein besuchen. Links der Elbe bietet sich folgende Route an: über Pirna geht es, nach einem Abstecher in den Barockgarten Großsedlitz, zur Festung Königstein. Von hier aus läßt sich auf Schusters Rappen das linksseitige Hinterland mit dem Bielatal entdecken.

Wer allerdings die Sächsische Schweiz auf der Route der Romantiker – ganz wie zu Caspar David Friedrichs Zeiten – entdecken möchte, der wird sich schon auf eine mehrtägige Wanderung einlassen müssen. Eine erste Route führt von

Wie das Elbsandsteingebirge entstand

Die Entstehung des Elbsandsteingebirges geht bis in die Kreidezeit (140–66 Mill. Jahre v. u. Z. zurück). Ein Meer bedeckte damals weite Teile Mitteleuropas, in dem sich nach und nach Sand und andere Sedimente des Wassers ablagerten, die sich zu Stein verdichteten. Als das Meer durch eine Anhebung des Grundgebirges abfloß, blieb eine 600 m hohe Sandsteinplatte zurück.

Zwei große Erdbewegungen prägten dann entscheidend die Landschaft des Elbsandsteingebirges: Am Ende der Kreidezeit hob sich durch ungeheure Spannungen in der Erdkruste der Lausitzer Granit und schob sich von Nordwesten her über den Rand des Sandsteingebietes; im Tertiär hob sich das Gebiet des heutigen Erzgebirges. Für das Elbsandsteingebirge hatten diese sogenannten tektonischen Bewegungen zwei Folgen: erstens entstanden in der Sandsteinplatte senkrechte Risse und Klüfte. Zweitens flossen die Urelbe samt Nebenflüssen nach der Hebung durch Gebiete mit erheblich stärkerem Gefälle und gruben sich so tiefe Täler in die Sandsteinplatte. Beiderseits dieser Flußtäler aber blieben plane Hochflächen (sogenannte Ebenheiten) erhalten.

Eiszeit und Verwitterung gaben dann dem Elbsandsteingebirge sein heutiges Gesicht. Die Eiszeit brachte Gletscher in das Gebirge, deren Schmelzwasser die bereits vorhandenen Täler und Flußbetten weiter auswusch. Wind, Wasser, Frost und Sonneneinstrahlung sorgten dann durch Verwitterung für die bizarren Felsformen im Elbsandsteingebirge.

Eine letzte Naturgegebenheit des Elbsandsteingebirges entstand durch Vulkanausbrüche: die Basaltberge wie z. B. der Große und Kleine Winterberg. Alle Erhebungen, die mit -berg enden, bestehen aus Basalt, alle Erhebungen, die auf -stein (Pfaffenstein, Lilienstein) enden, aus Sandstein.

Heute ist das Elbsandsteingebirge durch Verwitterung bedroht. Bei diesem Prozeß spielt die chemische Zusammensetzung des Sandsteins eine erhebliche Rolle. Der Sandstein besteht zu 90 % aus Quarzkörnchen, die durch das Regenwasser, das tief in den porösen Sandstein eindringt, gelockert und schließlich abgesprengt werden. Die Verwitterung des Sandsteins ist daher letztendlich nicht aufzuhalten, auch wenn die Landschaftspflege verschiedene Maßnahmen ergreift, den Reiz dieses Gebirges zu erhalten.

Dresden über Lohmen, Uttewalder Grund, Wehlen, Basteifelsen, Amselfall bei Rathen, Burg Hohnstein auf den Aussichtsberg Brand; die zweite Route führt von Bad Schandau über Lichtenhainer Wasserfall im Kirnitzschtal, Kuhstall, Kleiner und Großer Winterberg, Prebischtor (Pravčickábrana) bis zum Ort Herrnskretschen (Hřensko). Zurück geht es – wie zu Romantikers Zeiten – mit dem Boot auf der Elbe. Einen Halt in Königstein und am Lilienstein sollte man keinesfalls auslassen.

ℹ **Information:** Tourismusverband Sächsische Schweiz e.V., Am Bahnhof 6, 01814 Bad Schandau, ✆ 03 50 22/49 50, Fax 4 95 33, www.saechsische-schweiz.de. Touristenservice Pirna, Am Markt 7, 01796 Pirna, ✆ 0 35 01/4 65 70, Fax 46 57 15

Wandern, Klettern und Radfahren

Auf Schusters Rappen

Die Sächsische Schweiz ist ein Paradies für Wanderer, denn sie bietet rund 1200 km markierte Wanderwege in landschaftlich reizvoller Umgebung. Hinzu kommt eine gut entwickelte Gastronomie. Besonders beliebte Wanderziele sind die Bastei und der Amselgrund, das Winterbergmassiv, das Gebiet der Schrammsteine sowie die Wälder und Schluchten um Hinterhermsdorf. Gern genutzt werden von den Besuchern der Region die Wanderungen im Nationalpark, die unter Themen wie Vogelstimmenwanderungen, waldkundliche oder fotografische Exkursionen stehen. Ob mit oder ohne Führung, alle Wanderer sollten festes Schuhwerk und wetterfeste Kleidung mitbringen.

Klettern

Die Sächsische Schweiz könnte man das Geburtsland des free climbing (Klettern ohne Hilfsmittel) nennen. Zum Erhalt des weichen Sandsteins hat man bereits 1913 Kletterregeln festgelegt, die wesentliche Elemente des free climbing vorwegnahmen. Erste und wichtigste Regel: An der Felsoberfläche dürfen keine Veränderungen vorgenommen werden. Das heißt, man darf sich nur über bereits vorhandene Sicherungsringe absichern. Diese Sicherungsringe dürfen nur bei einer Erstbesteigung eingeschlagen werden. Zweite Regel: Die Verwendung von Magnesia, um beim Klettern eine bessere Haftung zu erreichen, ist verboten.

In der Sächsischen Schweiz gibt es rund 1100 Klettergipfel und über 14 000 Aufstiege. Die Schwierigkeitsskala reicht von Grad I bis Grad X, vom Kaminklettern bis zum Schwere Wand- und Rißklettern.

Die Kletterziele sind v.a. das Basteigebiet, die Schramm- und Affensteine (Fortgeschrittene) sowie das 200 Gipfel zählende Bielatal (Anfänger). Bereits 1900 wurde es als ›Übungsfeld der Wandkletterei und damit zur Vorschule für Kletterfahrten in die Dolomiten‹ bezeichnet.

Bergsteigen: Sächsischer Bergsteigerbund, Geschäftsstelle, Ehrlichstr. 2, 01067 Dresden, ✆ 03 51/4 94 14 16.
Ausrüstung und Kletterkurse: Bergsport Arnold, Obere Str. 35, 01848 Hohnstein, ✆ und Fax 03 59 75/8 12 46 und Marktstr. 4, 01814 Bad Schandau, ✆ 03 50 22/4 23 72.
sächsische schweiz tours Erlebnisreisen, ✆ 03 59 74/5 05 50, Outdoortours, ✆ 03 59 71/5 69 07.

Radfahren und Reiten

Mit dem Fahrrad oder dem Pferd die Sächsische Schweiz erkunden – dieser sportliche Zeitvertreib findet immer mehr Anhänger. In vielen Orten der Sächsischen Schweiz werden Reitferien mit Reitunterricht und Ausritten angeboten.

Für Radfahrer bietet die Landschaft Routen aller Schwierigkeitsgrade. Gut erschlossen ist die linke Seite der Elbe; rund 200 km sind mit dem grünen Fahrradsymbol auf weißem Grund ausgeschildert, Informationstafeln, Rastplätze und Schutzhütten gibt es in hinreichender Zahl. Die beliebteste Strecke ist der Elberadweg, der am Elbufer entlangführt. Immer wieder zweigen hier schöne Routen ins Hinterland ab, so die Strecke Schöna–Liebstadt, rund um Königstein oder zwischen Pirna und Hellendorf.

Die Straßen ins rechtselbische Hinterland zeigen Höhenunterschiede zwischen 120 m und 720 m, sind aber noch fahrbar. Die schönen Abfahrten mit den herrlichen Ausblicken kann genießen, wer vor Antritt der Fahrt für gute Bremsen gesorgt hat. Die Straßen sind im rechtselbischen Hinterland zumeist recht schmal, aber gut ausgebaut, auch wenn hier und da noch Kopfsteinpflaster liegt. Markiert ist hier der Fernradweg von Pirna über Graupa und Lohmen nach Stolpen. Wer ohne Fahrrad angereist ist, kann sich in vielen Orten einen Drahtesel mieten.

Kletterparadies Sächsische Schweiz

Radfahren: Die Broschüre »Radeln, Einkehren und Übernachten am Elberadweg« gibt es beim Tourismusverband Sächsische Schweiz oder über www.elberadweg.de. Fahrräder kann man u. a. ausleihen in den Bahnhöfen Pirna und Bad Schandau.

Nationalpark Sächsische Schweiz

Die Sächsische Schweiz weist im Gegensatz zu vielen anderen deutschen Mittelgebirgen (Erzgebirge, Harz) nicht so große Umweltschäden auf. Vielerorts allerdings finden sich statt der Mischwälder, wie sie noch im 19. Jh. verbreitet waren, standortwidrige Nadelforste mit Fichten und Lärchen. Der saure Regen beschleunigt zudem den Verwitterungsprozeß der Felsen. Nach wie vor bietet die Region jedoch eine einzigartige Vegetation und eine reiche Tierwelt. So ist zum Beispiel die Sächsische Schweiz eine der farnreichsten Regionen Europas. In manchen Schluchten, in denen es feucht, dunkel und kühl ist und Kellerklima herrscht, finden sich sogar Pflanzen, die es sonst nur in Höhenlagen gibt. In der gesamten Sächsischen Schweiz ist der Uhu anzutreffen, im oberen Kirnitzschtal läßt sich bisweilen der seltene Eisvogel beobachten.

Schon 1912 wurden einige Regionen der Sächsischen Schweiz als Landschaftsschutzgebiete ausgewiesen, 1956 erhielten die gesamten 368 km^2 diese Einstufung. 1990 wurden per Gesetz zwei Kernbereiche mit rund 93 km^2 in Nationalparks umgewandelt: das Gebiet um die Basteigruppe (Nationalpark Vordere Sächsische Schweiz) und das Gebiet zwischen den Schrammsteinen und Hinterhermsdorf (Nationalpark Hintere Sächsische Schweiz).

Neben anderen Naturschutzmaßnahmen soll der Nadelwald nach und nach wieder durch Laubmischwald ersetzt werden, und Teile der Landschaft im benachbarten Böhmen sollen in einen Nationalpark umgewandelt werden.

Umweltschützer weisen aber auf Mißstände hin, die es noch zu beheben gilt. So seien Klettern und Freiübernachten für Kletterer in den Kernzonen des Nationalparks, in denen 760 der 1100 Klettergipfel liegen, zum Schaden der Naturlandschaft immer noch erlaubt. Zudem fehle eine großräumige Verkehrsplanung, durch die der Besucherstrom ohne Schaden für den Naturschutz gelenkt werden könnte, z. B. im Basteigebiet und im Kirnitzschtal.

Information: Nationalparkverwaltung Sächsische Schweiz: An der Elbe 4, 01814 Bad Schandau, ✆ 03 50 22/9 00 60, Fax 9 00 66, Besucherbetreuung ✆ 9 00 60. Nationalpark-Informationsstelle Amselfallbaude bei Rathen (Frühjahr 10–16, Sommer 10–17 Uhr, ✆ 03 59 75/8 12 19). Geführte Wanderungen mit der Nationalparkwacht, ✆ 03 50 22/4 31 90.

Nationalpark Sächsische Schweiz

Reiten: Reitunterricht bieten an: Reittouristik Wolfram Eschenbach, ✆ 03 59 74/5 02 44, 01855 Hinterhermsdorf.
Reiterhof Fischer, ✆ 03 50 28/8 09 59, 01814 Reinhardtsdorf.
Reitstall Schiekel, ✆ 03 50 24/7 04 59, 01829 Wehlen.

Auf dem Wasser

Eine Fahrt ohne Anstrengung läßt sich mit einem der Dampfer auf der Elbe in Richtung tschechische Grenze unternehmen. Wassersportfreunde können diese Strecke jedoch auch mit dem Paddelboot, Kanu oder dem Segelschiff zurücklegen. Lohnenswert sind außerdem Kahnpartien auf dem Amselsee in der Nähe von Rathen oder durch die Cañons der Kirnitzsch.

Bootsfahrten: Wehlen: Haus Sonneneck, ✆ 03 50 24/7 10 84 (Kanus, Kajaks)
Krippen: Landgasthaus Ziegelscheune, ✆ 03 50 28/8 07 65 (Kajaks, Paddelboote)

Rechts der Elbe – Bastei und Nationalpark Vordere Sächsische Schweiz

Bedeutendstes und ältestes Ausflugsziel in der Sächsischen Schweiz ist das Basteigebiet, eine bewaldete Hochfläche zwischen Stadt Wehlen und Rathen, unmittelbar an der

Elbe gelegen. Das Juwel dieser Landschaft: die Bastei, eine bizarre Felsformation am Ortsrand Rathens, unmittelbar an der Elbe.

Die Bastei

Das Basteigebiet, 1592 erstmals ›Pastey‹ genannt, ist Mittelpunkt des Nationalparks Vordere Sächsische Schweiz. Am östlichen Rand dieses Gebiets, nur 130 m von der Elbe entfernt, befindet sich der Felsrücken **Bastei** mit einem 305 m hohem Riff, das weit zur Elbe hin vorspringt. Von diesem Aussichtspunkt bietet sich der berühmte Blick auf das Elbtal und die Tafelberge der Sächsischen Schweiz und – bei klarem Wetter – sogar bis zum Hohen Schneeberg (726 m) in der Tschechischen Republik. Unterhalb der Basteifelsen auf der elbabgewandten Seite liegt der Wehlgrund, dessen Naturkulisse schon im 18. und 19. Jh. Maler beeindruckte. Hier wurde 1936 ein Freilichttheater, die **Felsenbühne Rathen,** errichtet, das heute 2000 Besuchern Platz bietet. Auf dem Programm stehen Theaterstücke der Klassiker, Märchen und Opern wie Webers ›Freischütz‹. Ein Höhepunkt des Spielplans sind heute die Rathener Karl-May-Spiele, die 1991 nach 50jähriger Unterbrechung wieder aufgenommen wurden.

Die ersten Besucher kamen bereits Ende des 18. Jh. auf die Bastei. Damals mußten sie noch den beschwerlichen Aufstieg von der Elbe her unternehmen, wollten sie in den Genuß der Basteiaussicht kommen. Durch den Ausbau von Wanderwegen und vor allem durch die Abfahrt von Dresden per Elbdampfer und per Eisenbahn (Linie Dresden – Böhmen, 1851) erlebte der Fremdenverkehr in dieser Region in der Mitte des 19. Jh. einen erheblichen Aufschwung. Heute kommen jährlich rund 2 Mio. Besucher auf die Bastei. Angesichts dieser Besucherzahlen ein Tip: Wer in Ruhe die wundervolle Aussicht von der Bastei genießen möchte, sollte in der Hauptsaison in den Morgen- oder Abendstunden kommen bzw. im Herbst oder Frühling.

Erwandern kann sich der Besucher diese Anlagen über den Basteiweg, der in Rathen beginnt. Vorbei geht der Weg an der Felsgruppe Mönch zur Ruine der **Felsenburg Neurathen** in 270 m Höhe. Felsgemächer, die in den Sandstein gemeißelt wurden, sowie mehrere Überbrückungen, die einen mittelalterlichen Wehrgang nachzeichnen, sind von dieser Felsenburg erhalten. Zahlreiche Hinweistafeln erläutern dem Besucher den Wehrgang. Die Burg diente im Mittelalter als Bastion, bis sie im Jahr 1469 zerstört wurde. Von der Felsenburg führt ein Weg zur 76,5 m langen **Basteibrücke** von 1851, über die man zur bereits oben erwähnten Aussichtsplattform gelangt.

Ganz in ihrer Nähe befinden sich das Berghotel ›Bastei‹ und die

Basteibrücke,
im Hintergrund der Lilienstein

Berggaststätte. Hier bot bereits im Jahr 1812 ein Fleischer Pietzsch aus Lohmen einen Imbiß an. 1826 errichtete man – angesichts des zunehmenden Besucherstroms – das Gaststättengebäude, das in den 70er Jahren des 20. Jh. rekonstruiert und erweitert wurde.

Wer nicht mit dem Auto zur Bastei fahren will, sondern auf Schusters Rappen die Schönheit dieser Landschaft erleben möchte, findet den Beginn des bequemsten und auch schönsten Wanderweges in Stadt Wehlen. Er führt durch den *Wehlener Grund,* den *Zscherre-* und den *Höllgrund* weiter zum **Steinernen Tisch** (306 m hoch). An dieser Wegkreuzung wurde bereits 1710 anläßlich einer kurfürstlichen Jagdgesellschaft ein Gasthaus angelegt. Weiter geht es dann zur Bastei.

Informationen: Über die Bastei: Gemeindeverwaltung Lohmen, Basteistraße 79, 01847 Lohmen, ✆ 0 35 01/58 10 24, Fax 58 10 25. Information und Kartenverkauf für die Felsenbühne Rathen, 01824 Rathen, ✆ 03 50 24/77 70.

Unterkunft: Berghotel Bastei, 01847 Lohmen/Ortsteil Bastei, ✆ 03 50 24/77 90, Fax 77 94 81.

Kurort Rathen

Besucher der Stadt **Rathen** müssen den Pkw gut 1 km vor dem Ortskern stehen lassen, denn in dem Kurort ist jeder Autoverkehr untersagt. Aber auch für Kurzbesucher lohnt der Fußweg vom Parkplatz den Berg hinunter in die Stadt: vorbei am Felsen Gamrig (rechter Hand), den bizarren Felswänden des Basteimassivs, dem Grünbach, Blumenwiesen und Pensionen im Fachwerkstil, in deren Gärten Blumen und Rhododendronbüsche blühen, im Ortskern dann kleine Fachwerkhäuser, Villen, Pensionen, und Cafés finden sich unmittelbar am Elbufer.

Rathens Geschichte beginnt im 13. Jh. Bereits 1261 wurde ein auf der Burg Rathen lebendes Adelsgeschlecht erwähnt. Im 15. Jh. dann lebte hier und auf der benachbarten Burg Neurathen ein böhmisches Adelsgeschlecht, dem der Ruf vorausging, recht kriegerisch zu sein. Burg Rathen wurde zwar 1469 zerstört, unterhalb der Burg aber hatten sich erste Häusler angesiedelt, die im örtlichen Steinbruch arbeiteten. Ein bauliches Zeugnis aus dem 16. Jh. ist die Alte Mühle am Eingang zum Amselgrund.

Im *Amselgrund,* der sich nördlich an die Stadtgrenze anschließt, wurde im Jahr 1934 der 500 m lange **Amselsee** angestaut, der umgeben ist von Felsgruppen mit Namen wie Lokomotive, Große Gans oder Talwächter. Viele dieser Felsen werden heute als Klettermöglichkeit genutzt. Wandert man am Amselsee vorbei, dann biegt rechts der *Höllgrund* ab. Weiter durch den Amselgrund erreicht der Besucher den Wasserfall **Amselfall.** Ein weiterer Weg führt südwestlich des Amselgrunds durch die wildromantische Schlucht **Schwedenlöcher,** die im Dreißigjährigen Krieg und im Nordischen Krieg als Unterschlupf für die Einheimischen diente. Will man sie vom Amselgrund aus erwandern, so sind 700 Stufen zu erklimmen.

Informationen: Gästeamt Rathen, Niederrathen Nr. 17b, 01824 Rathen, ✆ und Fax 03 50 24/7 04 22.

Unterkunft: Hotel Elbschlößchen, Am Kottesteig 27b, ✆ 03 50 24/ 7 50, Fax 7 51 99, EZ ab 130, DZ ab 160 DM. First Class-Hotel direkt an der Elbe.
Hotel Amselgrundschlößchen, Amselgrund 10b, ✆ 03 50 24/7 43 33, Fax 7 44 44, EZ ab 90 DM, DZ ab 130 DM. Zentral gelegen.
Hotel-Restaurant Erbgericht, Niederrathen Nr. 5, ✆ 03 50 24/7 04 54, Fax 7 04 27. EZ ab 82 DM, DZ ab 140 DM. Direkt am Elbufer gelegen.
Gästehaus und Burg »Burg Altrathen«, Niederrathen 6b, ✆ 0 30 24/76 00, Fax 7 60 22, EZ ab 35 DM, DZ ab 70 DM. Wohnen in einer alten Raubritterburg.

Lilienstein

Ein Ausflug lohnt sich auch zum **Lilienstein,** südöstlich von Rathen in der großen Elbkehre. Der 415 m hohe Tafelberg, der allmählich in einzelne Felsbastionen zerfällt, wird an drei Seiten von der Elbe umflossen. Das Gipfelplateau erreicht man auf Eisenleitern an der südwestlichen Bergseite. Diesen Weg legte 1708 schon August der Starke zurück; ein Obelisk aus dem gleichen Jahr erinnert an diesen königlichen Besuch. Ein weiterer Obelisk an der Südspitze gedenkt der 800-Jahrfeier der Wettiner im Jahre 1888.

Der Lilienstein, 1379 zum ersten Mal urkundlich erwähnt, hatte durch seine Lage unmittelbar gegenüber der Festung Königstein eine besondere militärische Bedeutung. So befand sich im 14. Jh. auf dem Gipfelplateau eine Burganlage, deren Mauerreste noch zu sehen sind, und an seinen Hängen wurde während des Siebenjährigen Krieges (ab 1756) die 17 000 Mann zählende kursächsische Armee von den Truppen Friedrichs des Großen gefangengenommen. 1813 ließ Napoleon aus strategischen Gründen die sogenannte Napoleon- oder Kaiserstraße von Stolpen entlang dem Lilienstein nach Königstein anlegen. Eine weitere Erinnerung an die Befreiungskriege sind die Quelle Franzosenborn und eine Befestigungsanlage, beide nordöstlich des Liliensteins gelegen.

Unterkunft: Panoramahotel Lilienstein, Ebenheit 7, 01824 Königstein, ✆ 03 50 22/5 31 00, Fax 03 50 22/5 31 10, EZ ab 80 DM, DUZ ab 120 DM. Ausflugslokal mit Blick auf den Lilienstein und die Festung Königstein.

Stadt Wehlen

Zweiter wichtiger Erholungsort in unmittelbarer Nähe der Bastei ist **Stadt Wehlen,** das einige Kilometer westlich von Rathen an der Elbe liegt. Stadt Wehlen ist mit rund 1200 Einwohnern zwar nur ein kleinerer Ort, darf sich aber schon seit dem Jahr 1419 als Stadt bezeichnen. Knapp zwei Jahrhunderte früher wurde zum ersten Mal auf Wehlener Gebiet eine Grenzburg erwähnt, die direkt an der Einmün-

Stadt Wehlen

dung des Wehlgrundbaches lag. Der Markgraf von Meißen, Heinrich der Erlauchte, hatte sie als Hochzeitsgeschenk vom böhmischen König Ottokar I. erhalten. Da die Besitzer der Burg hier einen Elbzoll erheben wollten, legten sie am Ufer eine Anlegestelle an, um die eine erste Ansiedlung entstand. Seit dem Jahr 1355 wird in Wehlen ein Salzmarkt abgehalten, seit 1388 ein Steinbruch betrieben. Mitte des 16. Jh. verfiel die Burg Wehlen.

Sehenswert ist bei einem Besuch in Stadt Wehlen schon der Ortseingang. Der Weg führt vorbei an der alten Schule aus dem Jahr 1898 durch einen Torbogen ins Stadtzentrum. Wie es sich für eine Stadt gehört, hat Wehlen – im Gegensatz zu Rathen – einen richtigen Marktplatz mit einem historischen Stadtkern, zu dem hübsche, zum Teil bereits renovierte Häuser aus dem 18. Jh., das Rathaus (1747), und eine neugotische Kirche (1883) gehören. An diversen Häuschen, auch in Nebengassen wie der Rosenstraße, finden sich sehenswerte Hauszeichen aus dem 18. Jh. Zu dem Heimatmuseum in der Lohmener Straße gehört ein 1925 angelegter Pflanzengarten, in dem rund 1000 Pflanzenarten aus der montanen und alpinen Bergwelt wachsen.

Zweites Zentrum Wehlens, das vor allem von Touristen frequentiert wird, ist die Uferpromenade mit Cafés und Caféterrassen.

Das *Strandhotel Wehlen* zwischen Marktplatz und Elbufer, an dessen Standort sich bereits im

19. Jh. ein Bierausschank befand, erlebte in den vergangenen Jahrzehnten unterschiedlichste Bewohner und kam 1992 wieder in private Hände. Von der Uferpromenade aus kann man mit einer Fähre zum Ortsteil **Pötzscha** übersetzen. Zudem legen hier die Elbschiffe an. Auf der gegenüberliegenden Elbseite liegt der *Große Bärenstein.*

Einen Ausflug lohnen der **Uttewalder Grund** und das Örtchen Uttewalde, nördlich der Stadt Wehlen gelegen. Der Uttewalder Grund ist ein wildromantisches Tal mit üppiger Vegetation. Man findet hier viele Farne, Moose und Flechten. Mitten in diesem Tal lädt das Ausflugslokal *Waldidylle,* das in einer einstigen Einsiedelei angelegt wurde, zur Rast ein. Schon Hans Christian Andersen war während seiner Wanderung durch die Sächsische Schweiz (1831) vom Uttewalder Grund angetan: »In der wunderbarsten Gestalt erhoben sich hier die Felswände an beiden Seiten, herrlich bewachsen mit Kräutern und buntem Moos. Die ganze Natur war eine große lyrische Dichtung in jedem möglichen Versmaß.«

Der Aufstieg in das idyllische Örtchen **Uttewalde** auf einer Hügelkuppe führt durch das **Felsentor,** drei in der Engstelle der Schlucht eingeklemmte Steinblöcke.

Informationen: Gästeamt Wehlen, Markt 5, 01829 Stadt Wehlen, ✆ 03 50 24/7 04 13, Fax 7 04 34, Mo, Fr 15–18 Uhr, www.stadt-wehlen.de.

Fahrradverleih: Haushaltswaren Schmieder, Am Markt 8, ✆ 03 50 24/7 03 45.

Museen: Heimatmuseum (Mai–Okt. tägl. 9–18 Uhr) und Pflanzgarten, Lohmener Str. 18, 01829 Stadt Wehlen, ✆ 03 50 24/7 04 14.

Schiffs- und Bootsfahrten: Die Sächsische Dampfschiffahrt bietet elbauf- und abwärts mehrmals tägl. Fahrten mit Dampfschiffen und Schaufelraddampfern an. Stationen: u. a. Meißen, Radebeul, Dresden, Loschwitz, Pillnitz, Pirna, Stadt Wehlen, Kurort Rathen, Königstein, Prossen, Bad Schandau, Krippen, Schmilka und Decin an. Dazu zahlreiche Sonderfahrten, z. B. mit Dixie-Musik, Tanz und Buffet. Info: ✆ 03 51/86 60 90, Fahrplanauskunft: ✆ 8 66 09 40.

Unterkunft: Strand-Hotel Markt 9, ✆ 03 50 24/7 04 24, EZ ab 70 DM, DZ ab 100 DM.
Wehlener Hof, Markt 3, ✆ 03 50 24/7 04 24, EZ ab 70 DM, DZ ab 100 DM.
Hotel Cafe Richter, Karl-Marx-Platz 4, ✆ 03 50 24/7 02 17, EZ ab 40 DM, DZ ab 90 DM, direkt am Elbufer.
Haus Sonneneck und Villa Maria, Hofewiese 6, ✆ 03 50 24/7 10 84, EZ ab 75 DM, DZ ab 100 DM). Zu den Häusern gehört auch ein kleines Motorschiff, das für Ausflüge bereit steht.

Burgschicksale – Stolpen und Hohnstein

An der geologischen Grenze zwischen Sandstein- und Granitformationen liegen zwei Orte, die vor allem durch ihre Burgen Berühmtheit erlangt haben: Stolpen und Hohnstein. Beide Burgen gehören heute zu den beliebtesten Ausflugszielen in der Sächsischen Schweiz.

Stolpen

Die **Burg Stolpen** (Stolpen = slawisch: stolpno = Säulenort) erhebt sich auf einem Berg aus 8 m hohen Säulen vulkanischen Gesteins. Bereits 1222 wurde die Burg Stolpen, für deren Bau man das blauschwarze Gestein des Berges verwendete, urkundlich erwähnt; von einer Ansiedlung am Nordhang der Burg ist seit dem 15. Jh. die Rede. Bis ins 16. Jh. gehörte die Burg den Bischöfen von Meißen, die hier auch residierten. 1559 ging sie in kurfürstlich-sächsischen Besitz über.

Die meisten der aus Basalt erbauten Gebäude der Burg stammen aus der Zeit der Bischöfe, die Um- und Erweiterungsbauten aus der kurfürstlichen Zeit. Die letzte bauliche Veränderung erfolgte, als der Dresdner Oberlandbaumeister Wolf Caspar Klengel im Jahr 1675 Festungswerke anlegen ließ. Je weniger die Burg zur Landesverteidigung beitrug, desto größer wurde ihre Bedeutung als Staatsgefängnis. Napoleon ließ die Burg nach 1813 sprengen, so daß die Anlage heute nur noch in Teilen erhalten ist. Im Jahr 1877 wurde sie als Museum eingerichtet.

Berühmteste Gefängnisinsassin war die Gräfin Anna Constanze Cosel, von ihrem Liebhaber August dem Starken verstoßen und nach Stolpen verbannt. Ohne offizielle Verurteilung wurde sie auf der Burg von 1716–38 in strengster Haft gehalten; weitere 27 Jahre verbrachte sie anschließend freiwillig auf der Burg. Die meiste Zeit lebte sie in der ihr zugewiesenen Wohnung im Coselturm, bis sie im Alter von 85 Jahren starb und in der Festung begraben wurde.

Einen Rundgang lohnen die vier Innenhöfe der Anlage. Den ersten Hof betritt der Besucher durch das *Torhaus* (1675), in dem sich einst die Wachräume befanden. Der Weg führt weiter vorbei an der Zisterne zu dem Durchgang zum zweiten Hof. Getrennt werden die Höfe durch ein Gebäude, in dessen Erdgeschoß sich die Hauptwache, der Marstall und die Folterkammer mit Nachbildungen von Foltergeräten befindet.

Auf dem Zweiten Hof geht der Besucher auf das *Hauptportal* der Burganlage zu, in dem sich ein Wappen von 1560 befindet. Rechter Hand, als Abschluß des Hauptportals, der *Schlösserturm* aus dem Jahr 1478, in dem der Amtmann seinen Amtssitz hatte. Am gegenüberliegenden Ende des Portals der *Johannisturm* (16. Jh.), auch *Coselturm* genannt. Im Johannisturm befindet sich zum einen der Gerichtssaal mit einem schönen gotischen Sterngewölbe. Direkt unter dem Saal liegt ein Verlies, in das die Gefangenen nach der Verurteilung geworfen wurden. Zum anderen beherbergt der Turm die drei Gemächer der Gräfin Cosel, die aber nur über eine Wendeltreppe im dritten Burghof zu erreichen sind. Zwar besteht die Einrichtung nicht aus Originalmöbeln, dennoch gibt die Ausstellung einen guten Einblick in die Zeit der Gräfin Cosel. Im vierten Stock des Turms befand sich früher die Wachstube, deren Fenster einen grandiosen Ausblick auf die Sächsische Schweiz, die Oberlausitz und das östliche Erzgebirge bieten.

Auf dem dritten Hof, dem sogenannten Kanonenhof, findet sich der *Seigerturm* (1455 erbaut, 1560 aufgestockt), benannt nach der schmiedeeisernen Uhr. Im vierten Burghof liegt links das *Zeughaus*, in dem Gräfin Anna Constanze von Cosel die ersten 28 Jahre ihrer Gefangenschaft verbrachte. Dahinter steht die ehemalige *Schloßkapelle*, in der erst 1881 die Grabstätte der Gräfin wiederentdeckt wurde.

Vor der Kapelle findet sich der *Brunnen*, der von 1608–30 von Freiberger Bergleuten angelegt wurde und mit 82 m als der tiefste in Basalt gehauene Brunnen der Welt gilt. Den Abschluß des Hofs bildet der *Siebenspitzturm* (angelegt 1451–76) mit der Kräuterküche.

Neben der Burg ist natürlich auch das Städtchen **Stolpen** mit seinen engen, kopfsteingepflasterten Gassen einen Besuch wert. Stolpen entwickelte sich dank seiner Lage an der Salzstraße von Halle nach Nordböhmen zur Handelsstadt. Später siedelten sich hier Leineweber und Strumpfwirker an. Im 19. Jh. gab die Landmaschinenherstellung den Stolpenern Arbeit.

Die Altstadt Stolpens unmittelbar unter der Burg steht unter Denkmalschutz. 1723 brannte sie ab, wurde jedoch auf dem mittelalterlichen Grundriß wieder aufgebaut. Sehr sehenswert ist der steil ansteigende *Markt* mit dem *Rathaus* (1726, 1938 umgebaut), das ein Dachreiter krönt. Die Bürgerhäuser stammen aus dem 18. und 19. Jh., die *Löwenapotheke* (Markt 12, heute Sparkasse) wurde, wie der goldene Löwe mit der Inschrift an der Marktseite des Hauses zeigt, bereits 1710 eröffnet. Das *Neue Kurfürstliche Amtshaus* (Markt 26), 1680 erbaut und ältestes seiner Art in Kursachsen, gehörte dem sächsischen Kurfürsten, der es zuweilen als Quartier nutzte. Im 18. und 19. Jh. war hier der Amtmann untergebracht, in den oberen Räumen logierten vornehme Gäste, darunter Feldmarschall Blücher und Kaiser Napoleon.

Sehenswert ist auch die lutherische *Stadtkirche*, deren Aussehen von Baumaßnahmen aus den Jahren 1724–27, die ältere Bauteile miteinbezogen, bestimmt wird. Die barocke Ausstattung besteht aus Altar, Kanzel, Taufe und Betstuhl.

Informationen: Tourist-Information, Schloßstr. 14 a, 01833 Stolpen, ✆ und Fax 03 59 73/2 73 13, www.stolpen.de.

Museen: Burg Stolpen, Schloßstr. 10, ✆ 03 59 73/23 40, Mai–Okt. 9–17 Uhr, Nov.–April 9–16 Uhr. Öffnungszeiten während der Wintermonate witterungsabhängig.
Stadtmuseum Stolpen, Markt 26, Mo, Di, Do, Fr 10–12 Uhr, 13.30–16 Uhr, Mi, Sa, So 13.30–16 Uhr. Auskunft: ✆ 03 59 73/2 80 29

Unterkunft: Burghotel Stolpen, Schloßstr. 12, ✆ 03 59 73/2 62 34, EZ ab 95 DM, DZ ab 160 DM. Wohnen direkt am Schloß.
Pension Zumpe, Schulstr. 14, ✆ 03 59 73/2 68 39, DZ ab 66 DM. Hübsche Pension im Bauernhof.

Veranstaltungen: Burgfeste auf Burg Stolpen mit Konzerten und Theateraufführungen (im Sommer).

Hohnstein

Die gut erhaltene **Burg Hohnstein**, auf der Kuppe eines Berges hoch über dem Polenztal, erlebte wie Stolpen eine wechselvolle Geschichte. 1333 wurde die Burg erstmals urkundlich erwähnt, als Grenzfeste zwischen Böhmen und Sachsen soll sie jedoch bereits im 12. Jh. existiert haben. Auf der Burg lebte damals das nordböhmische Herrschergeschlecht der Berka von Duba, die die Handelsstraßen schützen und die Grenze zur Mark Meißen sichern sollten, wohl aber mehr als Raubritter ihr Unwesen trieben. Im 15. Jh. ging Hohnstein an die Wettiner und wurde bis in die Mitte des 19. Jh. als

Stadt und Burg Hohnstein

Justizamt und gelegentlich als Jagdschloß genutzt. Ab 1866 war Burg Hohnstein eine berüchtigte Arbeits- und Haftanstalt, 1924 wurde sie in eine Jugendburg mit 1000 Übernachtungsplätzen umgewandelt. Im März 1933 legten die NS-Herren hier eines der ersten Konzentrationslager an. Rund 5600 Häftlinge waren in der Burg bis 1934 eingekerkert. Von 1939–45 diente sie als Kriegsgefangenenlager für polnische, jugoslawische, französische und sowjetische Soldaten, von 1945–48 als Wohnstätte obdachloser Familien. Seit 1948 ist die Burg wieder Jugendherberge und Museum.

Bei einem Rundgang durch die Burg kommt man zuerst am *Unteren Schloß* vorbei, das um 1550 im Renaissancestil erbaut wurde und als kurfürstliches Jagdschloß diente. Heute ist hier ein sehenswertes *Museum* untergebracht, das die Geschichte Hohnsteins und des Schlosses präsentiert. In den Ausstellungsräumen wird man eine Berühmtheit Hohnsteins kennenlernen: den Hohnsteiner Kasper. Bereits 1928 war diese handgeschnitzte Puppenfigur durch den Handpuppenspieler Max Jakob bekannt geworden. Dieser Kasper überlebte auch die DDR-Zeit und wird noch heute von einer Hohnsteiner Familie angefertigt. Die einstige Wirkungsstätte von Max Jakob befindet sich am Rand der Altstadt an der Max-Jakob-Straße; unschwer zu verfehlen das schindelgedeckte **Puppenspielhaus** (1938), schmückt doch eine Wetterfahne samt Kasperfigur das Gebäude. Seit 1985 findet jedes Jahr zu Pfingsten auf der Burg ein Puppenspieler-Festival statt.

Doch zurück zur Burganlage. Durch ein *Torhaus* aus dem 17. Jh., das früher mit einer Zugbrücke versehen war, gelangt man durch einen langen Gang an Turmverliesen vorbei in einen Innenhof mit einer prächtigen Linde. Von hier aus hat man einen herrlichen Blick auf das Städtchen und das naheliegende Polenztal. An diesem Burghof befindet sich das *Hintere Alte Schloß*, dessen Grundmauern aus dem 17. Jh. stammen, dessen heutiges Aussehen aber auf die zweite Hälfte des 19. Jh. zurückgeht. Der Turm wurde erst 1951 mit Burgschänke und kleiner Caféterrasse (tägl. 11–1 Uhr) erbaut. Unterhalb der Burg liegt der Bärengarten, 1609 von Kurfürst Christian II. angelegt. In diesem Garten hielt man zu kurfürstlichen Zeiten Bären, die man für Jagden dem Dresdner Hof verkaufte.

Auch der Ort **Hohnstein**, der am Fuß der Burg liegt, ist einen Bummel wert. 1333 erstmals erwähnt, war er ursprünglich im Besitz böhmischer Herren. 1445 wird Hohnstein Städtchen genannt und kommt 1543 in den Machtbereich der sächsischen Kurfürsten. Aufgrund seiner Lage hatte es kaum wirtschaftliche Bedeutung und entwickelte sich so sehr früh zu einem beliebten Ausflugs- und Erholungsort am Rande der Sächsischen Schweiz. Sehenswert sind der *Marktplatz*, unmittelbar unter der Burg, und die umliegenden kleinen, gewundenen, zum

Teil steil ansteigenden Gassen, in denen viele Fachwerkhäuser aus dem 18. und 19. Jh. stehen. Unter ihnen beeindrucken vor allem die *Apotheke* am Markt, 1721 als Oberförsterei erbaut, und das 1688 errichtete *Rathaus* in der Rathausstraße, einst Korkfabrik und Malzhaus. Wichtigstes Bauwerk des Ortes aber ist die *Stadtkirche*, die der Architekt der Dresdner Frauenkirche, George Bähr, 1725–28 nach einem Stadtbrand schuf. Der Grundriß dieses Gotteshauses, das zu den bedeutendsten Barockkirchen Sachsens gezählt wird, ist quadratisch. Als Innenausstattung findet man einen Altar von 1736, eine Orgel von 1678 und eine Taufe von 1738.

Auch die unmittelbare Umgebung Hohnsteins bietet lohnende Ausflugsziele: Gegenüber der Burg liegt der **Hockstein**, ein 114 m hoher Aussichtspunkt, der im Mittelalter als vorgelagerte Wehranlage der Burg diente. Rund 1 km in südlicher Richtung entfernt trifft man auf den **Schanzberg** (392 m), auf dem Napoleon 1813 eine Befestigungsanlage errichten ließ. In rund 3 km Entfernung ebenfalls in südlicher Richtung erhebt sich der **Brand** (317 m).

Einen Tagesausflug sollte man durch das **Polenztal** unternehmen, an dessen Rand Hohnstein liegt. Das Tal des Flusses Polenz zeigt üppige Vegetation und teilweise bis zu 100 m hohe Felswände. In nördlicher Richtung (Richtung Cunnersdorf) lohnt eine Wanderung vorbei an der Gaststätte *Russigmühle* bis zur *Bockmühle* (Strecke 10 km). Die Wiesen in dieser Region, auf denen im Frühjahr unzählige Märzenbecher blühen, dürfen nicht betreten werden.

An der Burg Hohnstein beginnt übrigens ein rund 6 km langer, gut ausgeschilderter *Naturlehrpfad*, der streckenweise durch das Polenztal führt.

Information: Touristeninformation Hohnstein, Rathausstr. 10, 01848 Hohnstein, ✆ 03 59 75/8 68 13, Fax 8 68 10.

Museum: Burgmuseum, Mo–Fr 9–18, Sa, So 9–17 Uhr (Apr.–Okt.), ✆ 03 59 75/8 12 02.

Unterkunft: Naturfreundehaus, Burg Hohnstein, Markt 1, ✆ 03 59 75/8 12 02, Fax 8 12 03.
Hotel zur Aussicht, Am Berghorn 7, ✆ 03 59 75/8 70 00, Fax 87 00 44, EZ ab 90 DM, DZ ab 120 DM. Schöner Blick auf den Ort.

Bergsport/Fahrradverleih: Bergsportladen Arnold, Obere Str. 35, ✆ 03 59 75/8 12 46.

Restaurant: Russigmühle, Polenztal 4, ✆ 03 59 75/8 16 95. Idyllisch im Polenztal gelegener Gasthof.

Veranstaltungen: Puppenspielfest (letzte Maiwoche); Hohnsteiner Kletterfest (Sep. 2000, dann alle zwei Jahre), Burg- und Stadtfest (Ende Juni/Anfang Juli 2000, dann alle zwei Jahre).

Einkauf: Original Hohnsteiner Handspielpuppen, Wolfgang Berger, Sachsenberg 6a, ✆ 03 59 75/8 16 57.

Bad Schandau und die Hintere Sächsische Schweiz

Ein zweites touristisches Zentrum im Elbsandsteingebirge ist die Hintere Sächsische Schweiz, die sich von Bad Schandau bis Hinterhermsdorf und entlang der tschechischen Grenze erstreckt. Unberührte Natur – dank des Nationalparks –, bizarre Kletterfelsen und ausgedehnte Waldregionen prägen diesen Landstrich.

Bad Schandau

Zentrum der Region Hintere Sächsische Schweiz und Ausgangspunkt für Ausflüge ist der städtisch wirkende Kurort **Bad Schandau**. Die Eisenbahnstrecke Dresden–Prag und die Elbschiffahrtslinie, die einen Anleger in Bad Schandau betreibt, lassen die Stadt zum Verkehrsknotenpunkt werden. Zudem führt am Ort die Bundesstraße 172 vorbei, weiter nach Schmilka, dem Grenzübergang in die Tschechische Republik.

Im Mittelalter und zu Beginn der Neuzeit hatte Bad Schandau, das vermutlich im 15. Jh. gegründet wurde, vor allem Bedeutung durch den Holz- und Getreidehandel, der über die Elbe abgewickelt wurde. Schon seit dem 16. Jh. sind Maßnahmen nachgewiesen, um die Hölzer, die in der waldreichen Umgebung der Stadt geschlagen und dringend in der aufstrebenden Residenzstadt Dresden gebraucht wurden, besser transportieren zu können. So wurde 1667 die Obere Schleuse eingerichtet, von der sich der Fluß Kirnitzsch 23 km zur Elbe windet. Ein Flößerweg, der in einigen Abschnitten noch in unmittelbarer Nähe des Baches zu entdekken ist, erinnert an diese Zeit.

Bedeutung als Erholungsort bekam Bad Schandau schon in der ersten Hälfte des 19. Jh., als in der Stadt ein schwefel- und eisenhaltiger Gesundbrunnen entdeckt wurde, um den sich nach und nach ein Kurbetrieb entwickelte. Hinzu kam, daß um 1800 die Sächsische Schweiz zunehmend zum Wander- und Erholungsgebiet wurde. Ein wichtiger Förderer des Fremdenverkehrs war der Hotelier Rudolf Sendig (1848–1928), auf dessen Initiative viele Anlagen wie zum Beispiel die Hotels im Park, der elektrische Personenaufzug und die Villenkolonie in Ostrau zurückgehen. Seit dem Jahr 1920 führt die Stadt die Bezeichnung Bad im Stadtnamen. Theodor Körner hatte also ganz recht, als er während eines Aufenthalts in der Stadt im Jahr 1810 Bad Schandau »für einen Kraft- und Prachtplatz der Natur« hielt.

Die bedeutendste Sehenswürdigkeit des Ortes ist die **St. Johanneskirche** (1709) am Marktplatz mit ihrem Renaissancealtar, der einst in der Dresdner Kreuzkirche stand (tägl. geöffnet). Den Altar schuf im Jahr 1572 Hans Walther II, ein Breslauer Bildhauer, der von 1571–86 auch Bürgermeister von Dresden war. Nach dem Brand der Kreuzkirche im Jahr 1760 wurde der Altar 1776 in die Dresdner Annenkirche gebracht, 1927 schließlich kam er nach Bad Schandau. Der Altar ist aus Pirnaer Sandstein gearbeitet und wird von korinthischen Säulen und Halbedelsteinen aus dem Erzgebirge geschmückt. Über einer Abendmahlszene, dem Gekreuzigten, Engeln und Evangelisten thront Christus der Auferstandene.

Die barocke Sandsteinkanzel aus dem Jahr 1705 wird von Moses, Gebotstafeln und der Bibel getragen. Der Kirchturm erinnert in seiner Form an Kirchenburgen in Siebenbürgen. Baumeister war der aus Siebenbürgen stammende Pfarrer Simon Graff. Während des Dreißigjährigen Krieges diente der Turm den Schandauer Bürgern als Zufluchtsstätte.

Auf der gegenüberliegenden Seite des Marktplatzes steht der einstige *Brauhof* (1704, Spätrenaissance) mit einem sechseckigen Treppenturm an der Hofseite. In der Poststraße, ganz in der Nähe des Brauhauses, befindet sich das *Alte Rathaus* mit einer sehenswerten Freitreppe, einer steinernen Wendeltreppe und einem Kreuzgewölbe. Über dem Portal sind Stadtwappen und das kursächsische Herrschaftszeichen angebracht.

Eine weitere Sehenswürdigkeit ist der 50 m hohe elektrische Personenaufzug aus dem Jahr 1913, der Bad Schandau mit der sehenswerten Villenkolonie im Ortsteil **Ostrau** (204 m hoch) verbindet. Westlich des Kirnitzschtals, an dessen Eingang Bad Schandau liegt, erhebt sich der *Schloßberg* (auch *Schomberg* genannt, 223 m hoch), auf dem sich die Ruinen einer mittelalterlichen Burganlage befinden. Von dem als künstliche Ruine angelegten *Aussichtsturm* hat man einen reizvollen Blick auf das Elbtal.

Sieben-Brüder-Häuser in Postelwitz

Gut 1 km entfernt von Bad Schandau in südöstlicher Richtung lohnt der Ort **Postelwitz** einen Besuch. Auf dem hier nur 50 m breiten Elbufer erstreckt sich eine Straßenzeile mit hübschen Umgebindehäusern. Beachtenswert sind vor allem die *Sieben-Brüder-Häuser*. In dem Ort lebten hauptsächlich Schiffer und Steinbrecher, die im nahegelegenen Steinbruch arbeiteten.

Information: Kurverwaltung Bad Schandau, Markt 12, 01814 Bad Schandau, ✆ 03 50 22/9 00 30, Fax 9 00 34.

Eisenbahn: Kirnitzschtalbahn: Abfahrt Haltestelle Stadtpark Bad Schandau, ✆ 03 50 22/4 23 70, Mai–Okt., 9.30–19 alle 30 Min., Nov–Mai 8.30–17.50 Uhr alle 70 Min.
Sächsische Semmeringbahn: Abfahrt Bahnhof Bad Schandau (Kursbuchstrekke 314), 7–20 Uhr alle 2 Std. Fahrt durch das Sebnitztal (7 Tunnel, 27 Brükken) vom Elbsandstein in den Lausitzer Granit von Sebnitz.

Museen: Heimatmuseum, Badeallee 10, ✆ 03 50 22/4 21 73, im Sommer Di, Do, Fr 14–17, Sa 9.30–12.30 Uhr. Exponate über Stadtgeschichte, Klettersport und die Entstehung des Elbsandsteinsgebirges.

Naturschutz: Pflanzengarten im Kirnitzschtal, Badeallee, Bad Schandau. 1902 angelegter Garten mit rund 1500 Pflanzenarten, darunter typische Pflanzen der Sächsischen Schweiz sowie Heil-, Arznei- und Giftpflanzen.

Unterkunft: Hotel Lindenhof, Rudolf-Sendig-Str. 11, ✆ 03 50 22/48 90, Fax 4 89 12, EZ ab 71 DM, DZ ab 100 DM. Zentrale Lage am Stadtpark.

Elektrischer Personenaufzug: Im Zentrum von Bad Schandau. Der Aufzug geht 50 m in die Höhe, ermöglicht einen schönen Blick ins Elbtal und führt in den Ortsteil Ostrau, Mai–Sept. tägl. 9–19 Uhr, April u. Okt. tägl. 9–18, Nov.–März 9–17.30 Uhr.

Fahrradverleih: Deutsche Bahn, Bahnhof Bad Schandau, Bahnhofstr. 6, ✆ 03 50 22/5 43 50.

Bergsteigen: Klettersportartikel, Kletterkurse und Information: Bergsport Arnold, Marktstraße 4, ✆ 03 50 22/4 23 72.

Jugendherberge: Jugendherberge Bad Schandau-Ostrau, Dorfstr. 14, ✆ 03 50 22/4 24 08 (21 DM).

Camping: Campingplatz Ostrauer Mühle, Kirnitzschtal, ✆ 03 50 22/4 27 42. Campingplatz Elbe Camp, An der Elbe, ✆ 03 50 22/4 05 25. Beide im Winter geschlossen.

Auf den Spuren der Romantiker: Das Kirnitzschtal und seine Umgebung

Das **Kirnitzschtal** und seine Umgebung gehörten zur Zeit der Romantik zu den beliebtesten Ausflugszielen der Maler und Dichter. Heute sind es die Touristen, die vor allem am Wochenende das reizvolle Tal bevölkern oder in einer der vielen Ausflugsgaststätten am Wege rasten. Hauptattraktion des Gebiets ist neben der landschaftlichen Schönheit die **Kirnitzschtalbahn**, eine Art Straßenbahn, die bereits 1898 eingesetzt wurde und deren Gleise rund 8 km (Fahrtdauer rund 30 Min.) entlang der Kirnitzsch führen.

Wer lieber in Ruhe wandern möchte, der fahre zur Endstation der Bahn, an der ein Berggasthof von 1854 und der künstliche **Lichtenhainer Wasserfall** liegen. Hier ebbt auch am Wochenende der Touristenstrom merklich ab, obwohl sich gerade hier der landschaftliche Reiz des Kirnitzschtals entfaltet: breite Auen, durch die sich die Kirnitzsch schlängelt, Mischwald, dann wieder dunkler Tannenwald, in dem schroff die Felsen hervorragen.

Wo aber suchten die Romantiker während des 19. Jh. ihre Naturerfahrung im Kirnitzschtal? Man fahre bis zum Wanderabzweig Alte Straße. Dort führt der Wanderweg zum Kuhstall, dann über den Neuen Wildenstein zum Kleinen und Großen Winterberg. Bis 1910 boten entlang dieser Strecke Sesselträger ihre Dienste an.

Der **Kuhstall**, ein 11 m hohes, 17 m breites und 24 m tiefes Felsentor, diente im 15. Jh. sowie im Dreißigjährigen Krieg als Unterstand erst für das Vieh der Raubritter, dann für die Tiere der Lichtenhainer Bauern. 1853 wurde hier ein Gasthaus errichtet. Vom Kuhstall geht es weiter durch einen engen Felsspalt zum Plateau des **Neuen Wildensteins** (336 m Höhe), auf dem die Ruinen der Burg Wildenstein (15. Jh.) stehen, in der die Raubritter vom Geschlecht der Berka von Duba (s. Hohnstein) hausten. Der Blick geht von dem Plateau nach Süden zum Kleinen Winterberg, nach Westen zu den Kletterfelsen Affensteine. Durch die Nasse Schlucht und den Fremdenweg erreicht man über Serpentinen den 500 m hohen **Kleinen Winterberg**. Kurz vor dem Gipfel führt nach rechts ein kleiner Weg zum Pavillon *Winterberghäuschen*, das 1818 hier errichtet wurde. Richtung Süden, über den Fremdenweg, der in den Reitstieg einmündet, geht es auf den **Großen Winterberg** (552 m), die höchste Erhebung in der rechtselbischen Sächsischen Schweiz. Das Gebiet vom Großen Winterberg bis zum Großen Zschand gehört aufgrund seiner naturbelassenen Waldgebiete zur Nationalparkregion. Auf dem Gipfel befindet sich ein *Berghotel* im Schweizer Stil, das bereits 1840 eröffnet wurde.

Ein weiterer Abzweig vom Kirnitzschtal in Höhe der Station *Neumannmühle* führt in die 6 km lange Schlucht **Großer Zschand**. Diese tiefeingeschnittene, von Felsen und Grotten gesäumte Schlucht zieht sich von der Kirnitzsch bis zur tschechischen Grenze. Sie diente seit dem Mittelalter als Paßstraße nach Böhmen. Auf dem Weg in die Schlucht erreicht man nach rund 2 km das 1732 errichtete **Zeughaus**, in dem das kurfürstliche Jagdzeug untergebracht war und das als Unterkunft für die Wanderer in diesem Gebiet diente.

Vom Großen Zschand aus lassen sich zwei weitere interessante Ge-

Felsentor Kuhstall am Kirnitzschtal

biete erwandern. Erstens bietet sich der Weg entlang vieler Abgründe über den wildromantischen **Raingrund** an, der heute die Grenze der Bundesrepublik zur Tschechischen Republik markiert und zu DDR-Zeiten aus diesem Grund nicht auf der Karte verzeichnet war. Der Raingrund gewährt schöne Fernsichten ins tschechische Gebiet. In der Nähe der Kreuzung Raingrund-Entenpfützenweg/Goldsteig findet sich vor einer Felswand ein einsames Grab, das *Krinitzgrab*. An dieser Stelle fiel am 1. August 1908 der Student Gotthard Krinitz einem Raubmord zum Opfer. Zweites Ziel einer Wanderung ist der **Goldsteig**, der in der Nähe des Krinitzgrabes abzweigt. Dieser Wanderweg windet sich 3 km entlang bizarrer Felsen in stetigem Auf und Ab durch eine unberührte Wildnis. Grandiose Ausblicke lohnen die Mühe.

Hinterhermsdorf und die Obere Schleuse

Sehenswert ist auch das Örtchen **Hinterhermsdorf**, rund 16 km östlich von Bad Schandau. Hinterhermsdorf ist das höchstgelegene Waldhufendorf in der Hinteren Sächsischen Schweiz. Zu beachten sind vor allem die rund 80 Umgebindehäuser (Blockbau, dessen Obergeschoß oder Dach auf einer äußeren Tragkonstruktion aufsitzt) aus dem 17. und 18. Jh., die allesamt unter Denkmalschutz stehen.

Vom Ortsrand führt ein knapp 3 km langer Wanderweg (Hohweg) zur **Oberen Schleuse** der Kirnitzsch, die im 17. Jh. angelegt wurde, um das Flößen der Bäume zu erleichtern. Schon seit dem Jahr 1879 werden auf der 700 m langen Stauanlage Bootsfahrten angeboten.

Von der Oberen Schleuse bieten sich mehrere Wanderwege an. Talwärts erstreckt sich die wildromantische **Kirnitzschklamm**, ein 53 ha großes Naturschutzgebiet, in dem zwei- bis dreihundert Jahre alte, bis zu 50 m hohe Fichten zu bewundern sind. Das Gebiet wird nicht mehr forstwirtschaftlich genutzt und entwickelt sich so langsam wieder zu einem Urwald. Besonders reizvoll ist im südlichen Teil des Naturschutzgebiets die **Wolfsschlucht** mit ihren zahlreichen Felstunneln.

Aber auch eine Wanderung von der Oberen Schleuse in nördlicher Richtung ist empfehlenswert. Immer entlang der tschechisch-deutschen Grenze führt der Weg vorbei an der *Niedermühle*, die hier noch bis in die 50er Jahre in Betrieb war. Nach mehreren Bögen geht es dann in das **Weißbachtal**, eines der schönsten und abgelegensten Täler der Sächsischen Schweiz mit fast unberührter Pflanzen- und Tierwelt. Schon seit dem Mittelalter verläuft entlang des Baches die Grenze zwischen Sachsen und Böhmen.

Information: Fremdenverkehrsamt Hinterhermsdorf, Weifbergstr. 1, 01855 Hinterhermsdorf, ✆ 03 59 74/52 10, Fax 52 11.

Museum: Heimatstube, Neudorfstr. 2, geöffnet Ostern–31.10.: Mo–Fr 10–12 u. 12.30–16.30 Uhr, Sa/So 10–12 u. 14–16.30 Uhr (an der Heimatstube klingeln). Historisches Umgebindehaus, in dem eine Waldarbeiterstube aus der Wende zum 20. Jh. zu sehen ist.

Unterkunft: Zum Wanderstiefel, Schandauer Str. 64, 01855 Sebnitz/Hinterhermsdorf, ✆ 03 59 74/5 05 70 (DZ ab 60 DM)

Bootsfahrten: Obere Schleuse, Ostern–31.10.: Mo–Fr 9–16 Uhr, Sa/So 9–17 Uhr, ✆ 03 59 74/52 10.

In den Kletterfelsen Schrammsteine und Affensteine

Das rund 12 km^2 große Gebiet der **Schrammsteine** ist bei geübten Kletterern beliebt. Natürlich führen durch diese stark verwitterte Bergwelt auch zahlreiche Wanderwege, zum Teil auf Steigen und Eisenleitern und an Abgründen vorbei. Man sollte sich den bisweilen schwierigen Bedingungen entsprechend ausrüsten (festes Schuhwerk, Wanderkarte im Maßstab 1:25 000). Vor allem sollte man fit und schwindelfrei sein.

Ausgangsort für Klettertouren und Wanderungen ist der kleine Ort **Schmilka**, der nur 550 m von der tschechischen Grenze entfernt am Elbufer liegt. Die in Vordere und Hintere Schrammsteine unterteilte Felsengruppe ist allerdings auch vom Bad Schandauer Ortsteil Ostrau oder von Postelwitz aus zu erreichen.

Die schönste Aussicht auf die bizarre Felsenwelt und ihre Umgebung hat man vom Aussichtspunkt **Schrammsteinaussicht** (417 m). Westlich dieser Aussicht liegt der **Falkenstein** (381 m), mit rund 70 Aufstiegen unterschiedlicher Schwierigkeitsgrade einer der bekanntesten Kletterfelsen der Region. Die Erstbesteigung des Falkensteins am 6. März 1889 gilt als die Geburtsstunde des Felskletterns in der Sächsischen Schweiz.

Nur für sehr gute Kletterer sind die 419 m hohen **Affensteine** (Abb. vordere Klappe) nordöstlich der Schrammsteine zu empfehlen, da hier Riß- und Wandkletterei gefordert ist. Ausgangspunkt einer Wanderung in die Affensteine ist der *Beuthenfall* im Kirnitzschtal. Der Name dieser Felsen rührt allerdings nicht von ›Affen‹ her, sondern von ›Auf‹ = ›Uhu‹, der in dieser Gegend früher heimisch war. Südlich der Affensteine, am *Satanskopf*, befindet sich übrigens eine 13 m lange Trümmerhöhle, die während der Nazizeit illegaler Treffpunkt und Druckerei von Widerstandskämpfern war.

Links der Elbe – Pirna, Barockgarten Großsedlitz, Schloß Weesenstein

Ein abwechslungsreiches Sightseeing-Programm bieten Pirna und Umgebung. Sehenswert ist nicht nur das malerische Zentrum der Kreisstadt, sondern auch der Barockgarten Großsedlitz und Schloß Weesenstein mit seiner wertvollen Tapetensammlung.

Pirna

Wer von Dresden kommend auf Pirna (rund 45 000 Einw.) zufährt, sollte sich nicht abschrecken lassen; hinter Wohnblöcken im berühmt-berüchtigten Plattenbaustil verbirgt sich die Altstadt Pirnas mit ihren mittelalterlichen Bürgerhäusern, dem alten Marktplatz und den romantischen Hinterhöfen.

Pirna wurde im 11. Jh. an einem Elbübergang gegründet, den Händler nutzten. Unter einer Burg siedelten sich hier Schiffer, Fischer und vor allem Kaufleute an. Im Jahr 1291 wurde Pirna zum ersten Mal als Stadt bezeichnet, 1325 erhielt die Stadt das Niederlagsrecht, demgemäß alle durch Pirna transportierten Waren für drei Tage in der Stadt feilgeboten werden mußten und nur von Pirnaer Bürgern weitertransportiert werden durften. Viele reichverzierte Bürgerhäuser in der Innenstadt zeugen noch vom Reichtum der Stadt im Mittelalter. Pirna ist heute Teil der Industrieregion Oberes Elbtal, die sich seit der zweiten Hälfte des 19. Jh. entwikkelte. Zu DDR-Zeiten hatten hier zahlreiche Zuliefererbetriebe, aber auch Betriebe für die Herstellung von Kunstseide ihren Standort. Mit der Wende mußten viele dieser Betriebe schließen.

Die Sehenswürdigkeiten der Stadt liegen um den Marktplatz oder in seiner unmittelbaren Umgebung. Beim Bombenangriff am 19. April 1945 wurde zwar ein großer Teil des Industriegebiets zerstört, die historische Innenstadt blieb aber – im Gegensatz zu Dresden – unversehrt.

Beginnen sollte man den Rundgang an der Marktgasse/Ecke Schuhgasse. Wie auf der um das Jahr 1750 gemalten Ansicht Canalettos

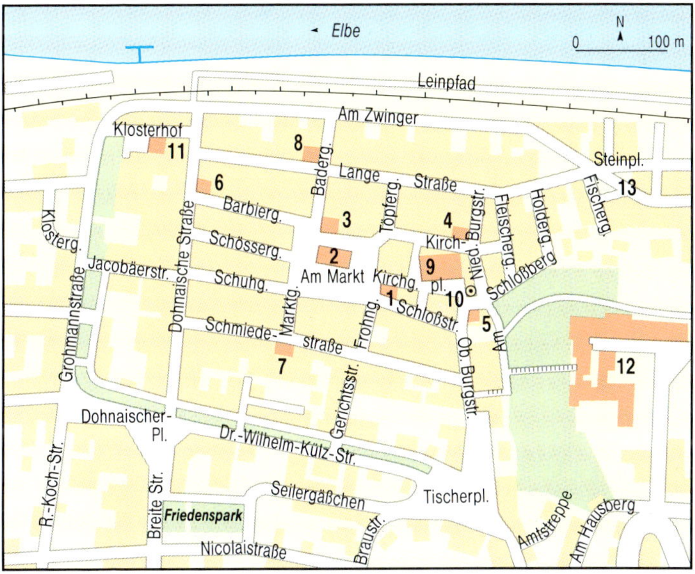

Pirna 1 Canalettohaus 2 Rathaus 3 Apotheke zum Löwen 4 Hotel Deutsches Haus 5 Obere Burgstr. 1, Teufelserker 6 Barbiergasse 10, Engelserker 7 Geburtshaus J. Tetzel 8 Haus Lange Straße 10 9 St. Marienkirche 10 Erlpeterbrunnen 11 Ehem. Dominikanerkloster/Kirche St. Heinrich (Stadtmuseum) 12 Festung Sonnenstein 13 Am Plan (Schifftorvorstadt)

›Der Marktplatz zu Pirna‹ zeigen sich hier auch heute noch Markt, Rathaus und das Bürgerhaus Markt Nr. 7 aus dem Jahr 1520 mit seinem Schmuckgiebel. Das nach der Ansicht **Canalettohaus** genannte Gebäude gilt als das erste Renaissancehaus Sachsens.

Das gut 500 Jahre alte **Rathaus** wird durch Umbauten von mehreren Baustilen geprägt; Portale und Fenster sind gotisch, der Giebel stammt aus der Zeit der Renaissance, ein Turm wiederum nimmt sich barock aus. Eine besondere Sehenswürdigkeit ist an der Ostseite des Rathauses die *Kunstuhr* (1612), die wie das Pirnaer Stadtwappen gearbeitet ist.

Sehenswert sind am Marktplatz weiter: Haus Nr. 3 (spätgotisch mit Sitznischenportal), das Haus Nr. 9 (Barockportal); das Haus Nr. 10, das vom 15. bis 17. Jh. Sitz der Kurfürstlichen Eisenkammer war; das Haus Nr. 14, ein Handelshaus mit einem Portal von 1743; Haus Nr. 16, ein Kaufmannshaus mit einer Türbekrönung aus dem Jahr 1571.

Pirna, Marktplatz mit Rathaus und Marienkirche

An Haus Nr. 16 erinnert eine barocke Hausmarke an das Gasthaus ›Weißer Schwan‹. An Haus Nr. 20 findet sich eine Marienfigur aus dem Jahr 1514 in der Giebelecke.

Sehenswert ist auch das Sitznischenportal der **Apotheke zum Löwen** (Haus Nr. 17/18). Hier wirkte der Apotheker Theophilus Jacobäer, der es während der Belagerung der Stadt durch die Schweden (1639) wagte, durch die Reihen der Feinde nach Dresden zu reiten, um einen Fürbittbrief von der Kurprinzessin Sybilla Magdalena zu erlangen.

Da die Kurprinzessin mit dem schwedischen König verwandt war, hielt dieser Brief die schwedischen Belagerer davon ab, Pirna nach der Eroberung zu zerstören.

In der Niederen Burgstraße 1 findet der Besucher das im Renaissancestil erbaute Hotel **Deutsches Haus** mit einem sehenswerten Portal. In diesem Gebäude lebte im 16. Jh. Pirnas wichtigster Baumeister, Wolf Blechschmidt. Interessant sind weiterhin das Kaufmannshaus in der *Oberen Burgstraße Nr. 1* mit dem sogenannten **Teufelserker** und das Haus *Barbiergasse Nr. 10* mit dem sogenannten **Engelserker**. Beide Erker stammen aus dem Anfang des 16. Jh. Im Haus *Schmiedestr. Nr. 19* wurde im 15. Jh. der Dominikanermönch Johannes Tetzel geboren, der mit seinem schwunghaften Ablaßhandel den Bau des Petersdoms unterstützte. Das schönste Barockportal der Stadt (1730) findet man in der **Langen Straße Nr. 10**.

Ein weiteres Zeugnis der wirtschaftlichen Blüte der Stadt ist die **St. Marienkirche** mit ihrem mächtigen Dach östlich des Rathauses. Sie gilt als eine der letzten spätgotischen Hallenkirchen Sachsens. Baumeister waren u. a. Peter von Pirna und Wolf Blechschmidt. Das reichgestaltete Deckengewölbe aus dem Jahr 1534 ist noch in seinem Originalzustand, der Altar stammt aus den Jahren 1611–14. Sehenswert sind auch die Steinmetzarbeiten wie Fensterwände und Gewölberippen des Baumeisters Wolf Blechschmidt.

Hinter der St. Marienkirche steht der sehr schöne **Erlpeterbrunnen**, der mit den Sandsteinbrunnen auf dem Marktplatz zum auffallendsten Schmuck der Stadt gehört.

Westlich des Marktes befindet sich das ehemalige **Dominikanerkloster** aus dem 14./15. Jh. Im Kapitelsaal des Klosters ist heute das *Stadtmuseum* Pirnas untergebracht. Die **St. Heinrichkirche**, die zur Klosteranlage gehört, wurde um 1300 erbaut, 1945 schwer zerstört und später wieder aufgebaut. Dieses Gotteshaus zeigt die Form einer zweischiffigen Hallenkirche, deren Turm keine Spitze hat – eine Regel des Ordens um 1500 untersagte Turmspitzen.

Pirna, Türschmuck

Türschmuck

Nicht zu übersehen ist die ehemalige **Festung Sonnenstein**, die östlich des Marktplatzes auf einem 60 m hohen Plateau liegt. Die Burg, im 13. Jh. erstmals erwähnt, wurde nach dem Dreißigjährigen Krieg durch Wolf Caspar von Klengel und Jean de Bodt als Festung ausgebaut, diente aber zumeist als Schloß und Staatsgefängnis. Seit 1811 wurde sie als Pflege- und Heilanstalt für Geisteskranke genutzt. 1939 bauten die Nationalsozialisten einen Teil des hinteren Anstaltsgeländes zu einem Vernichtungslager um. 14 000 Menschen wurden hier bis 1941 ermordet. Nach dem Zweiten Weltkrieg brachte man in den zahlreichen Gebäuden diverse Betriebe und Institute unter. Das Kuratorium Gedenkstätte Sonnenstein eröffnete im Frühjahr 2000 auf dem Sonnenstein eine Gedenkstätte mit einer ständigen Ausstellung (✆ 03 01/ 76 14 48, Führung nach tel. Vereinbarung).

Einen Abstecher vom Marktplatz lohnt zu guter Letzt die an der Elbe gelegene **Schifftorvorstadt** mit dem hübschen kleinen Ortszentrum *Am Plan*.

Information: Touristenservice Pirna, Am Markt 7, 01796 Pirna, ✆0 35 01/4 65 70, Fax 56 57 15.

Veranstaltungen: Frühjahrsmarkt (April), Stadtfest (Juni).

Museum: Stadtmuseum Pirna, Klosterhof 2, ✆ 0 35 01/52 79 85. Mai–Okt. Di–So 10–18 Uhr, Nov.–April Di–So 10–17 Uhr.

Unterkunft: Deutsches Haus, Niedere Burgstr. 1, 01796 Pirna, ✆ 0 35 01/44 34 40, Fax 52 81 04.

Der Barockgarten Großsedlitz

Der Barockpark Großsedlitz westlich von Pirna, zum Ort Heidenau gehörend, zählt zu den schönsten Beispielen französischer Gartenarchitektur in Deutschland. Auf dem 16 ha großen, terrassenförmig angelegten Gelände finden sich sehenswerte Orangerien, Freitreppen, wertvolle Plastiken und Kaskaden.

Feldmarschall Graf Wackerbarth (s. S. 140) erwarb im Jahr 1719 das Gelände und legte die Grundlage für das heutige Parkensemble. Johann Christoph Knöffel errichtete nach Plänen von Pöppelmann ein dreiflügliges Schloß *(Friedrichsburg)*, das allerdings 1871 nach einem Brand bis auf einen Seitenflügel, das **Friedrichsschlößchen**, wieder abgerissen wurde. Knöffel baute zudem die **Obere Orangerie** mit Eisbassin und Kaskaden (1719–23).

Im Jahr 1723 kaufte August der Starke den Besitz. Der Kurfürst hatte Großes vor Augen, er wollte hier ein zweites Versailles erbauen. Die Baumeister Pöppelmann, Knöffel und Longuelune erhielten entsprechende Weisung. Longuelune entwarf den *Garten* und die **Untere Orangerie** (um 1727), Pöppelmann die *Freitreppenanlage ›Stille Musik‹*, Knöffel zahlreiche Plastiken. Von den rund 360 Skulpturen, die u. a. auch von Benjamin Thomae, Johann Christian Kirchner und

François Coudray geschaffen wurden, sind heute nur noch 52 erhalten. Im Jahr 1727 waren jedoch die Geldmittel erschöpft. Die Arbeiten wurden eingestellt, obwohl die Anlage unvollendet war. Dies hinderte August den Starken nicht daran, hier glanzvolle Feste zu feiern. Im Siebenjährigen Krieg wurde der Park stark beschädigt, danach verfiel er. 1846–73 wurde Großsedlitz erstmals restauriert. Die heutige Gestalt geht auf die Wiederherstellung in den 1950er Jahren zurück.

Barockpark Großsedlitz, Blick zur Unteren Orangerie

Informationen: Barockgarten Großsedlitz, Parkstr. 85, 01809 Heidenau, ✆ 0 35 29/56 39-0, Fax 56 39 99, tägl. geöffnet 7–20 Uhr (Sommer), 8–16.30 Uhr (Winter).

Unterkunft: Schloß Röhrsdorf, Hauptstr. 3, 01809 Röhrsdorf, ✆ 03 51/28 57 70, Fax 28 57 72 63, EZ ab 100 DM, DZ ab 150 DM. Wohnen in historischer Schloßanlage.

Schloß Weesenstein

Schloß Weesenstein

Nur wenige Kilometer südwestlich von Pirna liegt eine der schönsten Schloßanlagen Sachsens, **Schloß Weesenstein**. Beeindruckend schon die Gesamtansicht, kommt man aus Richtung Heidenau. Mächtig erhebt sich das Schloß auf schroffem Felsen über dem Müglitztal.

Die Geschichte Schloß Weesensteins als wehrhafter Burg im Grenzbereich zwischen der Mark Meißen und dem Königreich Böhmen geht auf das 13. Jh. zurück. Im Jahr 1318 wurde sie erstmals urkundlich erwähnt. Die Burg an der Handelsstraße nach Böhmen gehörte damals zur Grafschaft Dohna, bis sie ein Jahrhundert später auf das Haus Bünau überging, dessen Oberhaupt von 1526–75 die Burg in ein Schloß umbauen ließ. Im Jahr 1772 kaufte die Familie von Uckermann-Weesenstein das Schloß, das so zu einem Treff des Dresdner Hofes wurde. Im Jahr 1830 erstanden die Wettiner das Schloß. Vor allem Johann von Sachsen, König von 1854–73, nutzte es als königlichen Wohnsitz. Er fand hier die Ruhe für seine wissenschaftlichen Studien, bis der plötzliche Tod seines Bruders, König Friedrich August II., ihn auf den Thron brachte. Heute erinnert im Schloß eine *König-Johann-Ausstellung* an den Monarchen.

Der *Rundturm* (um 1300) auf dem höchsten Punkt des Areals ist der älteste Teil der Anlage. Gebäudeteil um Gebäudeteil wurde dann den Hang hinunter gebaut und jeweils mit Treppen an die bestehenden Bauten angebunden. So fällt es dem Besucher heute schwer, die Orientierung zu wahren; man weiß zuweilen nicht, in welchem Stockwerk man sich gerade befindet. Durch diese Bauweise sind sämtliche Baustile, von der Romanik bis zum Klassizismus, dicht beieinander zu finden. Der Besucher entdeckt mittelalterliche Felsengewölbe, gut erhaltene Säle und eine in ursprünglicher Art erhaltene barokke *Schloßkapelle* von Johann Georg Schmidt, einem Schüler von dem Erbauer der Dresdner Frauenkirche George Bähr.

Sehr schön ist die Ausstattung der Räume mit kostbaren *Tapeten*, so vor allem die Ledertapete im *Festsaal*, ein französisches Kunstwerk aus der Zeit um 1700. Für die Tapete wurden gleich große Lederstücke zusammengesetzt, vergoldet und bemalt. Ein Spaziergang lohnt auch in dem im französischen Stil angelegten *Barockgarten*.

Das Schloß wurde 1934 in ein *Museum* umgewandelt. Wegen der Größe der Anlage, dem guten baulichen Zustand und nicht zuletzt wegen der diversen Veranstaltungen (romantische Führungen bei Fackelschein, Lesungen, Konzerte) finden heute viele Besucher den Weg nach Weesenstein.

Museum: Museum Schloß Weesenstein, Am Schloßberg 1, 01809 Müglitztal, ✆ 03 50 27/54 36, Fax 55 52, im Sommer 9–18 Uhr, im Winter 9–17 Uhr. Telefonische Auskunft über Termine für Führungen, Konzerte, Theater und Schloßfest

Restaurants: Königliche Schloßküche, Am Schloßberg 1, 01809 Müglitztal, ✆ 03 50 27/57 38. Für Genießer, die Besonderes mögen: Schlemmen in der Originalküche König Johanns.

Von Königstein zur tschechischen Grenze

Touristisches Zentrum links der Elbe ist die Festung Königstein mit dem 4500-Einwohner-Ort Königstein. Rund um die Festung findet sich eine für die Sächsische Schweiz typische Landschaft: auf weitflächigen Plateaus (Ebenheiten) erheben sich Tafelberge (aufsitzende Steine).

Königstein

Auf einem 360 m hohen Tafelberg thront, durch mächtige Bastionen geschützt, die **Festung Königstein**. 240 m erhebt sie sich über der Elbe. Ganze 12 km liegt sie von der Grenze zur Tschechischen Republik entfernt. Königstein, mit 9,5 ha Grundfläche eine der größten Festungsanlagen Deutschlands, ist mehr als ein Museum mit heute rund 600 000 Besuchern pro Jahr; die Festungsbauten führen wie ein Längsschnitt durch die Geschichte vom Mittelalter bis in die Neuzeit. Angelegt als wehrhafte Steinburg um das Jahr 1250 diente Königstein als Festung, als Residenz und Hintergrund für höfische Feste, dann als Schatzkammer des sächsischen Staates und als Gefängnis für politische Gefangene.

Die Geschichte der Festung Königstein ist nur aus der Grenzlage zum seinerzeit mächtigen Böhmen zu verstehen. Ab 1150 drängten verstärkt deutschstämmige Siedler in dieses Grenzgebiet zwischen der Mark Meißen und dem Königreich Böhmen. 1241 regelte ein Vertrag den Grenzverlauf zwischen dem Königreich Böhmen und dem Bistum Meißen, in dem der Berg als »castrum in lapide regis« (Stein des Königs) zum ersten Mal urkundlich

erwähnt wird. Auf dem Plateau Königstein, das dem böhmischen Gebiet zugeschlagen wurde, wurde dieser Grenzvertrag unterzeichnet. Nur wenige Jahre später ließ der böhmische König hier eine Steinburg errichten, um die Grenze zu sichern.

Um 1400 wurde die Burg von der Markgrafschaft Meißen einverleibt. Seitdem gehörte Königstein endgültig zum Machtbereich der Wettiner, die die Burg von Adelshäusern und einmal von einem Kloster (1516) nutzen ließen.

Festung Königstein

Mit dem Regierungsantritt des Kurfürsten Christian I. (1586–91) brach eine neue Zeit an. Sachsen war jetzt mächtig genug, um Königstein als Festung nahe der Grenze zu Böhmen auszubauen und so seinen Anspruch auf Alleinherrschaft in dem Grenzland zu dokumentieren. Zugleich diente die Anlage als Zwingburg eines Kurfürsten, der sich anschickte, absoluter Herrscher zu werden. Baumeister wie Paul Buchner, Wolf Caspar Klengel und Matthäus Daniel Pöppelmann erhielten im Laufe der Zeit entsprechende Aufträge. Generation um Generation baute dann an der Festung weiter.

Auch verwandelte man einzelne Bauten in Kerker für Staatsgefangene. Rund 1000 Gefangene saßen in den nächsten Jahrhunderten vor allem in der Georgenburg, der Magdalenenburg und dem Brunnenhaus ein. Im Jahr 1706 wurde hier Johann Friedrich Böttger, der Entdecker des Verfahrens zur Herstellung von Porzellan (s. S. 158), festgehalten. Bürgerliche Demokraten, die am Revolutionsversuch in Dresden 1849 teilgenommen hatten – unter ihnen der russische Anarchist Michail Bakunin – wurden hier im Jahr 1849 eingekerkert. Es folgten die Kritiker der bürgerlichen Ordnung wie zum Beispiel der Sozialist August Bebel (1874) und der Dramatiker Frank Wedekind, der im Jahr 1899 wegen Majestätsbeleidigung inhaftiert wurde. Offiziere gegnerischer Mächte kamen als Kriegsgefangene während des Deutsch-französischen Krieges 1870/71 und während der beiden Weltkriege nach Königstein. Dem französischen General Henri Giraud gelang 1942 die Flucht aus der Festung.

Festungsbastionen lassen sich aber nicht nur nutzen, um Gefangene an der Flucht zu hindern. In unruhigen Zeiten wurde auf Königstein der sächsische Staatsschatz gelagert, der sächsische König und seine Minister suchten zu Beginn des Siebenjährigen Krieges (1756) und während des Aufstands 1849 Schutz auf Königstein. Während des Zweiten Weltkrieges sicherte man hier viele Kunstschätze aus Dresdner Beständen.

Die Festung Königstein war derart gut befestigt, daß sie nie eingenommen werden konnte; die Übergabe der Burg im Jahr 1400 durch die Wettiner war durch Aushungern erzwungen worden. Einem einzelnen Mann blieb es vorbehalten, unerlaubt in die Festung einzudringen, dem Schornsteinfeger Sebastian Abratzky. Er kletterte im Jahr 1848 an der Südostecke der Festung über die Mauer, bewies so sein Können, mußte aber auch prompt mit zwei Wochen Arrest für sein Husarenstück büßen.

Seit 1955 dient die denkmalgeschützte Festung als Museum. In den Gebäuden finden sich unterschiedlichste Ausstellungen, u. a. zur Burg- und Militärgeschichte und zur frühgeschichtlichen Besiedlung der Sächsischen Schweiz.

Rundgang durch die Festung

Der Rundgang durch die Burg konzentriert sich auf drei wesentliche Bereiche der Anlage: erstens auf den Eingangsbereich mit Torhaus, Kommandantenhaus, Streichwehr und dem Neuen Zeughaus; zweitens den Bereich der Georgenburg (nördlich des Torhauses), die auf die alte Kaiserburg ab 1250 und damit auf den ältesten Teil der Anlage verweist; drittens den Bereich um den Augustusplatz (hinter dem Durchgang durch das Torhaus), den Bauten aus den verschiedenen Bauepochen der Burg säumen.

Zwei Wege führen heute auf die Festung Königstein. Ohne Mühe gelangt auf das Plateau, wer den 1969/70 angelegten *Aufzug* benutzt. Der Aufgang zur Burg aber führt hinter der Kasse über die Rothe Brücke (angelegt 1790–1802; ab 1890 Wippbrücke), vorbei an äußeren Wehranlagen (angelegt um 1755) zum Hornravelin, der der Verteidigung des Festungseingangs diente. Es folgt das unter August dem Starken errichtete barocke **Medusentor** von 1729/30, unschwer zu erkennen am Medusenhaupt und dem kurfürstlich-sächsischen Wappen in der Front. August der Starke ließ den Aufgang zur Burg, der hier durch eine natürliche Felsspalte gelegt worden war, vertiefen und mit dem barocken Bau schmücken.

Das **Torhaus**, das Gebäude hinter dem Medusentor, dessen Seitenflügel beide nach vorne weggeknickt sind, birgt den Eingang in die Festung. Im Erdgeschoß finden sich Verteidigungsanlagen, das Obergeschoß wurde zu Wohnzwecken eingerichtet. Der rechte Flügel des

Festung Königstein
1 Eingang
2 Torhaus
3 Georgenburg
4 Georgenbatterie
5 Neues Zeughaus
6 Brunnenhaus
7 Schatzhaus
8 Magdalenenburg
9 Garnisonshaus
10 Altes Zeughaus
11 Friedrichsburg
12 Hungerturm
13 Seigerturm

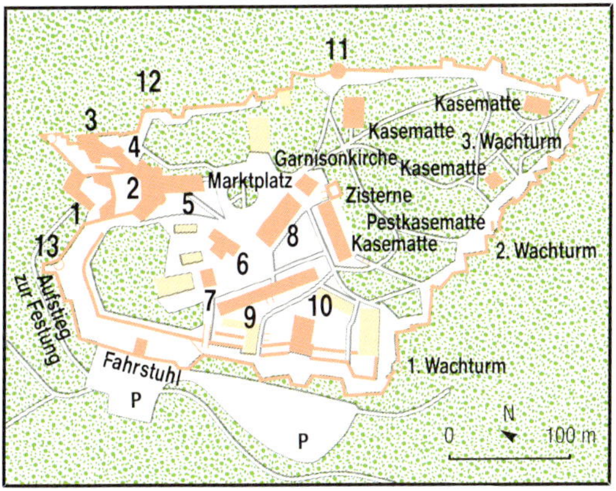

Gebäudes wird als *Kommandantenhaus* bezeichnet. An den linken Flügel des Torhauses schließt sich die *Streichwehr* an, von der aus der Zugang zur Festung verteidigt werden konnte. Das **Neue Zeughaus**, durch das der dunkle Aufgang durch das Torhaus führt, wurde nach einem Brand 1816 wieder aufgebaut. Seit 1631 befand sich über dem Aufgang der *Johannissaal*, der als Festsaal genutzt wurde. Auch der Bau aus dem Jahr 1816 zeigt die Falltüren im Boden des Festsaals, durch den der Aufgang zu verteidigen war.

Der Durchgang im Neuen Zeughaus führt auf den Augustusplatz. Bevor man sich die Gebäude um den Platz anschaut, sollte man der **Georgenburg**, die schon beim Aufgang zur Festung links neben dem Torhaus zu sehen ist, einen Besuch abstatten. Die Georgenburg wurde 1619 unter Einbeziehung der mittelalterlichen Kaiserburg von Kurfürst Johann Georg I. (1611–56) zum Jagdschloß im Renaissancestil erweitert. Erhalten blieben im Erdgeschoß und im ersten Obergeschoß spätgotische Bauelemente (Fenster) aus der Zeit Georg des Bärtigen (1500–39). Weitere Umbauten haben aber auch den Charakter des Renaissanceschlosses weitgehend verändert. Nur die Arkadenwand aus der Zeit um 1600 erinnert an den Bau Johann Georgs I.

Zurück zum *Augustusplatz*, der als Zentrum einer kleinen Garnisonsstadt, die über Gerichtsbarkeit und Marktrecht verfügte, diente. Rund um den Platz finden sich verschiedene Funktionsbauten wie zum Beispiel rechts das **Brunnenhaus**. Das in den Jahren 1735/36 errichtete Gebäude wurde über den 152,5 m tiefen Brunnen, der von

1563–69 gegraben wurde und der Festung Trinkwasser lieferte, errichtet. Seit 1967 wird der Brunnen nicht mehr genutzt.

Neben dem Brunnenhaus erheben sich auf der Südostseite des Augustusplatzes die Magdalenenburg und die Garnisonskirche. Die **Magdalenenburg**, im 19. Jh. zum Proviantmagazin umgestaltet, geht zurück auf das einstige Brauhaus, das 1621/22 zum Gästehaus wurde. Das Obergeschoß der Magdalenenburg, die nach der Gattin Johann Georgs II. (1656–80), Magdalene, benannt wurde, diente als Wohnstatt des Hofes. In den Felsenkellern (angelegt 1591) lagerte von 1725 bis 1819 das größte Weinfaß der Welt. Es faßte rund 250 000 l Wein, wurde allerdings nur ein einziges Mal mit Meißner Landwein gefüllt. August der Starke hatte sich auf einen Wettstreit um das größte Weinfaß der Welt mit dem Kurfürsten von der Pfalz eingelassen.

In der in den vergangenen Jahrhunderten mehrfach umgebauten **Garnisonskirche** finden sich noch Reste einer romanischen Burgkapelle und auch gotische Maßwerkfenster aus der Zeit des Umbaues zur Klosterkirche nach 1515. Im Jahr 1676 wurde das Gotteshaus als erste Garnisonskirche Sachsens geweiht.

Geht man zwischen Brunnenhaus und Magdalenenburg hindurch, liegt rechts das **Schatzhaus**, erbaut 1854/55 in Form eines Pulvermagazins. Die bis zu 1,80 m dicken Mauern sollten den sächsischen Staatsschatz schützen, der hier während unruhiger Zeiten eingelagert wurde. Weiter geradeaus stößt der Besucher auf die 113 m lange **Alte Kaserne** (erbaut 1589, halbseitig aufgestockt 1715/16). 32 Soldatenfamilien hatten hier je zwei Räume zur Verfügung.

Hinter der Alten Kaserne dann, unmittelbar an der Festungsmauer, das **Alte Zeughaus** aus dem Jahr 1594, das ein gut erhaltenes Kreuzgratgewölbe und Rundsäulen im Erdgeschoß aufweist.

Nicht versäumen sollte der Besucher einen Gang entlang der **Festungsmauer**, auf der unter anderem das 500 Jahre alte Riesengeschütz **Faule Magd** zu finden ist. Immer wieder ergibt sich auf diesem Weg ein guter Ausblick auf die Sächsische Schweiz. Wer allerdings den gesamten Verlauf des Elbbogens unter der Festung übersehen möchte, muß schon bis zur **Königsnase** an der Ostspitze der Festungsanlage gehen. Hier erinnert eine Gedenkinschrift an die Opfer eines Blitzschlags. Besuchern ist daher zu raten, bei Gewitter Aussichtspunkte auf der Festung zu meiden und Gebäude aufzusuchen.

Unmittelbar an der Festungsmauer, von der Königsnase weiter in nordwestlicher Richtung (gleiche Höhe wie die Garnisonskirche), findet sich das architektonisch bedeutendste Gebäude der Festungsanlage, die **Friedrichsburg**. August der Starke ließ die frühere Christiansburg – ein schmuckloser Re-

naissancebau aus dem Jahr 1589, der als Wehranlage, aber auch Festort diente – mit einer doppelläufigen Treppe und reichem Schmuck zum barocken Festpavillon umgestalten. Der Name geht auf Friedrich II. von Preußen zurück, der hier als Prinz mit seinem Vater auf Einladung des sächsischen Kurfürsten große Feste feierte.

Der Ort **Königstein**, dessen Schicksal immer eng mit den Geschicken der Festung verbunden war, wurde 1379 erstmals in einer Urkunde als Stadt bezeichnet. Die kleine Stadt, die sich entlang des schmalen Elbufers und des Bielatals hinzieht, lebt heute hauptsächlich vom Fremdenverkehr. Wichtigste Sehenswürdigkeit ist die *Stadtkirche St. Marien*, von George Bähr im Jahr 1720 im Stil des Barock errichtet und nach einem Brand 1810–23 klassizistisch umgebaut.

Festung Königstein, auf der Festungsmauer

Information: Tourist-Information Königstein, Schreiberberg 2, 01824 Königstein, ✆ 03 50 21/6 82 61, Fax 6 88 87.

Museen: Festung Königstein, ✆ 03 50 21/6 46 07, Fax 6 46 09. April–Sept. 9–20 Uhr, Okt. 9–18 Uhr, Nov.–März 9–17 Uhr. Ausstellungen: Torhaus: geologische Entwicklung und frühgeschichtliche Besiedlung der Sächsischen Schweiz. Neues Zeughaus: Festungsbau und Militärgeschichte von 1806 bis 1945. Altes Zeughaus: Entwicklung des Artilleriewesens im Kurfürstentum Sachsen. Georgenburg: Dokumentation zur Baugeschichte und zur Geschichte des Staatsgefängnisses. Brunnenhaus: Dokumentation zur Geschichte des Brunnens. Proviantmagazin: Dokumentation zur Baugeschichte und zur Geschichte der drei Riesenfässer.

Blick von der Festung Königstein ins Elbtal, links der Lilienstein

Naturfreundehaus Königstein, Halbestadt 13, ✆ 03 50 22/ 9 94 80, Fax 4 34 71.

Unterkunft: Hotel Lindenhof, Gohrischer Str. 2, ✆ 03 50 21/ 6 82 43, EZ ab 80 DM, DZ ab 120 DM. Hanglage mit Blick auf das Elbtal.
Hotel-Pension Vogelsberg, Elbhäuser Weg 20, ✆ 03 50 21/76 50, EZ ab 45 DM, DZ ab 110 DM. Zentral gelegen, Biergarten.
Pension Rahm-Mühle, Pehnaberg, Thürmsdorf b. Königstein, ✆ 03 50 21/ 6 85 66, DZ ab 70 DM. 1 km von Königstein entfernt, inmitten Wald und Wiesen gelegen.

Campingplatz R 27, 01824 Königstein, ✆ 03 50 21/6 82 24.

Ausflüge ins Gebiet der Steine

Östlich und südöstlich von Königstein erstreckt sich bis zur tschechischen Grenze ein ausgedehntes Wald- und Wandergebiet, mit kleinen Orten, Ebenheiten und einer Reihe von Tafelbergen; ein Gebiet, das ein bißchen abseits der touristischen Hauptrouten liegt, ideal für Wanderer und Kletterer.

Zum Pfaffenstein

Eins der beliebtesten Ausflugsziele in der Nähe Königsteins ist der knapp 2 km entfernte **Pfaffenstein** (428 m). Im Ort *Pfaffendorf* beginnt der Aufstieg durch das sogenannte *Nadelöhr* an der Nordseite des Berges. Über Kehren und Stufen geht es in einer von 60 m hohen Felswänden gesäumten, engen Schlucht hinauf zum Felsplateau.

Der Pfaffenstein war, wie Fundstücke und ein 200 m langer urgeschichtlicher Erdwall an der Westseite zeigen, bereits in der Stein- und Bronzezeit besiedelt. Reiseziel wurde der Pfaffenstein schon Mitte des 19. Jh. Im Jahr 1880 eröffnete man eine Bergwirtschaft und 1904

Abbildungsnachweis

Fridmar Damm, Köln Abb. S. 10/11, 40/41, 56, 61, 99, 132, 154/155, 184/185, 189, 208/209, 210/211

Dittrich, Sylvio, Dresden 82

Wolfgang Fritz, Köln Abb. S. 32, 94, 119, 151, 164, 197

Gemäldegalerie Alte Meister – Staatliche Kunstsammlungen Dresden Abb. S. 30, 45, 48, 49, 66

Dieter Gutmann, Dresden Abb. S. 180, 181

Lisa Hammel, Dortmund Abb. S. 17, 69

Heldge-Verlag, Köthen Abb. S. 92

Johannes Hoffmann, Dresden Abb. S. 141

Gernot Huber/LAIF, Köln Titel, Umschlagklappe vorn und hinten, Umschlagrückseite, Abb. S. 1, 2/3

Jürgen Karpinski, Dresden Abb. S. 30, 42, 45, 48, 49, 66, 105

Ulrike Krause/Enno Wiese, Berlin Abb. S. 20 li., 102, 130, 137

Jörg Miesel, Freital Abb. S. 139

Werner Neumeister, München Abb. S. 28, 74, 79, 108, 111, 118, 136, 196, 199, 202/203

Erhard Pansegrau, Berlin Abb. S. 18/19, 20/21 u., 36/37, 62, 65, 76, 77, 82, 146/147

Max Pechstein Urheberrechtsgemeinschaft, Hamburg/Tökendorf Abb. S. 23

Udo Pellmann, Dresden Abb. S. 8, 16, 52/53, 54, 85, 88, 100/101, 117, 120/121, 154, 173, 192, 200, 216

Werner Preuß, Köln Abb. S. 13, 55

Ingrid Rulff, Dresden Abb. S. 25, 73

Sächsische Landesbibliothek, Deutsche Fotothek, Dresden Abb. S. 14, 58, 90, 143

Stadtmuseum Dresden Abb. S. 88

Martin Thomas, Aachen Abb. S. 126/127, 168/169, 170, 177, 207

Karten und Pläne

Christian Heße, © DuMont Buchverlag, Köln

Zitat

Johann Michael von Loen: Gesammelte kleinere Schriften. Leipzig/Frankfurt/M. 1750 S. 9

TIPS & ADRESSEN

Alle wichtigen Informationen rund ums Reisen – von Auskunft bis Zeitungen – auf einen Blick.

Empfehlenswerte Unterkünfte und Restaurants, Freizeit- und Kulturangebote, Einkaufsadressen

INHALT

REISEVORBEREITUNG & ANREISE

Vorwahl Dresden: ✆ 03 51.

Informationsstellen

Dresden-Werbung und Tourismus
Ostra-Allee 18, 01067, ✆ 49 19 20, Fax 49 19 21 16
Prospektmaterial sowie Stadtrundfahrten, Zimmervermittlung, Kartenservice und Organisation von Gruppen- und Einzelreisen.
Hotline:
Zimmer: ✆ 49 19 22 22
Kartenvorverkauf ✆ 49 19 22 33
Auskunft ✆ 49 19 21 00
Gruppenprogramme ✆ 49 19 21 40
Pauschalangebote ✆ 49 19 21 20

Dresden im Internet
www.dresden.de (Stadt Dresden)
www. dresden-tourist.de (Dresden Werbung und Tourismus, Buchungen)
www.dresden-net.de (Links zu wichtigen Adressen, Anlaufstellen Dresdens)
www.saechsische-zeitung.de (Unter der Rubrik City Guide viele Tips für einen Aufenthalt in Dresden)
www.dresden-online.de (Infos, interaktiver Hotelführer)
www.dresden-info.fhg.de (Fahrplanauskunft, Straßenverkehrszustand)
www.advis.de/cybersax (Homepage des Stadtmagazins SAX)
Sächsische Schweiz, Meissen, Sächsisches Elbland im Internet:
www.saechsische-schweiz.de
www.saechsisches-elbland.de
www.meiland.de
www.stadt-meissen.de
www.sachsen-tour.de
www.elberadweg.de

Reisezeit

In Sachsen herrscht kontinentales Klima, daher sind die Sommer recht warm, die Winter kalt. Beste Reisezeit ist zwischen Frühjahr und Herbst. Wer in Dresden beim Sightseeing ein bißchen mehr Ruhe haben möchte, sollte im Winter kommen.

Anreise

Mit dem Flugzeug
Dresdens Flughafen Klotzsche, 9 km nördlich des Stadtzentrums gelegen, wird von allen deutschen Großstädten aus angeflogen. Flughafen Klotzsche, Karl-Marx-Straße, 01109, Auskunft: ✆ 88 13 36-0.

Mit der Bahn
IC-, D- und IR-Züge aus Richtung Bebra, Fulda, Nürnberg, Mannheim, Frankfurt am Main, Leipzig, Magdeburg, Berlin halten in Dresdens Bahnhöfen Hauptbahnhof und Dresden-Neustadt.

Auskunft: Hauptbahnhof und Bahnhof Dresden-Neustadt, tägl. 5–22 Uhr, ✆ 4 71 06 00;

Mit dem Auto
A 4 aus Richtung Chemnitz, A 13 aus Richtung Berlin, A 14/A 4 aus Richtung Leipzig. Autobahnausfahrten DD-Altstadt, DD-Neustadt, DD-Wilder Mann, DD-Nord.

Mitfahrgelegenheit bietet die Mitfahrzentrale ADM, Antonstr. 41, 01097, ✆ 1 94 40, Fax 8 02 25 09.

UNTERWEGS IN DRESDEN

Zu Fuß

Die meisten Sehenswürdigkeiten befinden sich im Stadtzentrum und sind am besten zu Fuß zu erreichen.

Mit Bus, Bahn, Taxi

Die entfernteren Stadtteile und Sehenswürdigkeiten kann man bequem mit Straßenbahn, Bus oder der Stadt-Vorortbahn (SV-Bahn) anfahren. Fahrscheine sind in den Verkehrsmitteln oder an Automaten erhältlich. Es gibt Einzelfahrscheine, Tages-, Familien- und Monatskarten. Umsteigen ist innerhalb einer zeitlichen Begrenzung möglich; wird sie überschritten, muß neu gelöst werden. Mit der SV-Bahn kann man die Sächsische Schweiz, den Tharandter Wald, die Dresdner Heide und Meißen erreichen.

Informationen über Preise und besondere Touristenangebote gibt das Fahrgastservice der Dresdner Verkehrsbetriebe, ✆ 8 57 10 11.

Taxiruf: ✆ 21 12 11

Mit dem Auto

Parkplätze/Tiefgaragen
Nähe Zwinger: Georg Treu-Platz (Tiefgarage), Hotel Kempinski Taschenbergpalais (Tiefgarage), Ostra-Allee, Semperoper/Landtag (Tiefgarage); Nähe Altmarkt/Prager Straße: Altmarkt (Tiefgarage und Parkplatz), Karstadt (Tiefgarage), Hertie, Kulturpalast; Nähe Innere Neustadt: Palaisplatz, Königstraße

Auto-Vermietung
Avis, Flughafen Klotzsche, Flughafenstr. 100, 01109, ✆ 8 81 46 00
Hertz, Gr. Meißner Str. 15, 01097, ✆ 8 02 38 90

Mit dem Schiff

Sächsische Dampfschiffahrt: Fahrten auf 8 historischen Raddampfern, 2 Salonschiffen und 2 kleineren Motorschiffen im Stadtgebiet, zu den Elbschlössern, in die Böhmische und Sächsische Schweiz sowie Sommernachts- und Dixilandfahrten. Information: ✆ 86 60 90, Fax 8 66 09 88. Fahrplan: 8 66 09 40. Anlegestelle zwischen Augustus- und Carolabrücke.

Mit Stadtrundfahrten

Informationen bei der Tourist-Informationen, ✆ 49 19 21 00.

Stadtrundfahrten/-führungen unter besonderen Gesichtspunkten bietet auch **Igel-Tour**, Pulsnitzer Str. 10, 01099, ✆ 8 04 45 57 an.

Abfahrtsstelle der Stadtrundfahrten: Ecke Prager Straße/Dr. Külz-Ring und Ecke Augustusbrücke/Brühlsche Terrasse; Abfahrtsstelle Stadtrundfahrt mit der **Hamburger Hummelbahn** (Auskunft: ✆ 4 98 95 19) und der **Straßenbahn**: Postplatz am Zwinger.

Weitere Führungen: Klassischer Stadtrundgang ✆ 4 72 62 60, Rundgang durch das historische Dresden Spahn Touristikservice Sachsen, ✆ 4 90 45 56.

UNTERKUNFT

Hotels

Luxushotels

Kempinski Hotel Taschenbergpalais, Taschenberg 3, 01067, ✆ 4 91 20, Fax 4 91 28 12. Im wieder aufgebauten Taschenbergpalais, vis-à-vis vom Zwinger und Schloß. EZ ab 390 DM, DZ ab 440 DM.

Dresden Hilton, An der Frauenkirche 5, 01067, ✆ 8 64 20, Fax 8 64 27 25. Luxushotel ganz in der Nähe der Top-Sights von Dresden u. a. mit Pool, Kosmetiksalon, vielfältiger Gastronomie. Die Sekundogenitur ist in den Neubau integriert. EZ ab 275 DM, DZ 275–410 DM, Suiten 830 DM.

The Westin Bellevue Dresden, Große Meißner Str. 15, 01097, ✆ 80 50, Fax 8 05 16 09. Nahe der Elbe auf Neustädter Seite gelegenes Vorzeigehotel mit Pool, Solarium, Fitneßclub, diversen Edelrestaurants und eigener Patisserie. Nichtraucherzimmer vorhanden. EZ ab 295 DM, DZ ab 335 DM, Suiten ab 530 DM.

Radisson SAS Gewandhaus Dresden, Ringstr. 1, 01067, ✆ 4 94 90, Fax 4 94 94 90. Zentral gelgenes 5-Sterne-Hotel, 97 Zimmer und 3 Suiten im Biedermeierstil. EZ u. DZ ab 270 DM.

Romantik Hotel Pattis, Merbitzer Str. 53, 01157, ✆ 4 25 50, Fax 4 25 52 55. First-Class-Hotel in einem privaten Park (OT Briesnitz). Sonderpunkt: die ausgezeichnete Küche. EZ ab 160 DM, DZ ab 200 DM.

Hotels mit Atmosphäre

Am Blauen Wunder, Loschwitzerstr. 48, 01309, ✆ 3 36 60, Fax 3 36 62 99. Hübsches Hotel in Loschwitz ganz in der Nähe der Brücke Blaues Wunder. EZ ab 145 DM, DZ ab 168 DM.

Coventry, Hülßestr. 1, 01237, ✆ 2 82 60, Fax 2 81 63 10. Neues Designerhotel im Südosten der Stadt, mit Restaurant, Konferenzräumen und Terrassencafé. EZ ab 95 DM, DZ ab 125 DM.

Hotel Bülow Residenz, Rähnitzgasse 19, 01097, ✆ 8 00 30, Fax 8 00 31 00. Vier-Sterne-Hotel in der hübschen Rähnitzgasse (Neustadt), mit Restaurant und Bar. EZ 290 DM, DZ 370 DM, Suite ab 460 DM.

Hotel Martha Hospiz, Nieritzstr. 11, 01097, ✆ 8 17 60, Fax 8 17 62 22. Traditionsherberge seit 1899, zentral in der Neustadt, in einer kleinen, abseitigen Gasse. Zi. mit allem Komfort. EZ ab 140 DM, DZ ab 190 DM.

Hotel Schloß Eckberg, Bautzner Str. 134, 01099, ✆ 8 09 90, Fax 8 09 91 99. Auf den Loschwitzer Höhen gelegenes Schlößchen inmitten eines romantischen Parks. Stilvolle englische Atmosphäre und schöner Blick auf die Elbe. Besonderes Angebot für Neuvermählte: das Hochzeitszimmer. EZ ab 310 DM, DZ ab 410 DM, Suite 550 DM.

Mercure Newa Dresden, St. Petersburger Str. 34, 01069, ✆ 4 81 41 09, Fax 495 51 37. Hier besticht vor allem die Lage: direkt an der Einkaufsmeile Prager Straße gelegenes Hotel und ganz in Nähe des Hauptbahnhofs. EZ ab 158 DM, DZ ab 188 DM.

Park Inn International Dresden, Königsbrücker Str. 121a, 01099, ✆

8 06 30, Fax 8 06 37 21. Neustadt-nahes Vier-Sterne-Hotel, dessen Zimmer im Art Déco-Stil eingerichtet sind. Top: der im Belle Epoque-Stil restaurierte Ballsaal. EZ ab 130 DM, DZ ab 150 DM.

Prinz Eugen, Gustav- Hartmann-Str. 4, 01279, ✆ 25 59 00, Fax 2 55 90 55. Garni-Hotel im hübschen Dresden-Laubegast, mit fröhlich-bunt eingerichteten Zimmern und sehr gutem Frühstücksbuffet. EZ ab 95 DM, DZ ab 130 DM.

art'otel dresden, Ostra-Allee 33, 01067, ✆ 4 92 20, Fax 4 92 27 77. Ein modernes Hotel mit viel Kunst (z.B. A. R. Penck) und Design (z. B. Santachiara) sowie kalifornischer Küche. EZ ab 215 DM, DZ ab 255 DM.

Hotel Smetana, Schlüterstr. 25, 01277, ✆ 25 60 80, Fax 2 56 08 88. Privathotel in einem Jugendstilhaus mit Restaurant und Biergarten sowie Sauna, Solarium und Wirlpool. EZ ab 95 DM, DZ ab 140 DM.

Villa Emma, Stechgrundstr. 2, 01324, ✆ 26 48 10, Fax 2 64 81 18. Sehr schön renovierte Jugendstilvilla am Eingang zum Kurparkgelände des Weißen Hirschs. Von einigen Zimmern aus kann man auf das Gelände von Lahmanns Sanatorium und die Villa Heinrich Lahmanns blicken. EZ ab 155 DM, DZ ab 280 DM.

Preiswerte Hotels/Pensionen

City-Herberge, Lignerallee 3, 01069, ✆ 4 85 99 00, Fax 4 85 99 01. Zwischen Altstadt und Großem Garten gelegen. EZ ab 55 DM, DZ ab 80 DM.

Hotel Rothenburger Hof, Rothenburger Str. 15/17, 01099, ✆ 8 12 60, Fax 8 12 62 22. Ein Hotel in der Neustadt, das sich allmählich mausert. Gutes Restaurant. EZ ab 125 DM, DZ ab 198 DM.

Hotelpension Dresdner Höhe, Südhöhe 19, 01217, ✆ 4 03 22 22, Fax 4 03 22 21. Ruhig gelegenes Haus, Zimmer mit TV, Radio, Dusche und Minibar. EZ 75 DM, DZ 105 DM.

Pension Arcade, Bautzner Landstr. 58, 01324, ✆ 26 99 50, Fax 2 69 95 31. Hübsche Hotel-Pension, EZ ab 90 DM, DZ ab 140 DM incl. Frühstück, Garage.

Hotelschiff Florentina Riverboat, Terrassenufer, 01069, ✆ 4 59 01 69, Fax 4 59 50 36. Übernachten auf dem Schiff. EZ ab 90 DM, DZ ab 125 DM.

Jugendherbergen/-hotels

Jugendherberge ›Rudi Arndt‹, Hübnerstr. 11, 01069, ✆ 4 71 06 67, Fax 4 72 89 59.

Jugendgästehaus Dresden, Maternistr. 22, 01067, ✆ 49 26 20, Fax 4 92 62 99.

Jugendherberge Radebeul, Weintraubenstr. 12, 01445, ✆ 8 38 28 80.

Jugendhotel Hostel Die Boofe, Louisenstr. 20, 01099, ✆ 8 01 33 61, Fax 8 01 33 62

Mondpalast, Katharinenstr. 11-13, 01099, ✆ 8 04 60 61. Preisgünstig wohnen im Szeneviertel Äußere Neustadt, im Haus die Disco Down Town.

Camping

Caravan-Camping Dresden Nord
Elsterweg 13, 01109, ✆ 8 80 97 92.

Campingplatz Mockritz, Boderitzer Str. 8, 01217, ✆ 4 71 52 50.

Campingplatz Wostra, Trieskestr. 100, 01259, ✆ 2 01 32 54.

ESSEN & TRINKEN

Restaurants

Sächsische Küche

Hotel & Restaurant Pattis, Am Zschoner Grund/Merbitzer Str. 53, 01157, ✆ 4 25 50. Aus dem Gourmet-Restaurant Erholung am Weißen Hirsch ist 1997 durch Wiederaufbau der romantisch gelegenen Weltemühle ein Hotel-Restaurant geworden. Küchenchef Mario Pattis (einer der führenden Köche Dresdens) bietet regionale Spezialitäten.

Markthalle, Weißeritzstr./Ecke Jahnstr., 01067, ✆ 4 95 51 67, Mo–Sa 9–3 Uhr, Sa ab 18 Uhr. Sächsische Küche in der ehemaligen Dresdner Hauptmarkthalle.

Ratskeller, Dr. Külz-Ring 19, 01067, ✆ 4 88 29 50, Fax 4 88 29 57. Idealer Mittagstreff in der Altstadt, deftige deutsche/sächsische Gerichte wie Moritzburger Kasslerkotelett, Kartoffelpuffer und Sauerkraut, sächsische Kartoffelsuppe. Die Preise halten sich im Rahmen. Tägl. 11–24 Uhr.

Sophienkeller, Taschenberg 3, 01067, ✆ 4 91 26 49. Speisen wie zu Augusts Zeiten, sächische Küche in fürstlichen Portionen. Tgl. 11–1 Uhr.

Spitzenküche

Ars Vivendi, Bürgerstr. 14, 01127, ✆ 3 48 67 68. Im alten Kellergewölbe wird getafelt: 5-Gänge-Menues – von Krustentieren bis Wild. Der Gault Millau gab dem Spitzenrestaurant eine hohe Punktzahl. Tägl. ab 17 Uhr.

Canaletto, Große Meißner Str. 15, 01097, ✆ 8 12 00. Eines der guten Restaurants im Maritim-Hotel Bellevue. Nouvelle cuisine, z. B. Tournedos vom Angusrind und Medaillons vom kanadischen Hummer mit Gemüsebällchen. Mi–So 12–14.30 u. 18–1 Uhr.

Das Caroussel im Hotel Bülow Residenz, Rähnitzgasse 19, 01097, ✆ 8 00 30. Elegant eingerichtetes Hotelrestaurant der Spitzenklasse und Treff von allerlei Prominenz. Tägl. 18.30–2 Uhr (warme Küche bis 22 Uhr).

Fisch-Galerie, Maxstr. 2, 01067, ✆ 4 90 35 06. Fischrestaurant, das auch Sushi im Angebot hat. Die Kunst gibt es gratis. Di–Fr 12–15 u. 18–24 Uhr, Sa nur 18–24 Uhr, So geschlossen.

Fischhaus Alberthafen, Magdeburger Str. 58, 01067, ✆ 4 98 21 10, tgl.12–15 Uhr, 18–23.30 Uhr, Sa/So ab 12 Uhr. Fischrestaurant im früheren Kulturhaus der Binnenschiffer im Dresdner Hafen, im Angebot kulinarische Köstlichkeiten vom Seelachsfilet bis Elefantenfisch.

Intermezzo, Taschenberg 3, 01067, ✆ 4 91 27 12. Kreativ bis mediterran, zuweilen auch österreichische Küche. Tägl. 12–14.30 u. 18–24 Uhr.

Villa Herzog, Bautzner Landstr. 41, 01324, ✆ 26 98 80, Mo–Sa 18–23 Uhr. Elegantes, im Weißen Hirsch gelegenes Restaurant. Im Speisesaal des ehemaligen Mädchenpensionats, der liebevoll im Gründerzeit-Stil renoviert wurde, serviert das Team um Köchin Ute Herzog kulinarische Köstlichkeiten. Übernachtung ist ebenfalls möglich: EZ ab 101 DM, DZ ab 121 DM.

Restaurants mit Elbblick

Ball- und Brauhaus Watzke, Kötzschenbroder Str. 1, 01139, ✆ 85 29

20. Tägl. 11–1 Uhr. Traditions-Brauhaus mit Biergarten und Aussicht auf das Ostragehege.

Brauhaus am Waldschlößchen, Am Brauhaus 8b, 01099, ✆ 8 11 99 22, tägl. 11–1 Uhr. Dresden- und Elbeblick, deftige Küche und Getränke, großer Biergarten.

Chiaveri, Öffentliches Restaurant im neuen Sächsischen Landtag, Holländische Str. 2, 01067, ✆ 4 96 03 99. Von der obersten Etage des Landtags genießt man einen herrlichen Blick auf Dresden. Sächsische Spezialitäten und saisonale Küche. Weine und Sekte des Sächsischen Staatsweingutes Schloß Wackerbarth und Klassiker des italienischen Weinkellers. Tägl. 11–24 Uhr.

Drachen, Bautzner Str. 72, 01099, ✆ 8 04 11 88. Tägl. 12–24 Uhr, im Winter Mo geschlossen. Spitzenküche in einer ehemaligen Bierschänke direkt am Elbufer. Die Schänke besteht seit 1734, und 1848 wohnte hier der Dichter Josef Freiherr von Eichendorff.

Restaurant im Schloß Eckberg, Bautzner Str. 134, 01099, ✆ 8 09 90. Nicht nur die Hotelgäste schätzen die feine Küche des Restaurants im Schloß Eckberg. Besonders mundet es auf dem Schloßbalkon mit Blick auf Dresden, Elbe und den Schloßgarten. Tägl. 11–23.30 Uhr.

Dresdner Wirtshaus Körnergarten, Friedrich-Wieck-Str. 26, 01326, ✆ 2 68 36 20. Restaurant mit Sonnenterrasse direkt an den Elbwiesen in Loschwitz mit Blick auf das ›Blaue Wunder‹. Tägl. 11–1 Uhr.

Kahnaletto, Terrassenufer, 01067, ✆ 4 95 11 57. Italienische Küche auf einem Theaterkahn auf der Elbe, dazu Bilder von Dresdner Künstlern. Tägl. 12–15 u. 18–24 Uhr.

Luisenhof, Bergbahnstr. 8, 01324, ✆ 2 14 99 60. Auf der Loschwitzer Höhe gelegenenes Traditionscafe und -restaurant mit Blick auf Elbe und ›Blaues Wunder‹.

Schillergarten, Am Schillergarten 9, 01277, ✆ 3 18 30 20, tägl.11–24 Uhr. Großer Biergarten direkt am ›Blauen Wunder‹.

Nationalitätenküche

Il Desco, Loschwitzerstr. 48, 01309, ✆ 3 36 60. Exquisites Ambiente, dazu Spezialitätenwochen aus ausgesuchten Regionen Italiens. Di–Sa 12–14.30 u. 18–23 Uhr.

Giorgio, Glacisstr. 11, 01099, ✆ 8 03 20 59. Für Gäste mit größerem Geldbeutel, Wein- und Grappaangebot können sich sehen lassen. Tägl. 11.30–14.30 u. 17.30–24 Uhr.

König Albert, Königstr. 26, 01097, ✆ 8 04 48 83. Kreative Jahreszeitenküche, die auch von der sächsischen Prominenz geschätzt wird. Mo–Fr 11–1 Uhr, Sa, So 18–1 Uhr.

Maison d'Alsace, Hüllßestr. 22, 01237, ✆ 2 81 76 92. Reichhaltig wie die deutsche, fein wie die französische Küche. In dem elsässischen Restaurant kommt jeder auf seine Kosten. Tägl. 12–24 Uhr.

Ogura, Hotel Hilton, An der Frauenkirche 5, 01067, ✆ 8 64 29 75, Di–So 12–14.30 Uhr, 18–23 Uhr. Top-Japaner, der Gäste schon in Moskau, Paris und Tokio verwöhnte.

La Vie en Rose, Alaunstr. 64, 01099, ✆ 8 03 61 61. Französische Küche im Belle-Epoque Ambiente, Tip: 15-Gänge-Menü à 39 DM. Tägl. 12–24/2 Uhr.

Sofra, Förstereistr. 5, 01099, ✆ 8 03 27 90, tägl. 11–2 Uhr. Türkische Küche, vieles wird auf dem Holzkohlegrill zubereitet.

Villa Marie, Fährgässchen 1, 01309, ✆ 3 11 11 86. Toskanische Küche direkt am ›Blauen Wunder‹. Restaurant und Terrasse sind nicht nur bei Yuppies und Geschäftsleuten angesagt. Tägl. 11.30–1 Uhr.

Von Szene bis Gutbürgerlich

Altmarkt-Keller, Wilsdruffer Str. 19/21, 01067, ✆ 4 95 12 12. Zwischen Kulturpalast und Kreuzkirche an der Altmarktostseite gelegen, bietet dieses Haus gleich mehrere Restaurants: MacDonalds, ein chinesisches Restaurant, das Restaurant Haus Altmarkt sowie das Galeriecafé mit zahlreichen Sitzgelegenheiten draußen unter den Arkaden. Die Gerichte sind von gutbürgerlicher Art wie Bauernkotelett und Kartoffelpuffer. Tägl. 11–1.

August, Königstr. 15, 01097, ✆ 80 01 40. Ob Frühstück, Brunch, Mittagessen oder abends Musik im Keller, dieses Lokal in der restaurierten Königstraße bietet v. a. Touristen ein breites Angebot. Tägl. 11 Uhr bis offenes Ende.

Italienisches Dörfchen, Theaterplatz 3, 01067, ✆ 49 81 60. Einst Quartier der italienischen Handwerker, heute sind in dem direkt an der Elbe gelegenen Gebäude fünf Gastronomiebetriebe untergebracht. Im Erlwein-Restaurant speist man auf Meissener Porzellan. Tägl. 12–24 Uhr (Café 10–20 Uhr).

Zum Kartoffelkeller im Hotel Martha Hospiz, Nieritzstr. 11, 01097, ✆ 8 17 63 58. Im Kellergewölbe des 1899 gegründeten Hospizes gibt es Gerichte rund um die Kartoffel. Tägl. 18–1 Uhr.

Kügelgenhaus, Hauptstr. 11, 01097, ✆ 8 04 27 91. Gutbürgerliche und sächsische Küche gibt es im barocken Wohnhaus der Künstlerfamilie Kügelgen direkt an der Geschäftemeile Hauptstraße. Wem mehr nach Kunst ist, kann sich ein Stockwerk höher im Museum zur Dresdner Frühromantik umschauen. Tägl. 11–2 Uhr.

Cafés undTreffs

Blumenau, Louisenstr. 67, 01099, ✆ 8 02 65 01, tägl. 10–3 Uhr. Empfehlenswert – tolles Design, zahlreiche Milchkaffeeesorten.

Café Donnersberg, Rähnitzgasse 7, 01097, ✆ 8 02 29 11. Ruhiges Szene-Café, das am Beginn der barocken Rähnitzgasse und in unmittelbarer Nähe der Hauptstraße liegt. Di–Fr 12–23 Uhr, Sa 13–23 Uhr, So 13–19 Uhr.

Cafe zur Frauenkirche, An der Frauenkirche/Münzgasse, 01067, ✆ 4 98 96 36. Entspannen mit Blick auf die Frauenkirche.

Café Kreutzkamm, Altmarkt 18/19, 01067, ✆ 4 95 41 72. Traditions-Confiserie am Altmarkt, im toskanischen Flair eingerichtet. Es wurde bereits 1825 gegründet und nach dem Krieg nach München verlegt. Spezialität: sächsisches Gebäck wie der ausgezeichnete Baumkuchen und Streuselkuchen. Mo–Sa 8–20 Uhr, So 12–18 Uhr.

Carola Schlößchen im Großen Garten, 01069, ✆ 4 72 73 74, tägl. ab 10 Uhr. Cafe, Restaurant, Terrasse mit Blick auf den Carolasee.

Pfund's Molkerei, Bautzner Str. 79, 01099, ✆ 80 80 80. Sehr schönes Café und Restaurant – 1995 wiedereröffnet –, das zum traditionsreichen Pfundschen Milchladen gehört (s. S. 108). Einzigartige Milchkarte und

Sächsische Küche nach Omas Rezepten. Mo–Fr 9–20, Sa, So 10–16 Uhr.

Cafe Reale, Kamenzer Str. 42 b, 01099, ✆ 8 04 42 92. Ein Traditionscafé mit neuem Standort mitten in der Neustadt. Tägl. 6–2 Uhr.

Café Toscana, Schillerplatz 7, 01309, ✆ 3 10 07 44. Tägl. 9–22, So ab 12 Uhr. Traditions-Konditorei mit Köstlichkeiten aus der Kuchenvitrine, dazu direkt am ›Blauen Wunder‹ gelegen plus Blick auf die Elbe.

Linie 6, Schaufußstr. 24, 01277, ✆ 33 74 47. Originelles Lokal, in dem man in den Requisiten alter Dresdner Straßenbahnen sitzt (Nähe Johannisfriedhof, Tolkewitz). Die Linie 6 bietet zudem Stadtrundfahrten im VIP-Bus der ehemaligen DDR-Regierung an. Mo–Fr 17–24, Sa, So 12–24 Uhr; Bar Do–Sa 20–3 Uhr.

Vis-à-Vis, An der Frauenkirche 5, 01067, ✆ 8 64 28 35. In der Sekundogenitur. Man trinkt seinen Kaffee direkt auf der Brühlschen Terrasse, Touristentreff. Tägl. 11–18 Uhr (bei schönem Wetter Ausschank auf der Terrasse bis 24 Uhr).

Bars und Kneipen

Applaus, An der Frauenkirche 5, 01067, ✆ 8 64 28 20. Bistro-Straßencafé im französischen Stil; eher Touristentreff, dafür gleich in der Nähe der Brühlschen Terrasse und Frauenkirche. Tägl. 12–24 Uhr

Blue Note, Görlitzer Str. 2b, 01099, ✆ 8 01 42 75, tägl. ab 20 Uhr. Bar mit Live-Konzerten.

Café 100, Alaunstr. 100, 01099, ✆ 8 01 39 57. Traditionsreiches Szenelokal in der Neustadt; im Sommer sitzt man bei Kerzenschein und Musik vom Band im Hinterhof. Tägl. 17–3 Uhr.

Franks Bar, Alaunstr. 80, 01099, ✆ 8 02 67 27, tägl. ab 20 Uhr. Einer der angesagtesten Treffs in der Äußeren Neustadt.

Havanna Bar, Hotel Radisson SAS Gewandhaus, Ringstr.1, 01067 DD, ✆ 4 94 90, tägl. 17–2 Uhr. Zigarrenbar im Luxushotel.

Kempinski's Allegro Bar, Am Taschenberg, 01067, ✆ 4 91 27 20. Noble Hotelbar, die nicht nur Treff der Hotelgäste zu werden beginnt. So–Do 17–1.30 Uhr, Fr/Sa bis 2 Uhr.

Leonardo, Rudolf-Leonhard-Str. 24, 01099, ✆ 8 04 22 47, tägl. ab 19 Uhr. Beliebteste Kneipe Dresdens laut Szenemagazin Sax.

Markthalle, Weißeritzstr./Jahnstr., 01067, ✆ 4 95 51 67. Angesagter Szene-Treff, warme Küche. Mo–Sa 9–3 Uhr.

Maxismus, Maxstr.5, 01067 DD, T:4905996, tgl.9-2 Uhr. In-Treffpunkt in der Altstadt.

Mona Lisa, Louisenstr. 77, 01099, ✆ 8 03 31 51, tägl. ab 19 Uhr. Cocktails satt in der Neustadt.

Planwirtschaft, Louisenstr. 20, 01099, ✆ 8 01 31 87, tägl. 9–2 Uhr. Traditions-Szenelokal mit DDR-Nostalgie und Kunstgalerie.

Raskolnikoff, Böhmische Str. 36, 01099, ✆ 4 01 04 57. Nachtcafé, hier trifft sich, wer so in der Neustadt dazugehört. Di–So 20–1 Uhr.

Wenzel, Königstr. 1, 01097, ✆ 8 04 20 10, tägl.11–1 Uhr. Böhmische Küche und böhmisches Bier im Kreuzgewölbe.

KULTUR & UNTERHALTUNG

Diskotheken, Livemusik, Clubs

Bärenzwinger, Brühlscher Garten, 01067, ✆ 4 96 51 53. Zu Honneckers Zeiten einer der wichtigsten Clubs in der Elbmetropole, der sich in den Kasematten unter der Brühlschen Terrasse befindet. Veränderungen stehen ins Haus: Die Evangelisch-Reformierte Gemeinde bekommt den größten Veranstaltungsraum des Bärenzwingers und wird dort ein Restaurant für gehobene Ansprüche betreiben. Für den Bärenzwinger bedeutet dies das Aus für Konzerte, Disco und größere Veranstaltungen. Ersatz ist unterhalb der Albertbrücke gefunden: Der Bärenzwinger muß seinen angestammten Standort dennoch nicht ganz verlassen, die kleineren Räume bleiben ihm erhalten und werden als »Kulturkneipe« betrieben.

Börse Coswig, Hauptstr. 29, 01640 Coswig, ✆ 0 35 23/70 01 86. Shows, modernes Ballett, Ausstellungen, Musik.

Dance Factory, Bautzner Str. 118, 01099, ✆ 8 02 00 66. Eine der wichtigsten Anlaufstationen für Nachtschwärmer. Tanz in der Mensa der ehemaligen Staatsschützer Ost. Lohnt sich sehr spät am Samstagabend. Do–Sa ab 21, So ab 17 Uhr.

Down Town, Katharinenstr. 11–13, 01099, ✆ 8 02 88 01. Schrille Parties im Szenehinterhof. Do–Mo 21–3 Uhr.

Tonne, Jazz Club, Am Brauhaus 3, 01099, ✆ 8 02 60 17. Renommierter Jazzclub mit Tradition. Jazz von Free bis Dixie. Zentrum des Dixieland-Jazzfestivals.

Magic in der Yenidze, Weißeritzstr. 3, 01067, ✆ 4 22 69 83, Mi–So ab 21 Uhr. Techno, Musik der 80er und Go-go-Girls im Keller der ehemaligen Zigarettenfabrik.

Mega Drome, Meißner Straße 507, 01445 (Radebeul), ✆ 8 37 12 20, Mi–Sa ab 21 Uhr. Größte Tanzfläche Dresdens mit sieben Bars, Kneipe und Bistro. Open air-Konzerte.

Münzkeller (im Dresden Hilton), Münzgasse 5, 01067, ✆ 4 96 54 91, Mi–So ab 21 Uhr. Gehobenes Ambiente, Musik der 80er und Hitparade.

Riesa Efau, Adlergasse 14 (Friedrichstadt), 01067, ✆ 8 86 02 22. Musikbühne, Galerie, Kneipe – eine Dresdner Institution.

Scheune, Alaunstr. 36/40, 01099, ✆ 8 04 55 32 u. 8 04 38 22. Schon vor der Wende Szenetreff in Dresden-Neustadt. Das Unterhaltungsangebot ist reichhaltig: Filme, Videos, Ausstellungen, Livemusik angesiedelt zwischen Klassik-Pop und Punk.

Star Club, Altbriesnitz 2a, 01157, ✆ 4 21 03 97. Szeneschuppen in einem ehemaligen Ballhaus und Kino, Bands.

Galerien (Auswahl)

Dresden besitzt rund 40 Galerien, die vor allem die Werke junger Dresdner und auch sächsischer Künstler ausstellen.

Galerie Drei, Dresdner Sezession 89 e. V., Prießnitzstr. 43, 01099, ✆ 8 02 67 10, Di–Fr 13–18, Sa 10–13

Uhr. Künstlerinnen aus dem In- und Ausland präsentieren Ausstellungen – von der Malerei bis zur Wasserkunst.

Galerie an der Schwebebahn, Pillnitzer Landstr. 1, 01326 , ✆ 2 64 05 05. Angewandte Kunst – aus Holz, Keramik, Leder, Glas und Textilien.

Galerie im Taschenbergpalais, Taschenberg, 01067, ✆ 4 90 14 71. Traditionshaus mit Sonderausstellungen zu Dali, Picasso, Chagall.

Kunsthaus Dresden, Rähnitzgasse 8, 01097, ✆ 8 04 14 56. Junge internationale Kunst: (Video–) Installationen, gattungsübergreifende Projekte, auch Performances. Di–Fr 11–18, Sa/So 13–18 Uhr.

Galerie Mitte, Fetscherplatz 7, 01307, ✆ 4 59 00 52. Eine der bekanntesten Galerien der Stadt, einst sogar kommunal gefördert. Man zeigt Fotografien, Grafiken, Bilder, Rauminstallationen. Mi–Fr 14–19, Sa 10–14 Uhr.

Leonhardi-Museum, Grundstr. 26, 01326, ✆ 2 68 35 13. In einer alten Wassermühle ließ der Fabrikant und Maler Eduard Leonhardi im Jahr 1880 ein Ausstellungshaus eröffnen. Zu sehen sind Exponate, die das Leben und Werk Leonhardis dokumentieren sowie Ausstellungen Sächsischer Künstler. Di–Fr 14–18, Sa/So 10–18 Uhr.

Kinos (Auswahl)

Nickelodeon, Marschnerstr./Dürerstr. (Johannstadt), 01307, ✆ 4 63 82 73. Das erste private Kino der Stadt, in dem häufig auch Komödien zu sehen sind (wie beim jährlichen Nickelodeon-Festival).

Ufa-Palast, Prager Straße, 01069, ✆ 4 82 58 25. Die Filmhits laufen entweder im Rundkino der 60er Jahre oder im neuen Glaspalast gleich nebenan.

kid-kino im dach, Film- und Kulturzentrum *Pentacon*, Schandauer Str. 64 (Striesen), 01277, ✆ 8 38 06 57.

UCI Kinowelt, Elbepark, Lommatzscher Str. 82, 01127, ✆ 8 41 41 41. Neues Multiplex-Kino im Elbepark.

Museen

Deutsches Hygiene-Museum, Lingnerplatz 1, 01069, ✆ 4 84 60, Di, Do, Fr 9–17, Mi 9–20.30, Sa/So 10–17 Uhr. Das Museum vom Menschen zeigt neben der Dauerausstellung mit dem Highlight ›Gläserne Frau‹ vor allem naturwissenschaftliche und kulturhistorische Ausstellungen zum Thema Mensch.

Ehemalige Untersuchungshaftanstalt des Ministeriums für Staatssicherheit, Bautzner Str. 110-122, 01099, ✆ 5 64 93 73, Di–Do 9–16, Fr 9–14 Uhr. Im ehemaligen Stasi-Knast kann zur Zeit das Zellenhaus besichtigt werden. Die Gauck-Behörde plant eine eigene Ausstellung.

Erich-Kästner-Zentrum, Pulsnitzer Str. 10, 01099, ✆ 8 04 50 87, Mo–Fr 10–16 Uhr, Sa 11–13 Uhr. Das Kästner-Zentrum, derzeit noch im Aufbau, zeigt erste Exponate wie die 15 m^2 große »Schatzkiste«, dazu ein Modell des künftigen interaktiven Kleinmuseums.

Gemäldegalerie Alte Meister, Zwinger, 01067, ✆ 4 91 46 19/–20, Di–So 10–18 Uhr. Das Top-Museum der Stadt mit Kunstwerken wie Raffaels ›Sixtinische Madonna‹, Tizians ›Zinsgroschen‹, Rembrandts ›Saskia‹ und Canalettos Dresden-Veduten.

Gemäldegalerie Neue Meister, Albertinum/Georg-Treu-Platz 2, 01067, ✆ 4 91 46 19, Fr–Mi 10–18 Uhr. Werke der Romantiker wie C. D. Friedrich, L. Richter; große Ausstellung der Kunst der deutschen und französischen Impressionisten (Corinth, Liebermann, Degas, Gauguin) und Expressionisten, darunter das berühmte ›Kriegstriptychon‹ von Otto Dix.

Grünes Gewölbe (Königliche Schatzkammer), Münzkabinett, Skulpturensammlung, Albertinum/Georg-Treu-Platz 1, 01067, ✆ 4 91 46 19, Fr–Mi 10–18 Uhr. Das Grüne Gewölbe beherbergt die wertvollste Pretiosensammlung der Welt mit Juwelen aus dem 16. und 17. Jh. und dem berühmten ›Hofstaat zu Delhi‹ vom Hofjuwelier Augusts des Starken, Johann Melchior Dinglinger. In der Skulpturensammlung sind Werke vom 3. Jh. v. Chr. bis zur Gegenwart zu sehen, darunter römische Nachschöpfungen von griechischen Skulpturen. Im Münzkabinett liegt der Schwerpunkt auf mittelalterlichen und sächsischen Münzen.

Historisches Museum/Rüstkammer, Zwinger/Semperbau, 01067, ✆ 4 91 46 19, Di–So 10–18 Uhr. Ausgestellt sind unter anderem die Prunkgewänder Augusts des Starken sowie eine große Anzahl an Prunkwaffen, darunter Schwerter, Degen und Dolche aus dem 16. und 17. Jh.

Kasematten, Georg-Treu-Platz, 01067, ✆ 4 91 47 86, tägl. 10–17 Uhr, im Winter nur bis 16 Uhr, Führungen zu jeder vollen Stunde. Ehemalige Befestigungsanlage der Stadt, die im Originalzustand erhalten geblieben ist.

Kupferstich-Kabinett, Güntzstr. 34, 01307, ✆ 4 91 42 00, Studiensaal Mo, Mi, Fr 9–16, Di u. Do 9–18 Uhr. Das Kupferstich-Kabinett, eine der ältesten Grafiksammlungen der Welt, hat einen Bestand von rund 390 000 Exponaten, darunter Stiche von Dürer, Cranach, Goya sowie Werke zeitgenössischer Kunst (keine Dauerausstellung).

Landesmuseum für Vorgeschichte und Staatliches Museum für Völkerkunde, Japanisches Palais/Palaisplatz 11, 01097, ✆ 81 44 50, Landesmuseum Di–So 10–17 Uhr, Völkerkundemuseum Sa–Do 10–17 Uhr. Neben der Sammlung ur- und frühgeschichtlicher Funde und Ausgrabungen werden im einstigen ›Porzellanschloß‹ Exponate zur Kultur und Lebensweise außereuropäischer Völker gezeigt.

Mathematisch-Physikalischer Salon, Zwinger, 01067, ✆ 4 91 46 61, Fr–Mi 10–18 Uhr. Der südwestliche Pavillon des Zwingers zeigt eine sehr sehenswerte Sammlung von Erd- und Himmelskörpern mit hohem kunsthandwerklichem Wert, darunter einen arabischen Himmelsglobus aus dem Jahr 1279. Darüber hinaus sind frühe Brillen, Mikroskope und Rechenmaschinen zu sehen sowie eine große Uhrensammlung, die einen guten Überblick über 500 Jahre Zeitmessung gibt (s. auch S. 54 f.).

Militärhistorisches Museum, Olbrichtplatz 3 (äußere Neustadt), 01099, ✆ 82 30, Di–So 9–17 Uhr. Streifzug durch 600 Jahre deutsche Militärgeschichte, von Uniformen, Fahnen und Feldzeichen bis hin zu modernen Waffentechniken.

Museum für Volkskunst, Köpckestr. 1, 01097, ✆ 8 03 08 17, Di–So 10–18 Uhr, Mo geschlossen. Im ältesten Baudenkmal der Dresdner Neustadt, im Jägerhof (1598), ist eine große Ausstellung zur sächsischen Volkskultur zu sehen, darunter Arbeitsgeräte, Möbel, Haushaltswaren, Spielzeug und Volkskunst.

Porzellansammlung, Zwinger/Sophienstr. 2, 01067, ✆ 4 91 46 19. Das Museum ist bis Mitte 2002 wegen Umbaumaßnahmen geschlossen. Die von August dem Starken angelegte Sammlung ist neben dem Serail/Istanbul die größte der Welt. Zu sehen sind kostbare chinesische und japanische Porzellane sowie Meissener Porzellan, darunter Böttgersteinzeug sowie zahlreiche Exponate von Johann Joachim Kändler.

Dresdner Schloß, Schloßplatz Georgenbau, 01067, ✆ 4 91 46 19, Di–So 10–18 Uhr. Bauausstellung zum Schloß sowie Sonderausstellung des Historischen Museums. Hausmannsturm: April–Okt Di–So 10–18 Uhr.

Stadtmuseum Dresden, Wilsdruffer Str. 2, Altes Landhaus, 01067, ✆ 49 86 60, Sa–Do 10–18 Uhr, Fr geschlossen. Ausführliche Darstellung der Dresdner Geschichte.

Verkehrsmuseum Dresden, Augustusstr. 1, 01067, ✆ 8 64 40, Di–So 10–17 Uhr. Mo geschlossen. Im Johanneum, dem ehemaligen kurfürstlichen Stallgebäude und späteren Ausstellungsort der Gemäldegalerie, ist heute das Verkehrsmuseum untergebracht. Zu sehen sind historische Eisenbahnen, Automobile, Fahrräder sowie Luftschiffgroßmodelle und ein Nachbau eines Lilienthalgleiters. Attraktion ist der Salonwagen des sächsischen Hofzuges.

Gedenkmuseen

Carl-Maria-von-Weber-Museum, Dresdner Str. 44, 01326, ✆ 2 61 82 34, Mi–So 13–18 Uhr. Sommersitz des Hofkapellmeisters Carl-Maria von Weber. In der Gedenkstätte finden musikalische und literarische Veranstaltungen statt.

Schillerhäuschen, Schillerstr. 19, 01326, ✆ 49 86 60, Mai–Sept. Sa/So 13–17 Uhr, und nach Anmeldung im Stadtmuseum. Im Gartenhäuschen der Familie Körner in Loschwitz schrieb Friedrich Schiller zwischen 1785 und 1787 sein Drama ›Don Carlos‹ sowie die Ode ›An die Freude‹. Das Gedenkzimmer ist zeitgenössisch eingerichtet und informiert über den Aufenthalt des Dichters.

Museum zur Dresdner Frühromantik Kügelgenhaus, Hauptstr. 13, 01097, ✆ 8 04 47 60, Mi–So 10–18 Uhr. Im Haus des Porträtmalers Gerhard von Kügelgen, in dem sich im 19. Jh. die Dichter und Denker der Romantik trafen, erinnern Gemälde, Zeichnungen, Dokumente und Möbel an die Zeit C. D. Friedrichs, H. von Kleists und L. Tiecks.

Kraszewski-Museum, Nordstr. 28 (äußere Neustadt), 01099, ✆ 8 04 44 50, April–Okt Do–So 10 –18 Uhr. Im einstigen Wohnhaus des polnischen Historikers und Schriftstellers Jòzef Ignacy Kraszewski (1812–87) illustriert eine Ausstellung sein Leben und Werk. Bekannt wurde Kraszewski durch die historische Romantrilogie ›Gräfin Cosel‹, ›Brühl‹ und ›Aus dem Siebenjährigen Krieg‹.

Theater, Oper, Kabarett

Neben den unten angeführten Spielstätten gibt es in Dresden noch folgende Veranstaltungsorte für Konzerte: die **Kreuzkirche** am Altmarkt mit Orgelkonzerten und Aufführungen des Kreuzchors; die **Hofkirche** am Schloßplatz mit Orgelmusik; **Schloß Albrechtsberg** an der Bautzner Straße; die **Hochschule für Musik ›Carl Maria von Weber‹** am Wettiner Platz und der Innenhof des **Zwingers**. **Zentraler Kartenservice und Informationen über das aktuelle Kulturangebot:** ✆ 49 19 22 33

Breschke & Schuch, Wettiner Platz 10, 01067, ✆ 4 90 40 09. Neues angesagtes Kabarett.

Dresdner Brettl, Theaterkahn, Terrassenufer an der Augustusbrücke, 01067, ✆ 4 96 94 50. Kabarett, Musik und Literatur: mal Kästner, mal Sächsische Variationen, mal Süßkind oder Eigenproduktionen.

Dresdner Philharmonie, Kulturpalast, Altmarkt, 01067, ✆ 4 86 63 06. Bereits 1870 gegründetes Orchester, das im Festsaal des Kulturpalastes am Altmarkt auftritt.

Kabarett Die Herkuleskeule, Sternplatz 1, 01067, ✆ 4 92 55 55. Politisches Kabarett, das es vor der Wende nicht leicht hatte, nun aber zu den bekanntesten Ostdeutschlands gehört.

Kleine Szene der Staatsoper, Bautzner Str. 107, 01099, ✆ 4 91 17 30. Tanztheater der Sächsischen Staatsoper.

Komödie Dresden, Freiberger Str. 39, 01067, ✆ 86 64 10. Leichte Theaterkost im World Trade Center

Kulturpalast, Schloßstr. 2, 01067, ✆ 4 86 62 50. Kulturelles Veranstaltungszentrum.

Landesbühnen Sachsen, Meißner Str. 152, Radebeul, ✆ 03 51/8 95 42 14. Oper, Operette, Musical, Ballett, Konzert und Schauspiel.

Projekttheater Dresden, Louisenstr. 47, 01099, ✆ 8 04 30 41. Alternatives Theater im Szeneviertel Neustadt, das Collagen, russische Stücke und Modernes à la Ionesco auf die Bühne bringt.

Puppentheater der Stadt Dresden, Prager Str. (im Rundkino), 01069, ✆ 4 96 53 70

Sächsische Staatskapelle (Sächsische Staatsoper), Theaterplatz 2, 01067, ✆4 91 17 05. Eines der ältesten und traditionsreichsten Orchester der Welt, das 1998 450-jähriges Jubiläum feierte.

Staatsschauspiel Dresden: Mehrere Häuser: Schauspielhaus/Theater oben, Ostra-Allee 3, 01067; Kleines Haus, Glacisstr. 28, 01099; Schloßtheater, Am Theaterplatz im Dresdner Schloß; Theater in der Fabrik (TiF), Tharandter Str. 33, 01159. Kartenverkauf aller Spielstätten: ✆4 91 35 55, Spielplanauskunft: ✆4 91 35 70.

Staatsoperette, Pirnaer Landstr. 131 (Leuben), 01257, Kartenbestellung: ✆ 2 07 99 27. Operetten, Musical, Rockopern, Konzerte.

Semperoper (Staatsoper), Theaterplatz 2, 01067, www.semperoper.de. Absolutes Muß für Klassik-Fans. Aufführungsort von Opern, Sinfoniekonzerten, Ballettdarbietungen, Kammermusikabenden.
Spielplan: ✆ 4 91 17 77
Kartenvorbestellung: ✆ 4 91 17 05
Vorverkauf: Schinkelwache.

Societaetstheater, An der Dreikönigskirche 1a, 01097, ✆ 8 03 68 10. Zeitkritische Stücke im 1999 wiedereröffneten Theater.

Theater Junge Generation, Meißner Landstr. 4 (Cotta), 01157, ✆ 4 29 12 20. ›Junge Stücke‹ von Bernsteins ›West Side Story‹ bis Kishon und Kroetz.

EINKAUFEN

Shopping in Dresden – das ist gleich in mehreren Einkaufszentren möglich. In der Prager Straße dominieren Kaufhäuser (Karstadt, Hertie) und Kaufhausketten (C&A, P&C, Wöhrl, Breuninger), in der restaurierten barocken Königstraße warten Edelboutiquen, Geschäfte für Accessoires und Einrichtungsberater auf das zahlungskräftigere Publikum. In der Äußeren Neustadt – immer noch Hochburg auch in Sachen Kneipenkultur – finden sich Szeneládchen und Secondhand-Boutiquen, aber auch Geschäfte für all das, was hipp ist und im Trend liegt.

Bücher, Musik

Buch und Kunst, Prager Str. 7, 01069, ✆ 4 95 21 35. Gute Auswahl an Sachsen- und Dresden-Literatur.

Haus des Buches, Dr.-Külz-Ring 12, 01067, ✆ 4 95 21 35. Neu eröffnetes Buchkaufhaus an der Ecke Prager Str./Dr. Külz-Ring, mit Literatur über vier Etagen.

ib, Kreuzstr. 4, 01067. Gute Auswahl an Reiseliteratur, insbesondere zu Dresden und Sachsen und internationaler Literatur.

Richters Buchhandlung: Die Buchhandlung, Spezialist für Kunst, Kultur und Dresden, hat mehrere Filialen: Hauptgeschäft Förstereistr. 44 in der Äußeren Neustadt (✆ 8 02 27 70), Filialen im Albertinum, in der Gemäldegalerie Alte Meister im Zwinger, in der Rähnitzgasse 12, im Bischofsweg 18.

Zentralohrgan, Martin-Luther-Str. 13, 01099. Spezialist für Rock, Wave, Oldies, Independant, Punk, Avantgarde, HipHop sowie Secondhand.

Verschiedenes, Souvenirs

Antiquitäten Am Goldenen Reiter, Hauptstr. 19, 01097, ✆ 8 03 07 40. Großes antiquarisches Angebot von wunderschönen farbigen Gläsern bis hin zu alten Meißenstücken.

Dresdner Porzellan, Kempinski Hotel am Taschenberg, 01067, ✆ 4 90 34 43, und Obergraben, 01097. Porzellan der 1872 gegründeten Sächsischen Porzellanmanufaktur Dresden, Figurinen, Geschirr und Vasen in den Formen des Spätbarock, Rokoko und Biedermeier.

Globetrotter, Freibergerstr. 39, 01067, ✆ 4 95 21 16. Die Sächsische Schweiz ist nicht weit, wer wandern und klettern will, kann sich hier bestens eindecken: vom Sonnenschutzmittel bis zu Klettergriffen.

Keramik am Körnerplatz, Friedrich-Wieck-Str. 7, 01326, ✆ 2 67 91 78. Keramik aus der Lausitz, Litauen und den Hedwig-Bollhagen-Werkstätten.

Kunstgewerbe Etzold, Hauptstr. 19, 01097, ✆ 8 04 38 93. Spielzeug aus dem Erzgebirge, Blaudruckstoffe und sächsische Tonware.

Der Lindwurmladen, Königstr. 8, 01097, ✆ 8 01 09 46. Geschenkideen und Kunsthandwerk aus aller Welt

Louisen-Keramik, Louisenstr. 10 (Hinterhof), 01099, ✆ 8 01 03 65. Brennöfen, Töpferscheiben, Glasuren sowie Töpferwaren. Gleich nebenan ist der Drachenladen Dredrala.

Meissener Porzellan, An der Frauenkirche 5, 01067, ✆ 8 64 29 64. Wer keine Zeit hat, ins rund 25 km entfernte Meißen zu fahren, sollte sich die Exponate der weltberühmten Manufaktur im Verkaufssalon am Fürstenzug anschauen.

Toppboden, Bautzner Str. 79, 01099, ✆ 03 59 55/7 36 64. Töpfermeister Lehmann entstammt einer 1834 gegründeten Töpferfamilie. Seine Produkte sind nach traditioneller sächsischer oder thüringischer Art hergestellt.

REISEINFORMATIONEN VON A BIS Z

Auskunft

Tourist-Information
Prager Str. 10, Stadtzentrum, und Schinkelwache am Theaterplatz, Mo–Fr 8–19 Uhr, Sa 10–16, So 10–14 Uhr. ✆ 49 19 21 00 (allgemeine Auskünfte).

Dresden-City/Regio-Card

Mit der Dresden-City-Card (27 DM), erhältlich in der Touristen-Information, hat man freie Fahrt und freien Eintritt in 12 Museen der Staatl. Kunstsammlungen, Preisnachlaß in anderen Museen und bei Dampferrundfahrten.
Dresden Regio-Card (45 DM) gilt für 72 Stunden. Alle Leistungen der Dresden-City-Card, dazu freie Fahrt in den Nahverkehrszügen entlang der Elbe, kostenlose Rückfahrt auf den Schmalspurbahnen Weißeritztalbahn und Lößnitzgrundbahn.

Feste, Festivals, Messen

Kultur
Filmfest Dresden (Apr.)
Dixielandfestival Dresden (Mai)
Dresdner Musikfestspiele (Mai–Juni)
Sächsisch-Böhmisches Musik Festival in Dresden und Umgebung (Juni–Juli, Information unter ✆ 03 51/4 72 10 90/99)
Filmnächte am Elbufer (Juli)
Dresdner Museumsnacht (Juli)
Dresdner Tage der zeitgenössischen Musik (Okt.)

Außerhalb:
Internationales Festival der Chöre auf der Festung Königstein (Juni)
Karl-May-Festtage, Radebeul (Juni)
Barockfest auf der Festung Königstein (Juni)

Messen
Seit der Eröffnung 1999 finden im Ostragehege Dresdens Messen statt, darunter der Dresdner Herbst (Ende Sept.), Kunstmarkt Dresden (Okt.), Weihnachts-Event (Dez.). Schlachthofring 6, 01067, ✆ 44 58 10-4/5.

Stadtfeste
Dampferparade der Sächsischen Dampfschiffahrt (Mai)
Elbhangfest (Juni)
Dresdner Vogelwiese am Elbufer (Juli)
Dresdner Stadtfest (Aug.)

Dresdner Herbstmarkt auf dem Altmarkt (Sept.)
Dresdner Herbstfest am Elbufer (Okt.)
Dresdner Striezelmarkt auf dem Altmarkt (Dez.)

Frauen

Sowieso, Frauenzentrum, Angelikastr. 1, 01099, ✆ 8 04 14 70.

Friedhöfe

Eliasfriedhof (Güntzplatz). 1680 als Pestfriedhof angelegt; mit vielen Grabmälern, die nach Entwürfen von C. D. Friedrich geschaffen wurden.
Innerer katholischer Friedhof (Friedrichstr.). 1721 angelegter Friedhof, auf dem katholische Bürger, italienische Handwerker und polnische Emigranten ihre letzte Ruhestätte fanden. Sehenswert die Grabmale aus der Zeit des Barock, Rokoko und Klassizismus'. Begraben sind hier der Bildhauer Balthasar Permoser, der Komponist Carl Maria von Weber, der Maler Gerhard von Kügelgen sowie die Schriftsteller Friedrich Schlegel und Ludwig Tieck.
Äußerer katholischer Friedhof (Bremer Str. 20). 1875 angelegt, Grab des Malers der Romantik Ludwig Richter.
Matthäusfriedhof (Friedrichstr. 43). 1725 angelegter Friedhof, auf dem der Schöpfer des Fürstenzuges, Wilhelm Walther, und der Konstrukteur der ersten deutschen Dampflokomotive, Johann Andreas Schubert, ihre letzte Ruhestätte fanden. In der Matthäuskirche befindet sich die Gruft des Zwingerbaumeisters Matthäus D. Pöppelmann.
Innerer Neustädter Friedhof (Conradstraße). 1731 angelegter Friedhof mit bedeutenden Grabmalen aus dem 17. und 18. Jh.
Trinitatisfriedhof (Fiedlerstr.). Auf diesem 1815 angelegten Friedhof (Johannstadt) sind die Grabstätten von Friedrich Wieck, Clara Schumanns Vater, vom Arzt und Künstler Carl Gustav Carus sowie ein Obelisk, der an die Opfer des Dresdner Maiaufstands 1849 erinnert.
Johannisfriedhof (Wehlener Str. 13). Auf dem Friedhof (1881) von Tolkewitz befindet sich das **Krematorium**, das der Hamburger Architekt Fritz Schumacher von 1909–11 erbaute. Es gehört zu den bedeutendsten Jugendstilbauten Deutschlands.
Loschwitzer Friedhof (Pillnitzer Landstr.). Idyllisch gelegener Dorffriedhof am ehemaligen königlichen Weinberg in Loschwitz, auf dem zahlreiche Dresdner Maler und Bildhauer ihre letzte Ruhestätte fanden.
Heidefriedhof (Moritzburger Landstr. 299). Auf dem Friedhof (1929–34 angelegt) im Nordwesten der Stadt befinden sich ein Massengrab der vielen Opfer des Bombenangriffs vom Februar 1945 sowie mehrere Gedenkstätten.
Alter Israelitischer Friedhof (Pulsnitzer Str., Neustadt). 1751 angelegter Friedhof der jüdischen Gemeinde. Nur nach Voranmeldung bei der jüdischen Gemeinde zu besichtigen.
Neuer Israelitischer Friedhof (Fiedlerstr. 3, Johannstadt). Als Ersatz für den belegten Alten Friedhof im Jahr 1869 angelegt.

Fundbüro

Hamburger Str. 19a, 01067, ✆ 4 88 42 80, Di 8–12, 13–18 Uhr, Do 8–12, 13–15 Uhr, Fr 8–12 Uhr.

Lesetips

Löffler, Fritz: Das alte Dresden. E. A. Seemann Buch- und Kunstverlag, Leipzig 1981. Standardwerk zur Baugeschichte Dresdens.
Förster, Rudolf: Damals in Dresden. Portrait einer Stadt um 1900.
Dresdner Hefte, Beiträge zur Kulturgeschichte, Eigenverlag/Kulturakademie des Bezirks Dresden. Hefte zu Einzelthemen wie ›Festkultur des Dresdner Hofes‹, u. a.
Von Kügelgen, Wilhelm: Erinnerungen eines alten Mannes. Darstellung Dresdens als Zentrum der Romantik.
Nitzschke, Katrin (Hrsg.): Dresden – Ein Reiselesebuch. Insel Verlag, Frankfurt/M. und Leipzig, 1991. Aspekte der Stadtgeschichte in literarischen Texten.
Schreiber, Hermann: August der Starke. Wilhelm Heyne Verlag, München 1992[3]

Notfälle

Polizei: ✆ 1 10
Feuerwehr: ✆ 1 15
Dringende medizinische Hilfe: ✆ 1 12
Kassenärztlicher Notfalldienst: ✆ 1 92 92
Ärzte- und Apothekenbereitschaft: ✆ 01 15 00

Parks

Großer Garten, Lennéstr., ✆ 4 45 66 00: Botanischer Garten, Freilichtbühne, Parkeisenbahn (Abfahrt: Bhf. Straßburger Platz)
Zoo, Tiergartenstr. 1, ✆ 4 78 06 10, 8.30–18.30 (im Winter bis 16.30) Uhr
Blüherpark, Bürgerwiese
Botanischer Garten der TU Dresden, Stübelallee 2, ✆ 4 59 31 85
Waldpark, Blasewitz
Fichtepark, Westendring

Post

Postamt 1 (Hauptpost), Königsbrücker Str. 21-29, 01099. Mo–Fr 6.30–19, Sa 6.30–13 Uhr
Postamt 72, St. Petersburger Str. 26 (Eingang Prager Straße), 01067, Mo–Fr 9–18, Sa 9–12 Uhr.

Sport

Schwimmen: Hallenbad Nord, Louisenstr. 48, 01099, ✆ 8 03 23 60
Eislaufen und mehr: Ostra-Sportpark, (Dresdens größte Sportanlage), Ostragehege, Pieschener Allee 1, 01067, ✆ 49 92 30
Rudolf-Harbig-Stadion, Lennéstraße, 01069, ✆ 43 94 30. Fußball.
Galopprennbahn Dresden-Seidnitz, Oskar-Röder Str. 1, 01237, ✆ 21 10 40.

Zeitungen und Fernsehen

Informationen über Veranstaltungen bieten das Stadtmagazin **SAX** sowie die Tages- und Boulevardzeitungen wie **Sächsische Zeitung, Dresdner Neueste Nachrichten** und **Dresdner Morgenpost.**

Informationen über Dresden und die Region sendet auch das Regionalprogramm des **mdr**.

REGISTER

Personen

Orte

Dresden

Orte in der Umgebung